隋丽娟 著

文化固边：
黑龙江世居人口较少民族的新式教育
（1905—1931）

中华书局

图书在版编目(CIP)数据

文化固边:黑龙江世居人口较少民族的新式教育:1905—1931/隋丽娟著. —北京:中华书局,2024.5
ISBN 978-7-101-16602-6

Ⅰ.文… Ⅱ.隋… Ⅲ.少数民族教育-教育史-黑龙江省-1905~1931 Ⅳ.G752

中国国家版本馆 CIP 数据核字(2024)第 078940 号

书 名	文化固边:黑龙江世居人口较少民族的新式教育(1905—1931)	
著 者	隋丽娟	
责任编辑	吴冰清	
责任印制	管 斌	
出版发行	中华书局	
	(北京市丰台区太平桥西里 38 号 100073)	
	http://www.zhbc.com.cn	
	E-mail:zhbc@zhbc.com.cn	
印 刷	三河市鑫金马印装有限公司	
版 次	2024 年 5 月第 1 版	
	2024 年 5 月第 1 次印刷	
规 格	开本/920×1250 毫米 1/32	
	印张 8½ 插页 2 字数 220 千字	
印 数	1-900 册	
国际书号	ISBN 978-7-101-16602-6	
定 价	58.00 元	

目　录

前　言

　　世居于我国黑龙江与大、小兴安岭之间的达斡尔、鄂温克、鄂伦春和赫哲族是国家民委所认定的 4 个"人口较少民族"。由于长期处于野阔人稀与放任松散的历史环境,直至 20 世纪初他们依然保有渔猎为主的索取型自然经济,生产和生活经验没有书纸传承。为开启民智以固守边疆,黑龙江借清末新政"废科举,兴学校"之潮流,在达斡尔、鄂温克、鄂伦春和赫哲族等少数民族中推行新式教育,以期"数千年之野蛮,可渐进于文化"。从 1905 年清末新政至 1932 年伪满洲国建立,持续 20 余年的新式教育,将散居于边疆地区的达斡尔、鄂温克、鄂伦春和赫哲族,由传统生存教育带入近代教育体系,不仅为闭塞、原始的上述民族地区带来近代教育形式,更为其后的民族发展与文化变迁带来巨大影响。

一、黑龙江世居人口较少民族

　　黑龙江自古以来就是一个多民族地区,据 2010 年第六次人口普查统计,中国有 53 个少数民族在此分布。在漫长的历史发展中,由肃慎、东胡族群演变发展而来且世代居住于此的有满族、蒙古族、达斡尔族、锡伯族、鄂伦春族、赫哲族、鄂温克族等民族,其中达斡尔、锡伯、鄂伦春、赫哲、鄂温克族总人口均低于 30 万,他们符合民政部关于世居民族的认定条件,即指世代栖居在某地方或区域的族群[①]。

---

　　① 李建军:《"世居民族"与"居住民族"称谓指向辨析》,《西南民族大学学报（人文社会科学版）》2013 年第 10 期。

世居民族的称谓主要在于强调一个民族在某一地区居住的长久性、稳定性和连续性，它是或许不是此地的第一个民族但是较早居住于此的民族。它可以是多数民族，也可以是少数民族。具体表现为："一是究其居住状态和范围来看，都可指当前居住在某一辖区的族群，不含过去曾经在此居住过的民族。二是究其民族历史来讲，是指未被外来殖民或曾被外来殖民而今已是当地主人的民族。三是从族群成分来看，某一民族有一定数量的人在某一地域居住。"①总之，只要是既存的成规模的久居在一个地方的民族，即便仅仅是一个民族主体的一部分，也具有"世居民族"的意义。

中国人口较少民族是个相对性的概念，是指人口在 30 万以下的 28 个少数民族。依据国务院关于扶持人口较少民族加快发展的重大决策部署所制定的《扶持人口较少民族发展规划(2011—2015 年)》，全国总人口在 30 万人以下的 28 个民族是：珞巴族(主要分布在西藏地区)、高山族(主要分布在中国台湾)、赫哲族(主要分布在中国东北地区)、塔塔尔族(主要分布在新疆地区)、独龙族、鄂伦春族、门巴族、乌孜别克族、裕固族、俄罗斯族、保安族、德昂族、基诺族、京族、怒族、鄂温克族、普米族、阿昌族、塔吉克族、布朗族、撒拉族、毛南族、景颇族、达斡尔族、柯尔克孜族、锡伯族(部分由东北西迁至新疆地区)、仫佬族、土族，总人口为 169.5 万人。其中达斡尔族、锡伯族、鄂伦春族、赫哲族、鄂温克族、俄罗斯族等 6 个民族是黑龙江省的人口较少民族②。这些人口较少民族主要居住于中国东北边疆或西部、西南边疆地区，民族人口较少，社会发展程度偏低，加上地域发展不平衡等因素，其总体处于相对贫困状态。

---

① 李建军：《"世居民族"与"居住民族"称谓指向辨析》，《西南民族大学学报(人文社会科学版)》2013 年第 10 期。

② 国家民族事务委员会经济发展司编：《中国人口较少民族发展报告(2015)》，民族出版社 2018 年版，第 73 页。

对于"人口较少民族"的认定,从20世纪50年代至今大约经历三个研究阶段:(1)民族识别、民族社会历史调查和单一民族研究阶段(1950—1979)。从20世纪50年代开展全国性的民族调查到1979年基诺族被划定为我国第56个民族,其间费孝通、林耀华等社会学家、民族学家对我国各个民族社会发展的不同形态、基本历史演变脉络、婚姻习俗、制度、语言文字和宗教信仰(原始宗教,如萨满教)等问题,进行了初步梳理总结,其成果从全面研究的视角来看,显得较为零碎和分散。(2)20世纪八九十年代,学者以"小民族""人口较少民族"(一些学校直接简称为"少民")为研究方向,成立专门的课题组或者研究机构,探讨人口较少民族中的单一民族的生存环境、经济发展、文化传承等问题,成绩显著。阮西湖、姜永兴、钟赫等学者的研究标志着中国人口较少民族研究进入新的发展时期。(3)进入21世纪后,正式采用"人口较少民族"的称谓。国家民委成立"中国人口较少民族经济社会发展研究课题组",费孝通为课题组顾问,以北京大学、中央民族大学、国家民委民族问题研究中心为依托单位。其研究以第五次人口普查数据为基础,科学梳理人口数量在10万人以下、民族特征保留清晰的22个少数民族,将这些人数少的"小民族"界定为"人口较少民族"。"人口较少民族"的表述,直观而清晰地概括了这些民族发展特点,这是我国首次从官方立场,正式宣布使用"人口较少民族"一词。有了官方认定的新术语,相关政策法规逐渐规范统一起来。2015年国务院制定了相关发展规划并正式下发文件,其中《扶持人口较少民族发展规划(2010—2015年)》依据人口规模逐渐增多的时代发展特点,对以前的分类人口数据实时更新,重新对"人口较少民族"界定数量标准范围,从10万扩大到30万,即民族总人口数量在30万人以下的民族,统一称为"人口较少民族",于是景颇族、达斡尔族、柯尔克孜族、锡伯族、仫佬族、土族被纳入"人口较少民族"范围,"人口较少民族"数量由22个增加到28个。总体研究较前有了飞跃式发展,相关研究论文的数量、质量均有大幅提升。

在黑龙江省各少数民族中,符合民政部世居民族与人口较少民族相关规定的民族即可称为黑龙江世居人口较少民族，他们是赫哲族、鄂伦春族、鄂温克族、达斡尔族、锡伯族。

依据 2010 年全国第六次人口普查报告，黑龙江世居人口较少数民族的人口数量分布情况如下：

（1）赫哲族全国人口总数 5324 人，主要分布在黑龙江省、吉林省，黑龙江省的赫哲族人口占全国 74.8%，相对集中生活于佳木斯市所属郊区、同江市、抚远市；双鸭山市所属饶河县，建有 3 个民族乡和 7 个民族村。

（2）鄂伦春族全国人口总数 8659 人，主要分布在大兴安岭地区，黑龙江省的鄂伦春族人口占全国 45.54%，相对集中生活于黑河市所属的爱辉区、逊克县；大兴安岭地区所属塔河县、呼玛县；伊春市所属嘉荫县，建有 5 个民族乡和 7 个民族村。

（3）鄂温克族全国人口总数 30875 人，主要分布在内蒙古自治区、黑龙江省，黑龙江省的鄂温克族人口占全国 8.58%，相对集中生活在齐齐哈尔市所属讷河市、嫩江县，建有 1 个民族乡和 3 个民族村。

（4）达斡尔族全国总人口 131992 人，主要分布内蒙古自治区、黑龙江省，黑龙江省的达斡尔族人口占全国 30.51%，相对集中生活在齐齐哈尔市所属梅里斯达斡尔族区、富拉尔基区、建华区、富裕县、龙江县、泰来县；黑河市所属爱辉区、逊克县、孙吴县、嫩江县，共建有 7 个民族乡和 37 个民族村。

（5）锡伯族全国人口总数 190481 人，主要分布在辽宁省、新疆维吾尔自治区，黑龙江省锡伯族人口较少，占全国锡伯族人口 3.99%，集中生活在哈尔滨市所属双城区，建有 1 个民族乡和 4 个民族村①。

黑龙江省世居人口较少民族，有其独具特色的发展模式，主要有以下特点：

---

① 国家民族事务委员会经济发展司编：《中国人口较少民族发展报告（2015）》，第 72—74 页。

　　一是人口数量特别少。依据 2010 年全国第六次人口普查,黑龙江省 5 个人口较少民族人口总数是 58013 人,占全省人口总数的 0.0015％,其中赫哲族人口 3592 人;鄂伦春族 3902 人;鄂温克族 2649 人;达斡尔族 40270 人;锡伯族 7600 人①。由于人口数量少,在某种程度上意味着人口较少民族在与其他民族交往的过程中,其文化易于被其他民族文化所浸润和掩盖,甚至本民族文化特征逐步消失。这恰恰是人口较少民族独特的非物质文化遗产难以传承、发扬光大的客观原因。由此,不得不直面现存的难题:人口较少民族中的一位老人离去,很可能就等于一个文化载体的消失,甚至是多种民族文化因子的消失。正如《民族发展蓝皮书:中国民族发展报告(2016)》所呈现的黑龙江省人口较少民族独特传统文化传承出现难以逆转的断层现象:黑龙江省伊春北部的嘉荫县,有一名世代生活在乌拉嘎镇胜利猎民村的莫秀英老人,2008 年春天不幸因病离世。这位老人的去世,不是单纯生理意义的生命终止,因为其生前拥有别的村民没有的技术,也没有其他人学习传承,以至于这个村会鄂伦春族传统技术的人彻底消失。无独有偶,1997 年,鄂温克族的使鹿鄂温克人中最后一位萨满离世,因为没有符合标准的人选,至今依然没有合适的萨满产生。目前,陈巴尔虎旗有萨满 2 位,鄂温克自治旗有萨满 5 位,他们平均年龄 50 余岁,最年长的已经 70 余岁。这种状况对于传承来说,急需补充新鲜人选,但是客观条件是其能供挑选的人口基数太少。赫哲族人世代传唱的依玛堪"只能靠口头传承,而赫哲族有没有自己的文字,能用本民族语说唱的艺人已寥寥无几,而且都是 60 岁以上的老人,目前已找不到能用本民族语完整说唱一部依玛堪的艺人;鄂伦春民歌失去优势,目前乌鲁布铁猎民村

---

　　①　国家民族事务委员会经济发展司编:《中国人口较少民族发展报告(2015)》,第 72—74 页。

的内淑梅老人,还能用鄂伦春调完整地唱几首民歌"①。

二是人口基本分布于边境一带,居住分散,小片聚居。近代沙俄侵占了黑龙江、大兴安岭以北和乌苏里江以东包括库页岛在内的大片土地,占领了赫哲、鄂伦春、鄂温克和达斡尔族世代生活繁衍的广袤土地,人为造成4个民族分隔于山河南北,成为中俄边界之间的跨界民族。这些民族人口较少,主要居住生活在国境线地区,原有生活方式受制于国家与地方政治、经济发展的制约。1980年代,大兴安岭封山育林,鄂伦春族的狩猎业被迫缩减甚而停止;1990年代,鄂温克族由驯鹿游牧转为定居;三江口赫哲族地区的渔业规模大为缩减。随着社会发展,狩猎文化所需的地理空间逐渐缩小。在鄂温克自治旗和陈巴尔虎旗地区,随着农耕面积的不断拓展以及工业化的普及,传统生活方式在上述地区已基本消失。在敖鲁古雅鄂温克民族乡,留存狩猎文化需要的外界环境也在逐渐消失,"鱼叉(黑兰克)、鱼钩(敖鲁库)、大刀(乌特根)、小刀(靠套)等已无人会制作,懂得滑雪板(金勒)、桦皮船(佳乌)、鹿哨(乌勒翁)等制作的也只有三四个人,完全懂得传统狩猎习俗的只有一两个老人"②。

在黑龙江世居人口较少民族中,锡伯族与鲜卑族同源,是东北早期民族东胡族系的一支。鲜卑族原活动于大兴安岭地区,公元4—5世纪,大部南迁至黄河流域并建立北魏政权。未南迁的鲜卑族余部,仍留居于大兴安岭和呼伦贝尔地区,延续其渔猎生活方式。至明末清初,没有南迁鲜卑族余部已被称为"锡伯",主要分布于嫩江中游各支流,大多从事传统的农业生产。清初,他们被纳入八旗,编为65个牛录。康熙三十八年至四十年(1699—1701),锡伯族被迁往北京、盛京(沈阳)以及盛京周围所属地区各城镇、要隘驻防。乾隆二十九年(1764),清政府重视边防地

---

① 王延中主编:《民族发展蓝皮书:中国民族发展报告(2016)》,社会科学文献出版社2016年版,第342页。
② 王延中主编:《民族发展蓝皮书:中国民族发展报告(2016)》,第341页。

区的发展,为稳定统治而强化西北防务,抽调锡伯族官兵连同家眷3000余人,迁徙伊犁惠远城驻守。乾隆三十四年(1769),又抽调千余锡伯族官兵赴云南边寨驻防。历经多次迁徙,世居黑龙江地区的锡伯族人口锐减,甚至无法编成牛录,只能散居于黑龙江流域。在近代新式教育推行、发展中,没有成立单一锡伯族学校。锡伯族子弟多半就近加入达斡尔、鄂温克和鄂伦春族学校。因此,本研究未将锡伯族纳入研究范围。

二、黑龙江将军辖区、黑龙江省

有清一代,黑龙江地区行政制度,实行军府制(亦称"军政制度"),设置将军(黑龙江将军)、都统、副都统镇守,直至光绪三十三年(1907)才开始设置行省建制。

清朝统一前,已经开始加强对"龙兴之地"——东北地区的统治。顺治元年(1644),清军入关,将明朝在东北设置诸卫所全部裁撤,盛京改为留都,设留守盛京内大臣(又称昂邦章京)、副都统及八旗进行驻防。顺治四年(1647),改内大臣为昂邦章京(满语,意为"大臣""总管"),赐镇守盛京总管印。所辖范围,东至今日本海,西连山海关,南临图们江,北达外兴安岭(包含库页岛)。17世纪中叶,沙俄开始武装入侵中国黑龙江流域。为抵御沙俄的入侵,顺治九年(1652),清廷派梅勒章京率兵驻守宁古塔①地方,翌年升为昂邦章京,管理今吉林、黑龙江省及外兴安岭以南地区,后改称"镇守宁古塔等处地方将军",简称宁古塔将军。今黑龙江地区位于宁古塔将军辖区之内。将军既是地方最高军事长官,又是地方最高民政长官。于是,宁古塔、盛京两昂邦章京并存,东北地区被划分为两大军事驻防区域,即两个行政区域。康熙二十二年(1683),清廷为抗击沙俄入侵,于黑龙江左岸瑷珲旧城设镇守黑龙江等处地方将军,简称黑龙江将军,划出宁古塔将军所辖之西北地区,归黑龙江将军统辖,盛

---

① 宁古塔有新旧两城,旧城位于今海林市境内,1616年后金政权建立时,驻兵于此;新城位于今宁安市,1666年康熙时迁建。

京、宁古塔、黑龙江三将军并立，"自是东北三分，吉江并列"。这是黑龙江自成一个军事、行政区域并以"黑龙江"命名的开端。黑龙江将军之下先后设有黑龙江(瑷珲)、墨尔根、齐齐哈尔、呼伦贝尔、呼兰、布特哈、通肯等7城副都统和兴安城副都统衔总管。同治元年(1862)开始，黑龙江将军辖区内取消副都统，相继设立道、府、厅、州、县等地方行政建置。黑龙江将军辖区设立初期，广袤数千里，东至毕占河、南至松花江，与吉林将军辖区接壤；北至外兴安岭与俄罗斯为界；西至喀尔喀接车臣汗部界。19世纪中叶以来，沙俄多次武装入侵黑龙江地区。19世纪50年代，沙俄趁清王朝处于内忧外患国力大衰之际，大肆武装入侵黑龙江，并不断向清政府提出了领土要求，先后逼迫清政府签订了《瑷珲条约》《北京条约》等一系列不平等条约，侵占中国东北黑龙江以北、外兴安岭以南，乌苏里江以东大约100万平方公里领土，黑龙江和吉林的行政区域大为缩小。光绪二十六年(1900)，沙俄武力占领江东六十四屯，黑龙江以北土地尽失。

晚清同治、光绪年间，黑龙江地区逐步取消封禁，开荒招垦，人烟渐稠，民事日繁，遂添设府、厅、州、县建制。光绪三十三年(1907)三月，清廷裁撤奉天、吉林、黑龙江将军，设立奉天、吉林、黑龙江三省。黑龙江行省的行政区域承袭黑龙江将军管辖范围，东南和南部与吉林行省毗连，西南与奉天行省为邻，西部与蒙古接壤，北部和东北部以黑龙江与俄国为界。全省总面积约57万余平方公里，总人口127.3万，省会齐齐哈尔城。行省以下分设府、厅、州、县，并设道区分辖府、厅、州、县。厅(州)分为直隶厅(州)和散厅(州)。至1911年(清宣统末年)，全省分设3道(瑷珲兵备道、呼伦兵备道、兴东兵备道)、7府(呼兰、绥化、龙江、海伦、嫩江、黑河、胪滨)、6厅、1州、7县及郭尔罗斯后旗、杜尔伯特旗、扎赉特旗和依克明安旗。当时为吉林省所辖而现属黑龙江省境内的尚有2道(设于哈尔滨的西北路分巡兵备道和设于三姓城的东北路分巡兵备道)、7府(双城、宾州、五常、依兰、密山、临江、宁安)、3厅、1州、7县。

中华民国成立后，黑龙江省名称和行政区划沿袭旧制不变。至

1914 年末，黑龙江省共辖龙江、绥兰、黑河 3 道、23 县、5 设治局、4 旗；吉林省管辖今属黑龙江境内有 2 道、18 县。1915 年，中俄签订《呼伦贝尔条约》，将呼伦贝尔定为特别区，直接归中国中央政府节制，受黑龙江省省长监管，复设呼伦贝尔副都统。1920 年，黑龙江省长公署决定，呼伦厅改为呼伦县。1925 年，设置呼伦道，驻呼伦县，辖呼伦、胪滨、室韦、奇乾 4 县。从 1917 年起，中国政府逐渐收回对中东铁路"附属地"的管辖权，1920 年 10 月 31 日，北京政府颁布《东省特别区法院编制条例》，规定中东铁路附属地改成东省特别区。1921 年 2 月 5 日，成立东省特别区哈尔滨市政管理局，掌管中东铁路沿线各地市政。1926 年设置哈尔滨特别市和哈尔滨市政局等。1915—1929 年，随着经济发展和人口增加，黑龙江地区陆续增设 30 个县和设治局。黑龙江省共有 42 县、11 设治局。吉林省分设 42 县，在今黑龙江境内有 22 县。黑龙江省在裁撤道区的同时，将呼伦、黑河道改为呼伦、黑河市政筹备处，辖原道属各县。1945 年 8 月 31 日，国民党政府颁布《收复东北各省处理办法纲要》，重行划分东北行政区划，将今黑龙江省划分为松江、合江、黑龙江、嫩江 4 省。

1949 年 4 月 21 日，中共东北行政委员会发布《重划东北行政区划令》，决定黑龙江地区的合江、松江、黑龙江、嫩江 4 省合并为松江、黑龙江 2 省。5 月中旬，撤销合江省并入松江省，哈尔滨市改为松江省辖市。

1954 年 6 月，中央人民政府颁布《关于撤销大区一级行政机构和合并若干省、市建制的决定》，撤销松江省建制，并入黑龙江省，同时将哈尔滨市改为省辖市并入黑龙江省。同年 8 月两省正式合并，省会设在哈尔滨市，将原黑龙江省所属的白城、洮南、镇赉、大赉、安广、开通、瞻榆 7 县，划归吉林省管辖。新的黑龙江省，南与吉林省接壤，西与内蒙古自治区为邻，北、东隔黑龙江、乌苏里江与苏联相望。共辖 3 个专区、5 个市、64 个县、2 个旗、1 个矿区。

三、黑龙江少数民族新式教育

新式教育是指清末新政期间改学制、废科举、立新式学堂,教授近代科学知识的教育改革,是中国教育方式的一次根本性转变。此后,新式教育在中国各地得到迅速发展。

推行新式教育,是我国学校教育的一大改革,而在黑龙江,"则非学校之改革,直教育之创始也"①。因为鸦片战争后,黑龙江除旗学外,几无所谓教育。黑龙江新式教育对于黑龙江各少数民族来说,本质上是有别于传统旗学封建教育的新事物,是一次规模较大近代新式教育尝试。当此之时,正是中国边疆危机日益深重之际,在边陲省份(包括黑龙江)的少数民族地区推行新式教育,有尽快提高那里的少数民族文化素质之深意,以便使"数千年之野蛮,渐进于文化,人人具有国家思想"②,从而达到巩固国防、共御外侮的目的。

清末民初,一批批达斡尔、鄂温克、鄂伦春、赫哲族青少年学生走出封闭、落后的环境,接受新式教育,他们经历小学、中学、师范,有的还走出黑龙江省到奉天(沈阳)、北京、南京读书,成绩优异者甚至有到日本、英国、俄国留学。他们毕业后,很多人回到家乡,在学校、医院、政府、军队、漠河金矿等任职。清末新政与新式教育的兴起,对于内地而言,是传统教育基础上的近代教育的实施和改变,而对于黑龙江各少数民族而言则是教育的开始。此时,黑龙江边疆危机愈益严重,以新式教育敷教于黑龙江各少数民族,其意义在于使"数千年之野蛮,渐进于文化",从而增强国家意识,巩固边疆。关注边疆危机下各民族的生存危机和文化危机;关注政府和社会对各民族发展新式教育的重视;关注沙俄文

---

① 谢岚等主编:《黑龙江省教育史资料选编》上编,黑龙江人民出版社 1988年版,第 169 页。

② 黑龙江省档案馆编:《档案史料选编·黑龙江少数民族》,1985 年版,第205 页。

化同化政策对各民族的影响,已成为这一时期黑龙江各级官员的共识。民国初年教育制度的更新,是落实和推行新式教育的保障。此间,虽然历经南京临时政府、北京政府和南京国民政府,政权更迭,社会动荡,但新式教育却依然在社会各阶层的支持推进下以较为强劲的力量发展,新式教育更多地被赋予国难当头之时借以提高全民素质实现强国的功能。黑龙江世居较少民族新式教育在于开发民智,强化国家、国民意识,以固守边疆。民国初年,在各级政府所推行的新式教育中,达斡尔、鄂温克、鄂伦春和赫哲族青少年子弟,经历了以汉语教学为主、普及近代科学文化知识的近代教育的洗礼。发展新式教育,提高人文素质、强化民族认同感,为各民族走出原始、封闭的落后社会状态提供了文化准备。

1905—1931 年,持续二十余年的近代新式教育,让散居于边疆地区的各民族子弟有机会接受近代文化教育和科学知识,达斡尔、鄂温克、鄂伦春和赫哲族也由传统生存教育被纳入近代教育体系。此举,不仅为闭塞、原始的少数民族生活地区带来近代教育形式,更为其后的民族发展与文化变迁带来巨大影响,从而达到巩固国防、共御外侮的目的。只因当时危机深重,国事多艰,这项具有深远意义的决策在落实中难如人意。但学校教育,近代科学、国家、民族群体、道德伦理、文明生活等知识观念的传播,开启了黑龙江各民族青少年的智识,同时又以巨大的社会辐射力,塑造着他们的国家与民族共同体观念。

第一章　清前期黑龙江的世居人口较少民族

一、黑龙江地区世居民族的发展与演变

黑龙江流域地处中国东北,自古以来就是多民族繁衍生活的重要地区。依据考古发掘报告,它的早期人类文明可以追溯到十几万年前。哈尔滨市阿城区交界镇发现距今约 17.5 万年的旧石器时代早期洞穴遗址,说明在中国早期智人时期,黑龙江流域已经有人类活动。嗣后,属于旧石器晚期的人类活动更为频繁,漠河县老沟河、呼玛县十八站、讷河市清河屯、哈尔滨顾乡屯和阎家岗、饶河县小南山,以及海伦市、哈尔滨阿城区、宁安市等均发现有文化遗存。更有较为典型的约7000—5000 年前的铜钵好赉文化、昂昂溪文化及新开流文化。其中,铜钵好赉文化表明人类已经开始以狩猎捕鱼为主兼有原始农业的氏族生活。至先秦时期,东北地区形成了肃慎、濊貊和东胡三大族系。其后,在漫长的历史发展中,各民族经历了一次次迁徙、征战、融合,最终形成黑龙江特有的民族构成。

（一）肃慎族系

关于黑龙江流域肃慎人的记载,最早见于《竹书纪年·五帝篇》,

"(帝舜有虞氏)二十五年,息慎氏来朝,贡弓矢"①。息慎,即为肃慎。汉代戴德编撰的《大戴礼记·少间篇》也有类似的记载:"昔虞舜以天德嗣尧……海之外肃慎、北发、渠搜、氐、羌来服。"②肃慎人朝服虞舜,具有一定的历史传说色彩,却也表明肃慎人在虞舜时期已与华夏部落联盟有所交流。《史记·五帝本纪》记述帝舜时,亦采用上古历史传说,"(虞舜)方五千里,至于荒服。南抚交趾、北发,西戎、析枝、渠廋、氐、羌,北山戎、发、息慎,东长、鸟夷,四海之内咸戴帝舜之功"③。

依据史书不同的记载方式,肃慎族系,又名息慎、稷慎。汉魏文献称其为"挹娄",南北朝时则称其为"勿吉"。对于不同时期文献中肃慎族称谓的不同,有学者认为是肃慎族系在不同时期沿革中的不同叫法,也有学者认为是不同发声所致,本文不做探讨。唐朝,明确记载称肃慎为"靺鞨",当然还有黑水靺鞨等不同分支。有研究认为,"肃慎"就是历史上"女真"的先祖。《旧唐书》记载:"靺鞨,盖肃慎之地,后魏谓之勿吉。"唐朝时,对这些少数民族有了比较清晰的认识。据载,当时靺鞨分为粟末、伯咄、安车骨、拂涅、号室、白山、黑水等七大部,这是族群突出发展的直接表现。七大部落实力强大,在唐代形成粟末靺鞨和黑水靺鞨。

698年,粟末靺鞨部首领大祚荣建立震国,自称震国王。713年,唐玄宗册封大祚荣为左骁卫大将军、渤海郡王,统辖忽汗州,成为唐朝统治下的羁縻州。926年被契丹所灭。

黑水靺鞨完颜部于1115年建立大金国,后灭亡北宋,与南宋政权对峙长达一个世纪,说明金国已经与中原宋朝实力不相上下。

元明统治时期,女真人分化为诸多部落,各部落势力此消彼长,建

---

① 《竹书纪年》卷上《帝舜有虞氏》,《景印文渊阁四库全书》第303册,台湾商务印书馆1986年影印本,第8页。
② 《大戴礼记》卷一一《少闲》,《景印文渊阁四库全书》第128册,第8页。
③ 《史记》卷一《五帝本纪第一》,中华书局1959年版,第43页。

州女真迅速崛起。天命元年（1616），努尔哈赤建立后金政权。天聪九年（1635），皇太极废除旧有族名"诸申"（女真），定族名为"满洲"，次年，改国号为清。顺治元年（1644），清政权入关定鼎。辛亥革命后，以民族称呼表述，这一民族被称为"满族"。

肃慎族系的发展脉络，以挹娄、勿吉、靺鞨、女真、满族、鄂温克、鄂伦春①和赫哲族的形式，而传承下来。

（二）东胡族系

东胡族是中国东北部的古老游牧民族。早在商代，就有东胡的活动记载。"东胡"称谓，最早见于《逸周书》，"东胡黄罴，山戎戎菽"②。因其居于匈奴（胡）以东而得名。据考证，东胡在春秋时期主要活动在燕国北部，"燕北有东胡、山戎"③。后为燕将秦开所破，迁于今西辽河的上游老哈河、西拉木伦河流域，在开沟子发掘的墓葬已被认为是东胡文化遗存④。秦末，东胡强盛，其首领曾向匈奴要求名马、阏氏和土地，后为匈奴冒顿单于击败。退居乌桓山（今内蒙古自治区阿鲁科尔沁旗以北，即大兴安岭山脉南端）的一支称为乌桓，退居鲜卑山（今兴安岭山脉北部）的一支称鲜卑。乌桓部在汉武帝时期，迁到渔阳等五郡北部。鲜卑部中的一支拓跋部则乘机发展，逐渐强大起来，"统国（部落）三十六，大姓（氏族）九十九，威振北方，莫不率服"⑤。西晋时，拓跋部南下，在西晋灭亡百余年后，拓跋焘统一黄河流域，并于494年迁都洛阳，推行"禁胡服，断北语，改汉姓，均田亩，定官制"等措施，极大地促进了黄河流域的民族大融合，有利于统治稳定，百姓安居乐业，专心经济发展，

---

① 冯君时、徐芳田、孟淑卿等提出室韦说。见冯君时：《鄂伦春族探源》，《吉林师大学报》1979年第2期；徐芳田、孟淑卿：《鄂伦春族源流简述》，《黑龙江民族丛刊》1986年第4期。

② 朱右曾：《逸周书集训校释》卷七《王会》，商务印书馆1940年版，第120页

③ 《史记》卷一百一十《匈奴列传第五十》，第2883页。

④ 田立坤：《辽西地区先秦时期马具与马车》，《考古》2017年第10期。

⑤ 《魏书》卷一《序纪》，中华书局1974年版，第1页。

为中华民族的历史发展作出了重要贡献。

鲜卑在分化出慕容、宇文、段部、拓跋、乞伏、秃发、吐谷浑各部后,还分化出库莫奚、契丹、室韦、蒙古等族。库莫奚、契丹其先为东部鲜卑宇文之别种①,从鲜卑分离后,游牧于潢水(今西拉木仑河),自号"契丹",而活动于其北方的部族号称"室韦","室韦,盖契丹之类,其南者为契丹,在北者号为失韦(室韦)"②。"蒙古"一词最早见于《旧唐书》③,"蒙兀室韦",居于望建河(今额尔古纳河)南岸,是室韦部落联盟的一个成员。可见,鲜卑、契丹、室韦、蒙古都属于东胡族系。

(三)濊貊族系

濊貊是"濊"和"貊"的合称,是两个主要族属融合而形成的族群。西周时,濊生活于北方,以游牧为主。濊(秽、獩)的名称始见于《逸周书》,"正北方稷慎、大尘、秽人前儿"④,主要分布于今吉林省及朝鲜半岛北部。《逸周书》载:"华夏蛮貊,罔不率俾,恭天成命。"⑤大约分布辽宁省东部、吉林省西部⑥。西汉以后,濊貊"逐渐组成了许多个较大的民族共同体。"夫余是较早在濊貊族群中形成的民族,《史记·货殖列传》载:"(燕)北邻乌桓、夫余,东绾濊貊、朝鲜、真番之利。"由此可见,夫余、濊貊两者并立而存,濊貊位于夫余的东面。夫余族形成后,约公元前2世纪立国,以农业、畜牧业为主,间有手工业。西汉时,夫余国归属玄菟郡,汉末三国初改属辽东公孙氏,晋朝时由东夷校尉管理。494年,夫余国灭亡。在其灭亡前后,夫余族人分别流入东北、朝鲜半岛、中原地区,大部分同东胡、肃慎的后裔融合。

在漫长的历史发展中,三大族系经历一次次迁徙、征战、融合、析

① 《魏书》卷一百《库莫奚传》,第2222页。
② 《北史》卷九四《室韦传》,第3129页。
③ 《旧唐书》卷一九九《室韦传》,中华书局1975年版,第5360页
④ 朱右曾:《逸周书集训校释》卷七《王会》,第116页。
⑤ 王世舜、王翠叶译注:《尚书》,中华书局2012年版,第444页。
⑥ 孙进己:《东北民族源流》,黑龙江人民出版社1989年版,第118页。

分、重组等过程,致使有的民族逐渐消亡,有的民族融入其他民族,有的析分或组合为新的民族。延续至今,在黑龙江主要形成满族、蒙古族、达斡尔族、锡伯族、鄂伦春族、赫哲族、鄂温克族等世居民族①,成为中华民族的重要组成部分。

二、鄂温克、鄂伦春、达斡尔和赫哲族的族称与族源

在黑龙江民族演变发展过程中,达斡尔、鄂温克、鄂伦春和赫哲族颇具特色:他们有着相近或相同的族源演变过程,直至明清之际,鄂伦春、鄂温克、达斡尔族依然包含于"索伦部"之内。"索伦部"不是单一民族的民族称谓,是这些部族群体的一个统称②。索伦部、赫哲族在贝加尔湖、内外兴安岭和黑龙江流域广大地区,世代延习以渔猎为主、部分兼有农耕的生产方式。

（一）索伦部族的族称与组成

索伦部是明末清初对分布于石勒喀河、黑龙江流域、外兴安岭一带的鄂温克族、鄂伦春族和达斡尔族的总称,是黑龙江中上游的土著部族集团。索伦部中的三个民族在族源、地缘、文化上难以分割,与满族在族缘、地缘上也具有密切的联系。

"索伦"较早见于文献的是皇太极天聪八年(1634),"科尔沁部噶尔珠塞特尔、海赖、布颜代、百谷垒、塞布垒等,以往征北方索伦部落营生为词,各率其本部人民叛去"③。当时,索伦部"达呼尔、俄伦春、毕喇尔

---

① 《黑龙江省民族工作手册》(黑龙江省民族事务委员会办公室编,黑龙江省朝鲜民族出版社 1987 年版)规定:世居民族符合"某一地区居住的长久性、稳定性和连续性"的前提,现黑龙江省世居民族除满族、蒙古族、达斡尔族、锡伯族、鄂伦春族、赫哲族、鄂温克族等 7 个民族以外,还有俄罗斯族、朝鲜族、回族、柯尔克孜族。

② 韩狄:《清代八旗索伦部研究》,中国社会科学出版社 2011 年版,第 31 页。

③ 中国第一历史档案馆译:《清初内国史院满文档案译编》(上),光明日报出版社 1989 年版,第 95 页。

则其同乡而别为部落者，世于黑龙江人，不问部族，概称索伦，黑龙江人居之不疑，亦雅喜以索伦自号。说者谓索伦骁勇闻天下，假其名以自壮，此论得之"①。

"索伦"是满语"solon"的音译，但满语中却没有发现关于"solon"含义的解释，较为普遍的是采用"上方的""上游的"观点，"满洲人有时把阿穆尔河上游……住地居民都列为索伦人（上游人）"②。天聪年间，索伦部主要分布在三个区域：

一是索伦别部，也称为"鄂伦春使鹿部"，"俄伦春者，索伦、达呼尔类也。黑龙江以北、精奇里江源以南皆其射猎之地。其众夹精奇里江以居，亦有姓都喇尔者，似与索伦为近"③。该部以鄂伦春族为主，也有鄂温克人、达斡尔人，"鄂伦春人无马，多鹿，乘载与马无异。庐帐所在，皆有之。用罢任去，招之即来"④。他们以狩猎为主，夏季也在河边捕鱼兼采集。

二是居住于贝加尔湖东部的石勒喀湖、精奇里江地区，主要是鄂温克族、达斡尔族，是索伦部主体，首领博穆博果尔。该部是索伦部中发展较为先进的，他们狩猎、捕鱼的同时，部分受汉族影响从事农耕，"沿阿穆尔河（即黑龙江）住着达乌尔人及其同族的部落。17世纪时，达乌尔人已有很高的文化。他们定居在村落中，从事农业，种植五谷，栽培各种蔬菜与果树；他们有很多的牲畜，有从中国运来的鸡。除耕种和畜牧以外，猎

① 西清：《黑龙江外记》，黑龙江人民出版社1984年版，第28页。

② ［俄］波列伏依著，郭燕顺、孙运来编译：《久切尔人问题》，《民族译文集》第一辑，吉林省社会科学院苏联研究室1983年版，第110页。

③ 何秋涛撰、黄宗汉辑补：《朔方备乘》卷二《圣武述略二》，《续修四库全书》第741册，上海古籍出版社2002年影印本，第29页。

④ 姜维公、刘立强主编：《中国边疆文库》初编《东北边疆卷》卷八《龙沙纪略》，黑龙江教育出版社2014年版，第127页。

取细毛兽,尤其是当地盛产的貂,对于达乌尔人也相当重要"①。

三是居住于贝加尔湖以东、赤塔河流域,主要是鄂温克的使马部,该部以养马为主,也兼养牛、骆驼等。

明末,索伦部用自己狩猎所获的貂皮等向政府进贡,也会同周边的蒙古族、汉族、女真人进行贸易,以换取生活必需品。后金建立后,努尔哈赤、皇太极先后与黑龙江流域各民族建立联系。天聪八年(1634),"黑龙江精奇里地方大臣(索伦部落)巴尔达齐率四十四人来朝,贡貂、狐皮"②。索伦部已与后金有往来。

(二)鄂温克族的族称与族源

鄂温克族是黑龙江世居人口较少民族,主要生活在额尔古纳河以东、嫩江西岸的山林、草原及河谷地区。由于历史上迁徙较为频繁,他们的居住地比较分散,族称也随着聚居地的改变而各异。

1. 鄂温克族的族称

历史上,对于鄂温克族的称呼较多,最早见于《魏书》,"失韦国,在勿吉北千里,去洛六千里"③。"失韦"亦作"室韦",北魏也有称鄂温克为"北室韦"或"深末怛室韦",辽代称作"生女真""生女直",元代称为"林中的兀良哈"或"林中人"等④。明代称其为"北山野人"或"女真野人",据《明实录》记载:"乞塔河女真野人头目乍里等来朝,设乞塔河卫,命乍里为指挥佥事,余为千百户镇抚,赐予照例。"⑤"乞塔河女真野人"指的就是鄂温克人的祖先。该部主要分布于大兴安岭以北,外贝加尔

---

① [苏]潘克拉托娃:《苏联通史》第一卷,莫斯科外文出版局 1955 年版,第 251 页。

② 中国第一历史档案馆译:《清初内国史院满文档案译编》(上),第 79 页。

③ 《魏书》卷一百《失韦传》,第 2221 页。

④ 《鄂温克族简史》编写组编:《鄂温克族简史》,内蒙古人民出版社 1983 年版,第 2 页。

⑤ 《明太宗文皇帝实录》卷八十五,台北"中研院"历史语言研究所 1962 年校印本,第 1128 页。

湖以东的地区,经勒拿河、石勒喀河至精奇里江、牛满江的广大地区,俄国人称为"达呼里亚"地区,17 世纪后又延伸到黑龙江流域。顺治、康熙时期,伴随索伦部南迁黑龙江上游及嫩江流域,对于索伦部原有的鄂温克、达斡尔族,鄂伦春指代逐渐明晰,范围也在缩小。

清代对鄂温克的称呼发生了相应的变化,自称"鄂温克"。对于居住在不同地区鄂温克族的名称也存在着差异:"索伦部的鄂温克人",后改称"索伦鄂温克人",主要生活在内蒙古自治区呼伦贝尔市的辉河、伊敏河、雅鲁河、阿伦河、济沁河流两岸,以及黑龙江省的讷河、嫩江流域,从事畜牧业和农耕生产;"通古斯"鄂温克指的是居住在陈巴尔虎旗的鄂温克人,主要从事畜牧业;"雅库特"鄂温克是生活在额尔古纳河一带的鄂温克人,主要饲养驯鹿兼营游猎生产[①]。这几个地区都不会自称为"索伦""通古斯"和"雅库特",直到 20 世纪 50 年代,国家根据这几个地区的历史演变和相近的生活习俗,并遵照他们自己的意愿才恢复了原来的族称"鄂温克"。

2. 鄂温克族的族源

目前,对于鄂温克族的族源研究尚无定论,主要有三种观点:

第一种是"南方起源说"。该学说最早由俄国民族学家和人类学家史禄国提出,他依据服饰、弓箭以及宗教文化对鄂温克的族源进行分析,并使用了体质人类学中数据测量等方法将鄂温克人与南方汉人进行比照,得出鄂温克族起源南方的说法。由于材料的局限性,加之考古资料佐证的不足,史禄国关于鄂温克族起源的"南方学说"并没有引起中外学者足够的重视。

第二种是"贝加尔湖起源说"。吕光天认为,"今天鄂温克族的分布地区并不是他们历史上的原居住地。根据考古学和人类学的研究,鄂温克族的祖先大体分布于贝加尔湖周围和以东地区直至黑龙江中游以

---

① 《鄂温克族简史》修订本编写组编:《鄂温克族简史》修订本,民族出版社 2009 年版,第 3 页。

北的地区。早在公元前 2000 年，即铜石器并用时代，鄂温克族的祖先就居住在外贝加尔湖和贝加尔湖沿岸地区"①。此观点主要依据人类学、考古学以及民间传说。石勒喀河是黑龙江上游的支流，在其河岸的洞穴中发现一枚头盖骨，经检测发现，这枚头盖骨具备现代鄂温克人一切体质特征。与此同时，还有历史时期贝加尔湖地方独具特色的装饰物。在比对研究中，考古工作者和研究者发现色楞格河左岸上班斯克村对面的佛凡诺夫山上挖掘出的一具骨骼，衣服上点缀着数十个贝壳制成的圆环，这与鄂温克人习惯在胸前佩戴串珠和萨满法衣饰物的位置高度相近。此外，出土的其他白玉制的饰品与 17、18 世纪鄂温克族人服装上的饰品毫无差别。由此观之，这一时期鄂温克人的祖先已经生活在贝加尔湖一带。另外，很多鄂温克民间传说都与贝加尔湖的地理环境有关。《鄂温克族社会历史调查》记载了一则关于使鹿鄂温克人祖先来源的传说：在他们故乡的列拿河一带有个"拉马"湖，长着许多美丽的水草，水草上还漂着许多荷花，太阳似乎是在湖边升起的，鄂温克人的祖先和人类都在"拉马"湖高山上起源。《鄂温克族简史》引用这则神话传说，指出"拉马"湖就是今天的贝加尔湖。

　　第三种是"起源于乌苏里江、绥芬河、图们江下游说"（兴凯湖起源说）。乌云达赉在《鄂温克族的起源》一书中以古地名学考证为突破口，梳理分析历史地理地名，结合历史文献的记载，对相关史料重新进行考证和破译，认为"鄂温克族起源于乌苏里江、绥芬河、图们江下游流域至黑龙江中游流域，他们的祖先是鞑靼七部之一的安居骨部"②。

　　（三）鄂伦春族的族称与族源

　　1. 鄂伦春族的族称

　　鄂伦春族是一个有语言而无文字的民族。对于"鄂伦春"的称谓，文献记载不一。金、元时期称其为"林木中百姓"，明朝称"可木地野

---

　　①　《鄂温克族简史》编写组编：《鄂温克族简史》，第 5 页。

　　②　乌云达赉：《鄂温克族的起源》，内蒙古大学出版社 1998 年版，第 1 页。

人"，清初称"树中人"等。"鄂伦春实亦索伦之别部，其族皆散处内兴安岭山中，以捕猎为业，元时称为林木中百姓，国初谓树中人，又谓为使鹿部。"①所谓"林木中百姓""树中人"是一种泛称，特指鄂伦春族林中狩猎的生活状态。在清代以前，没有一个朝代，把鄂伦春族视作一个部族看待。清初，"树中人"部被分为使鹿部鄂伦春和使马部鄂伦春后，才逐渐开始有"鄂伦春"的指称并被延续。

"鄂伦春"这一名称始见于清崇德五年(1640)，以"俄尔吞"出现，其后，在康熙年间的上谕和奏折中，有关于"俄罗春""俄乐春""俄伦春"或"鄂伦春"的记载，最后固定记载为"鄂伦春"。

经过文献考证，鄂伦春一词是鄂伦春人的自称，其意：

一是使用驯鹿的人们。《黑龙江外记》中有"(驯鹿)四不像，亦鹿类，俄伦春役之如牛马，有事哨之则来，舐以盐则去，部人赖之不杀也。国语(即满语)谓之俄伦布呼，而《异域录》称之为角鹿"②。在《朔方备乘》中也有类似记载，"今黑龙江所属东北部族，有俄伦春者，亦使鹿，盖俄伦即鹿名也"③。又说"俄罗斯伊聂柏兴，有一种人乘鹿者，呼鹿曰俄伦，此可见俄伦春名，即使鹿之故"④。

二是山岭上的人们。鄂伦春人称山岭为"奥伦"，和"鄂伦"发音基本相同。

三是意为归顺的人们。满语"归顺"为"奥伦千"，"鄂伦春"是由"奥伦千"音变而来。这种说法十分牵强，可信度不高。

对于鄂伦春族名称，来自使用驯鹿一说，采纳度较高。

---

① 徐世昌等编纂：《东三省政略》卷一，吉林文史出版社1989年版，第366页。

② 西清：《黑龙江外记》，第91页。

③ 何秋涛撰、黄宗汉辑补：《朔方备乘》卷四三《考订诸书三》，《续修四库全书》第742册，第31页。

④ 鄂伦春自治旗史志编纂委员会编：《鄂伦春自治旗志》，内蒙古人民出版社1991年版，第98页。

"鄂伦春"一名的多种解读，呈现逐渐变化的过程。鄂伦春民族生活的地区，地广人稀，人员分散，彼此间往往缺少必要的经济联系，名族称谓也并非固定。

2. 鄂伦春族的族源

鄂伦春族的族源，学术界有多种不同的意见，主要是由于鄂伦春族只有民族语言，没有民族文字，没有早期相关的历史性文字记载，这对于鄂伦春族的族源考证造成诸多困难。目前学术界对于鄂伦春族的起源主要存有两种说法，一是室韦说，二是肃慎说。

鄂伦春族源室韦说，主要是从民族特征、生活区域、生产生活方式等方面，考证鄂伦春族民族起源与室韦有渊源关系。冯君实、徐芳田、孟淑卿等学者坚持这一观点，"鄂伦春人的祖先应是北部室韦的某部"①，并从贡貂、婚葬习俗、社会组织、生产方式等方面，论证鄂伦春族属于室韦族②。室韦说的主要依据也有地域考证，鄂伦春族及与其同源的鄂温克等民族世代繁衍生息在贝加尔湖以东广袤的黑龙江流域地区，据《三国志》载："挹娄在夫余东北千余里，滨大海，南与北沃沮接，未知其北所极。"③《新唐书·室韦传》也记载："室建河出俱伦，迤而东，河南有蒙瓦部，其北落坦部，水东合那河、忽汗河，又东贯黑水靺鞨，故靺鞨跨水有南北部。"④在黑龙江的南北岸很早就有挹娄、靺鞨诸部的活动。冯君实曾考证："黑龙江省上游，两汉时为鲜卑地，下游为黑水靺鞨。"⑤近代以来，随着考古工作的开展，先后在黑龙江北岸的精奇里江和牛满江等地区，发现有黑水靺鞨文化特征的考古遗存。经对历史文献与考古发掘资料考证，在黑龙江中游及北岸存在室韦诸部的

---

① 冯君时：《鄂伦春族探源》，《吉林师大学报》1979 年第 2 期。
② 任国英：《满—通古斯语族诸民族物质文化研究》，辽宁民族出版社 2001 年版，第 100 页。
③ 《三国志》卷三十《乌丸鲜卑东夷传》，中华书局 1959 年版，第 847 页。
④ 《新唐书》卷二百一十九《北狄》，中华书局 1975 年版，第 6177 页。
⑤ 冯君时：《鄂伦春族探源》，《吉林师大学报》1979 年第 2 期。

大量活动。"室韦"这一族称是蒙古语"森林或森林中人",是指居住在黑龙江流域中西部广大地区属东胡鲜卑系诸室韦,并非指单一的民族,之所以都称为"室韦",乃因共同的经济生活而逐渐形成民族,并进一步发展。

鄂伦春族源肃慎说,主要基于民族语言方面的论证。鄂伦春族虽没有文字,但却保留了没有中断的语言,鄂伦春语属阿尔泰语系—满－通古斯语族—通古斯语支。《魏书·失韦传》中有"语与库莫奚、契丹、豆莫娄国同"①的记载。室韦语属蒙古语族,不属通古斯语族,而是由肃慎、挹娄、勿吉、靺鞨、女真等发展而来。有学者认为:"根据近代语言学、人类学研究的结果,肯定了鄂伦春族是属于通古斯系的,鄂伦春是源于祖国历史上的肃慎一系的。"②《东北民族源流》认为,鄂伦春与鄂温克同源,其先人都是活动在黑龙江以北的黑水靺鞨③。将鄂伦春族族源归于古老的肃慎,是基于语言的基础。民族学研究认为,共同语言是一个民族的基本特征,同时也是识别一个民族族源的重要依据。要探讨一个民族的族源问题,必须将该民族的语言发展结合起来研究,忽略民族语言的形成、发展和使用,很难得出正确的结论。鄂伦春语属阿尔泰语系,通古斯语族—北语支,这一结论,不仅被大量的历史资料所记载,还被现存的民族语言所证实。鄂伦春语与同属肃慎系的满族及赫哲族语言相同,这种相同不但体现在基本词汇上,而且语法结构也相同,这绝非偶然。因此,从民族语言方面来分析,鄂伦春族属肃慎系,是与通古斯语族的肃慎及其以后的挹娄、勿吉、靺鞨、女真等民族一脉相承,直到形成满、赫哲、鄂温克和鄂伦春等民族④。

---

① 《魏书》卷一百《失韦传》,第 2221 页。
② 陈玉书:《关于鄂伦春族的来源》,《文史哲》1962 年第 4 期。
③ 孙进己:《东北民族源流》,第 225 页。
④ 韩有峰等:《鄂伦春族历史、文化与发展》,哈尔滨出版社 2003 年版,第 87页。

（四）达斡尔族的族称与族源

1. 达斡尔族的族称

达斡尔族是我国东北地区少数民族之一。"达斡尔"是本民族的自称，因为发音不同，有时称谓并不固定，清代以来的文献记载中，就出现过"达呼尔""打虎儿""达古尔""达虎里"等十余种。新中国成立后，根据达斡尔本民族意愿，统一为"达斡尔"。关于达斡尔这一族称来源，目前学术界主要观点是：一为契丹"大贺日"部族名称的音译；一为索伦语翻译"耕种者"之意；另外，还有学者认为，这一称呼是达斡尔语中的"故址"之意。

2. 达斡尔族的族源

关于达斡尔族族源，学术界有几种不同的说法①。其中，以源于辽代契丹族"大贺氏"一说最为中外众多学者认同。这一说法，除有史学界的考证论证之外，还有来自高科技的分子比对研究，将契丹古尸分子分别与达斡尔族、鄂温克族、蒙古族和汉族群体进行比对，证实达斡尔族与契丹具有最近的遗传关系②。由此，基本确定契丹族"大贺氏"也就是今天我们所熟知的达斡尔族的先民。

12 世纪辽王朝灭亡后，一部分契丹人自以西拉木伦河、洮儿河为核心的大兴安岭南麓向北远徙至黑龙江流域，分布在西起石勒喀河，东到精奇里江（今结雅河）、牛满河（今布列亚河）的广大地区③。这支契丹人在此繁衍、生息，并走上形成新的单一民族——达斡尔族的发展

---

　　① 东胡说，认为达斡尔族源于秦、汉时期的东胡；白鞑靼说，认为达斡尔族源于宋、辽、金时代的白鞑靼；室韦说，认为达斡尔族源于唐代的室韦部；蒙古同源说，认为达斡尔族是古代蒙古的一个分支，与古代蒙古有共同的渊源关系；大夏说，认为达斡尔族是古代中原地区夏部族的后代。

　　② 吴东颖：《契丹古尸分子考古学研究》，中国协和医科大学博士学位论文，引自《达斡尔学会会刊》2001 年第 9 期，第 96 页。

　　③ 《达斡尔资料集》编辑委员会、全国少数民族古籍整理研究室编：《达斡尔资料集》第五集，民族出版社 2004 年版，第 454 页（本集编者不再出注）。

道路。

(五)赫哲族的族称与族源

赫哲族人数较少,目前,集中居住于"三乡两村",即同江市街津口赫哲族乡、八岔赫哲族乡、双鸭山市饶河县四排赫哲族乡和佳木斯市敖其镇敖其赫哲族村、抚远市抓吉镇抓吉赫哲族村。赫哲族与鄂温克、鄂伦春、锡伯、满族归为满—通古斯语族。

1. 赫哲族的族称

"赫哲"之民族称谓,较早见于康熙二年(1663)。该年,清政府"命四姓库里哈等进贡貂皮,照赫哲等国例,在宁古塔收纳"①。在清代文献中,"赫哲"多写作"赫真""黑斤""黑津"等十多种同音异译或异写的称谓,为江河的"下游""下方""东边的人们"之意。在这个族称出现之前,清政府一般也曾用"呼尔哈"指代赫哲人。

2. 赫哲族的族源

赫哲族是黑龙江古老的世居民族,考古资料证明,赫哲族历史"至少可以追溯到距今六千年前"的密山新开流新石器时代文化,与三江平原上新石器文化存在着悠久的渊源关系。在肃慎、挹娄、勿吉、靺鞨的发展顺序中的"黑水靺鞨应是赫哲族的直系祖先"。"黑水靺鞨最处北方,尤称劲健,每恃其勇,恒为邻境之患"②,"所以赫哲族只能是五国部的后裔"③,与黑水靺鞨生女真的渊源最为直接。至明朝称为"野人女真",以渔猎为生产方式,"北山野人,不事耕稼,唯以捕鱼为生"④。因其与明朝互通往来较少、入贡不规律、发展较为落后,故而被明朝政府统称为"野人女真",主要分为瓦尔喀部、虎尔哈部、窝集部、使犬部、使

---

① 《清圣祖实录》卷九,中华书局1986年版,第142页。

② 《旧唐书》卷一九九下《靺鞨传》,第5358页。

③ 干志耿、孙秀仁:《黑龙江古代民族史纲》,黑龙江人民出版社1984年版,第476页。

④ 魏焕:《皇明九边考》卷二《辽东镇》,《四库全书存目丛书》史部第226册,齐鲁书社1996年影印本,第37页。

鹿部和苦夷（库页）部等，其后逐渐形成赫哲、费雅喀等族。它与建州、海西共为明朝中后期的女真三大部。

赫哲族族体的形成是历史的动态变迁过程，"在漫长的历史发展中，它吸收了一些满—通古斯语族中的其他民族成分，并参与了这些民族的形成，同时有些民族也吸收了些蒙古人、东部沿海和黑龙江流域某些土著居民及古亚洲的库页族成分，又与汉人有着共同的历史渊源"[①]。

三、17 世纪中叶前的鄂温克、鄂伦春、达斡尔和赫哲族

清统一东北前，黑龙江世居少数民族主要生活在贝加尔湖及以东地区、黑龙江两岸、内外兴安岭、三江平原至库页岛一带。生活于此的各民族，依据所处的自然环境选择属于自己的生活方式，"远东诸民族的历史道路的特点及其文化的特异性，在许多方面，是由作为这些民族的生活条件和背景的自然地理环境决定的"[②]。

（一）以狩猎为主的鄂伦春族

在贝加尔湖以东、内外兴安岭及黑龙江上中游地区，群山起伏，林木茂密，蕴藏着极为丰富的动物和植物资源，鄂伦春族世居于此，世代繁衍生息，形成以狩猎为主的生活方式。史禄国的《北方通古斯的社会组织》中记载这一地区的地理环境、动植物分布状况与居民生产方式：

> 到处是覆盖着森林的低矮山脉，山岭之间是河水与溪流，河岸上长满了灌木和满眼的桦树、落叶松树林。攀登这些丘陵式的山脉非常困难，有巨大的腐朽倒木，还有分崩离析的山岩和长满绿苔的有水的溪谷，山坡上也覆盖着倒木、苔藓和地衣。……冬季河流

---

① 《赫哲族简史》编写组编：《赫哲族简史》，黑龙江人民出版社 1984 年版，第28页。

② ［苏］奥克拉德尼科夫著，莫润先、田大畏译：《滨海遥远的过去》，商务印书馆 1992 年版，第 3 页。

为冰层覆盖,河谷和山岭上是一片皑皑白雪。动物的分布依地区特征而定。对当地居民有生活意义的动物,最重要的是马鹿、犴、驯鹿、狍子、麝、野猪、狐、灰鼠和紫貂。马鹿除了皮和肉以外,它的角是珍贵的药材。这种动物最喜爱的地方是有良好牧场和盐碱土壤的小河畔。犴并不像马鹿那么多,它多见于在覆盖着灌木和富于盐碱土壤的大河河谷中。狍子是最普通的动物,除岩石山中以外,到处可见。狍子给通古斯人提供做衣服和斜仁柱覆盖物等各种用途的皮张,它的肉通古斯人也最爱吃。野猪大都生活在覆盖着灌木的大河河谷,但也栖息在森林中。狐狸和灰鼠很多,尤其是灰鼠最多,它们到处可见。熊和狼、野兔到处可见。狼喜欢草原,熊喜欢森林。而在通古斯人的活动中捕鱼并不是一项重要的生产事业。鸟类在通古斯人的生活中不起重要作用。可以见到树鸟、天鹅、雁和各种鸭类……①

种类繁多的动植物,使赖此生活的鄂伦春族,只要利用充足的时间去狩猎,即可满足生存的基本需求。狩猎成为鄂伦春族专一的生产方式和文化形式,他们也在狩猎的生产活动中形成属于鄂伦春族的精神信仰和价值观念。

山岭、森林在鄂伦春族猎民的心中是神圣的,因为这是他们赖以生存繁衍的热土。鄂伦春族信仰萨满教,将自然属性和万物有灵观念与该民族特有的原始观念紧密地结合在一起,在狩猎生活中,他们崇拜太阳神、月亮神、北斗星神、火神、天神、地神、风神、雨神、雷神、水神、青草神、山神等等。

鄂伦春族的自然崇拜,源于狩猎生活的需求,山林是他们的衣食父母,山林一旦遭到破坏,他们将无法生存下去。珍惜一草一木,爱护山珍野兽,保护自然山水,已经深深渗透到他们的生产、生活中。他们烧

---

① ［俄］史禄国著、吴有刚等译:《北方通古斯的社会组织》,内蒙古人民出版社1984年版,第21—28页。

火做饭取暖尽量用枯木倒木,搭建"撮罗子"(鄂伦春人也称呼为"斜仁柱",就是用木杆搭起的尖顶屋)的木杆都取材适中,过大过小的均不砍伐。为了避免发生森林火灾,他们生火做饭都远在河边沙滩上,饭后将余火灭净。

历史时期,狩猎是鄂伦春族人生存的需要与产业,一年四季他们都游猎在茫茫的林海中。

(二)以渔猎为主的赫哲族

赫哲族生活的区域,山水环绕。黑龙江、乌苏里江和松花江在此交汇,三江冲积而成的平原,面积广阔,沼泽、湿地遍布;长白山山脉北延为完达山,山峰高峻,动植物资源丰富。三江、完达山为赫哲人从事渔猎生活提供了保证。

历史上,赫哲族对渔业的依赖程度很高,渔业几乎成为他们惟一的生存基础,基于渔业而发展起来食品、服饰、日用品、工艺品等,是赫哲族主要的日常生活物品。狩猎是赫哲人另一经济来源,猎犬、弓箭(后来为枪)、马是最重要的狩猎工具。狩猎时善于使用猎犬,是历史上赫哲人有被称为"使犬部"的由来。弓箭是赫哲人最古老的狩猎工具,近代以后火绳枪、"别拉弹克"、连珠枪、套筒枪等先后传入赫哲人地区,赫哲人的狩猎活动进入火器狩猎阶段。采集野菜、野果主要由妇女们承担,这是过去赫哲人饮食结构中必不可少的组成部分。

赫哲族与北方诸多民族一样信奉萨满教,相信万物有灵。他们将各种自然物和变化莫测的自然现象,与赫哲族生活本身联系起来,赋予它们以主观的意识,从而对自然怀有敬畏和感激之情,不对自然过分索取。基于此,赫哲族人一直和自然和谐相处。

赫哲族在捕鱼、狩猎经济基础上所形成的渔猎文化,是它重要的民族特征,也是其存在的历史基础。这一文化形式是赫哲族在生产劳动和社会实践中创造的文化成果或文明积淀,以各种形态贮存在赫哲族的生活中,或表现为物质载体,或表现为精神载体,在漫长的历史演进中影响着赫哲族日常生计和文化体系。

（三）多种生产方式兼有的鄂温克、达斡尔族

17世纪中叶前,鄂温克、达斡尔族同属索伦部,与鄂伦春族的单一的狩猎生产方式有所区别,他们发展起渔猎、畜牧、农耕、采集兼有的生产方式。

传统狩猎业是鄂温克、达斡尔族主要的生产活动。野猪和狍子数量充足,成为猎人最常猎取的对象。尤其是狍子肉可以食用,狍子皮可以穿,深受达斡尔人的喜爱。冬季寒冷,而狍子皮的绒毛厚实耐用,心灵手巧的达斡尔人善于制作动物皮毛制品,这种动物皮毛是防寒实用的皮袍和皮被的主要原料。在《哥萨克在黑龙江上》中,巴赫鲁申做如此描述:"除了农业和畜牧业外,猎取毛皮兽也是居民的基本营生——周围林中盛产毛皮兽(貂、猞猁、赤狐和黑狐等),这促进了狩猎业的发展。一个土著居民打一天猎,就可以带回十张或更多的貂皮。"[1]毫无疑问,自然是人类赖以生存的大环境,历史上的黑龙江北岸具有优越的自然条件,动物种类丰富,是狩猎民族的天然猎场。勤劳勇敢的达斡尔族人,赖此地区丰富的自然资源,形成以狩猎业为主的生产生活方式。天聪八年(1634),"巴尔达齐(索伦头领)率四十四人来朝,贡貂皮一千八百一十八张"[2]。崇德五年(1640),皇太极派军征服索伦部,八旗兵"先后获貂、猞狸、猻、狐、狼、青鼠、水獭等皮,共五千四百张有奇。貂、猞狸、猻、狐、狼皮等裘共二十领"[3]。狩猎业的繁荣发展的状态可见一斑。

狩猎的同时,他们也进行畜牧经营。巴赫鲁申在其《哥萨克在黑龙江上》一书中写道:"他们养的家畜数量很多,有大群的马、牛、羊、猪。"[4]崇德四年(1639),皇太极在统一位于黑龙江北岸的达斡尔等族

---

[1]　莫力达瓦达斡尔族自治旗史志编纂委员会编纂:《莫力达瓦达斡尔族自治旗旗志》,内蒙古人民出版社1998年版,第232页(本书编纂者不再出注)。

[2]　《清太宗实录》卷一八,第239页。

[3]　《清太宗实录》卷五十一,第679页。

[4]　《莫力达瓦达斡尔族自治旗旗志》,第232页。

的索伦部战役中,一次获得马、牛数量达近两千匹(头)①。当时达斡尔族、鄂温克族已拥有颇具规模的畜牧业。他们饲养的牲畜以牛、马为主,"牛耕地,就象俄罗斯人用马一样"②。犍牛除了被驯化用来牵犁耕地外,还可以用于拉载比较沉重的大型车辆。马是达斡尔族、鄂温克族乘骑的主要交通工具之一,也是出征之时必备的坐骑。

达斡尔、鄂温克族还形成了独特的畜牧业经营方式——定点近牧。他们靠河居住,在春、夏、秋三季适合放牧的时间里,各家各户都自愿将牲畜集中起来统一放牧管理,将牲畜赶到村边水草丰美的草甸子上集中放牧。为了节约人力,合理分配时间,各户出人轮流看管,没有时限,正常状态都是到了晚间才把牲畜赶回来,圈在畜栏里过夜。冬天则通常进行圈养。这既可以防止牲畜破坏农田,又方便在农业生产时使役牲畜。当然,饲养牲畜也满足达斡尔族、鄂温克族对肉、乳的需要。乳牛主要提供奶食,羊则构成他们肉食的主要部分。

定居于西勒木迪河、精奇里江口东面乡村中的索伦部,受部分迁居于此汉人影响,狩猎之余从事耕作。当年沙俄入侵者的记述资料详细描述着这样的场景:"达斡尔人定居在乡村里,从事农业,种植五谷,栽培各种蔬菜和果树。""村落的四周是种满大麦、燕麦、糜子、荞麦、豌豆的田地。他们的园田作物有大豆、蒜、罂粟、香瓜、西瓜、黄瓜,果类有苹果、梨、胡桃。"③崇德八年(1643)冬,波雅尔科夫探知在西勒木迪河口的达斡尔人储有大量谷物,便派彼特罗夫带队奔到那里④。顺治八年(1651)九月初,在哈巴罗夫的带领下,哥萨克军队进攻在精奇里江口东面托古勒津城堡,夺取该城达斡尔人的粮食⑤。黑龙江流域属于半干

---

① 《达斡尔资料集》第五集,第558页。
② 《莫力达瓦达斡尔族自治旗旗志》,第232页。
③ 《莫力达瓦达斡尔族自治旗旗志》,第232页
④ 《莫力达瓦达斡尔族自治旗概况》编写组编写:《莫力达瓦达斡尔族自治旗概况》,内蒙古人民出版社1985年版,第20页(本书编写者不再出注)。
⑤ 《莫力达瓦达斡尔族自治旗概况》,第22页。

旱地区，在此地定居务农的达斡尔人主要种植成熟期较短的作物。崇德五年(1640)，沙俄派往黑龙江的探险队长，以查看当地民情为目的，记录所见各种风土人情，其中波雅尔科夫的报告书记载："在西林穆迪河口，在达斡尔酋长多西的城寨附近，居住着许多从事耕作的和饲养牲畜的定居的人，他们那里种六种作物：大麦、燕麦、穈子、大麻、荞麦和豌豆；饲养的牲畜有：马、牛、羊、猪，此外还有许多鸡。"[1]这不仅表明当时达斡尔族农业具有丰富的作物品种，而且已初步形成种植业为主、家畜饲养业为辅的农业生产体系。

综上，至17世纪中叶皇太极统一东北前，赫哲族、鄂伦春族、鄂温克族、达斡尔族依然保有与自然环境紧密结合的生产方式，社会发展较为原始，文化发展较为缓慢，有语言而无文字，以削木、裂革、插草来记事。"地理环境对于社会人类的影响是一种可变的量，被地理环境的特征所决定的生产力的发展，增加了人类控制自然的权力，因而使人类对于周围的地理环境发生了一种新的关系。"[2]贝加尔湖、内外兴安岭及黑龙江流域广袤地区，闭塞的自然环境，多样的地貌条件，丰富的自然资源，在给予生活其间的各民族以稳定、规律的生活资料的同时，也使各民族形成依赖自然的渔猎生产和生活方式。对此，借助"文化生态论"角度去阐释，更易于理解：人类社会发展，文明程度逐渐提高，人早已不仅仅是生物生理意义上的个体人，更是社会文化及文明的产物。随着社会的进步，人类生理功能不断发展优化与进化，同时这种优化又在文化进化的基础上发展起来。社会的发展，是人类自身与自然界进化共同合力的结果。从发展的角度看，文化不仅是人类文明进化的产物，也是人类与自身，社会发展与外部环境总体协调推进，人类学习适

---

① 刘民声等：《十七世纪沙俄侵略黑龙江流域史资料》，黑龙江教育出版社1998年版，第43页。

② 《普列汉诺夫哲学著作选集》第2卷，生活·读书·新知三联书店1961年版，第168页。

应自然,利用自然的最佳手段和途径,因而民族文化的性质和人类社会文明发展的阶段特征,都离不开自然,更与人类的生态环境密切相关。不同的种族、民族,地理环境、地域文化现象、风土人情都有差异,独具特色。人类文化模式不会整齐划一,各种民族文化是人类为了适应自然条件发展的产物,也是人类自身发展与生产力发展水平等所作出的客观选择。赫哲族、鄂伦春族的渔猎文化和鄂温克族、达斡尔族渔猎文化基础上的畜牧、农耕文化,只能被认为是北方民族文化内不同的发展状态。文化基于自然环境而生,不同的生产方式产生不同的文化模式。文化之间的差异,不是民族优劣的标准,而是各民族适应自然环境压力而产生的客观结果,也是人类社会发展中技术发展水平等综合因素共同选择的结果。

四、清前期黑龙江流域少数民族八旗一体化

后金建立以后,努尔哈赤、皇太极先后征服黑龙江下游、乌苏里江、鄂霍次克海沿岸包括库页岛在内的野人女真各部(赫哲族是野人女真的重要组成部分)和贝加尔湖、黑龙江上中游的索伦各部,并编入八旗,实现八旗一体化。

(一)黑龙江流域各部的统一

努尔哈赤建立后金政权后,面临四面受敌的不利态势。东为朝鲜,与明政府为宗藩关系;西接蒙古三部,特别是漠南蒙古颇具威胁;南是明朝驻扎重兵的辽东防线;北连没有被征服的黑龙江流域各部。领土局促、兵员不足、财物匮乏等实际困难无一不是后金政权存续与发展的难题。努尔哈赤决定向黑龙江流域扩张,取代明政府对该地区的控制,经济上掌握黑龙江流域丰富的物质资源,军事上利用被征服各部丁壮人口,编入八旗,补充军事力量。

1. 征服野人女真

努尔哈赤崛起初期,建州女真被朝鲜、明朝,以及叶赫、乌拉等海西女真四面包围,这样的地域条件不利于发动大规模长途奔袭战。为此,

努尔哈赤、皇太极发动了近半个世纪征服战争。

万历二十六年(1598)正月，努尔哈赤命长子褚英统兵出征瓦尔喀诸部，拉开统一野人女真的序幕，并使瓦尔喀、窝集等部臣服。于是，许多首领入贡或率部投靠建州女真。嗣后，努尔哈赤领军先后大败九部、击破哈达、攻灭辉发、讨伐乌拉、吞并叶赫，便畅通无阻，势如破竹般打开了一条进入乌苏里江流域滨海地区的便利之路。通过这条没有后顾之忧的通道，努尔哈赤及其继承者实现了对黑龙江野人女真虎尔哈、萨哈连、萨尔哈察、使犬、使鹿、索伦等部的多次征讨。

天命元年(1616)七月，远征萨哈连部，"取沿河南北三十六寨。旋即在八月"，又"率兵渡黑龙江，取萨哈连十一寨"。又经使犬部、诺洛路、石拉忻路，并取其人以归。这些被地区，均为赫哲族聚居地①。

皇太极崇德五年(1640)，"往征索伦、虎尔哈部落"②。

崇德七年(1642)，"往征松阿里江(松花江)之呼尔哈部……喀尔喀木、遮克特库、塔图库、福提希、鄂尔浑、斡齐奇、库巴察拉、额提奇、萨里、尼叶尔伯十屯人民，俱已招降"③。

崇德八年(1643)，"命护军统领阿尔津、哈宁阿等率将士往征黑龙江之呼尔哈部，所向克捷。……七月，戊戌，征黑龙江呼尔哈之师凯还"④。

顺治元年(1644)，"命甲喇章京、沙尔琥达征之(呼尔哈部)"⑤。

统一战争之所以持续往复，既因后金(清)对明、朝鲜、蒙古、索伦部

① 曹廷杰：《西伯利东偏纪要》，光绪十一年刻本，第 12 页。

② 蒋良骐：《东华录》卷三，《续修四库全书》第 368 册，上海古籍出版社 2002 年影印本，第 282 页。

③ 郑士纯、朱衣点：《桦川县志》卷四，1927 年印本，第 91 页。

④ 何秋涛撰、黄宗汉辑补：《朔方备乘》卷二《圣武述略二》，《续修四库全书》第 741 册，第 27 页。

⑤ 何秋涛撰、黄宗汉辑补：《朔方备乘》卷二《圣武述略二》，《续修四库全书》第 741 册，第 27 页。

的战争不断、每次对这里的征战都难以持久，又因东海（野人）女真之地幅员广阔，距辽中较远，征战时军队消耗大。

征服的同时，后金（清）政权还采取怀柔羁縻的方式，强化与各部族之间的关系。

一方面，强调建州女真、野人女真同源同族。"此地人民，语音与我国同，携之而来，皆可以为我用。"①另一方面，对前来朝贡的赫哲族各部盛情款待，厚加封赏。

天命三年（1618）二月，"上闻已附之使犬路、诺洛路、石拉忻路路长四十人率其妻子并部众百余户来归，上命以马百匹及廪饩诸物迎之。是月，始至，路长各授官有差，其众俱给奴仆、牛马、田庐、衣服、器具，无室者并给以妻"②。努尔哈赤给带众前来朝贡的路长授官，给其余众人田地、房舍、奴仆、衣服、器具等赏赐，可谓一应俱全。

类似封赏之举，相关文献多有记载。天命三年（1618），野人女真虎尔哈部长纳喀达"率民百户来降。……其为首八人，各赐马十匹、牛十只、冬衣、蟒缎、皮裘、大褂、秋衣、蟒袍"等③。同年，对前来朝贡的赫哲人，赐朝贡者"男妇二十口"④。

后金（清）通过军事征服与羁縻怀柔并举的措施，在入关前已基本完成对野人女真各部的征服，黑龙江下游至鄂霍次克海沿岸一带完全处于清政权的统辖之下。

2. 征服索伦各部

皇太极继承汗位之后调整对外扩张政策：他认为要战胜明朝，必须先攻下朝鲜与蒙古，以解后顾之忧。崇德元年（1636），皇太极再次攻打朝鲜半岛，迫使朝鲜国王李倧放弃与明朝的宗藩关系，对清政权称臣纳

---

① 《清太宗实录》卷二一，第 280 页。
② 《清太祖满洲实录》卷五，第 68 页。
③ 《清太祖满洲实录》卷六，第 75 页。
④ 《清太祖满洲实录》卷六，第 75 页。

贡，将王子送到沈阳作为人质。对蒙古，皇太极采用"慑之以兵，怀之以德"政策，争取蒙古科尔沁部、喀喇沁部归附，并用联姻、赏赐等方式巩固关系。天聪九年(1635)最终统一漠南蒙古。自此，通向贝加尔湖、黑龙江流域上中游地区的通道全面打开。皇太极认为女真——满洲与黑龙江流域各民族一体同族，对于统一黑龙江流域，他采取了招抚、征服并用的策略。

首先，以招抚的形式引来各部族的归附。

后金(清)的崛起，特别是蒙古科尔沁部归附后，引来黑龙江流域各部族的纷纷归附。首次见于文献记载的是天命十一年(1626)"黑龙江人来朝，献名犬及黑狐、元狐、红狐皮、白猞猁皮、水獭皮、青鼠皮等物"①。天聪元年(1627)十一月，"萨哈尔察部落六十人来朝。贡貂、狐、猞狸狲皮"②。萨哈尔察是精奇里江流域的部族。天聪八年(1634)晚春，"黑龙江地方头目巴尔达齐，率四十四人来朝，贡貂皮一千八百一十八张"③。巴尔达齐是首次见诸记载的"索伦"人名称，也是向后金朝贡的第一位索伦部首领。巴尔达齐作为达斡尔族的首领定期朝贡，后金也以联姻的方式强化双方关系。天聪十年(1636)，巴尔达齐与后金联姻，四月以额驸身份"率十四人来朝，贡貂皮"④。

其次，对于拒绝朝贡或不归附的部族实施军事征伐。

天聪八年十二月，征伐索伦部，收服编户壮丁 2400 余人，人口 7300 余人，及马、牛、貂皮等特产若干。索伦各部族在后金的军事威慑下，争相朝贡。

崇德四年(1639)十一月，征伐另一拒绝朝贡的索伦部首领博穆博果尔。清军设伏，大败博穆博果尔，博穆博果尔逃走。此战共计俘获人

---

① 《清太宗实录》卷一，第 30 页。
② 《清太宗实录》卷三，第 54 页。
③ 《清太宗实录》卷十八，第 240 页。
④ 《清太宗实录》卷二八，第 360 页。

口近 7000 人,马、牛、貂皮等若干。

崇德五年(1640)七月,皇太极率八旗追击博穆博果尔,在蒙古军队的协助下,将其擒获,俘获部众 956 口,马、牛 800 余。次年正月,博穆博果尔被押解回盛京。

崇德八年(1643),皇太极基本完成黑龙江流域的统一,"自东北海滨,迄西北海滨,其间使犬、使鹿之邦,及产黑狐、黑貂之地,不事耕种、渔猎为生之俗,厄鲁特部落以至斡难河源,远迩诸国,在在臣服"[1]。这表明,除去明朝辽西军事重镇外,其余黑龙江广大地区已完全归属清政权。

(二)沙俄东侵与索伦部南迁

1. 17 世纪中叶沙俄的东侵

17 世纪初期,后金(清)发动了对黑龙江流域各族的统一战争,连年的战争不仅打破了这一地区的宁静与和平,更使这一地区各民族的生活和生产遭到严重破坏。崇德六年(1641),清政权统一战争刚刚结束,又有沙俄武装入侵黑龙江流域索伦部族聚居生活的地区。之后"顺治初年,俄罗斯所属之罗刹,始吞并尼布楚地,又东窃据雅克萨,筑城以居。索伦、达呼尔诸部皆被其侵掠"[2]。

崇德八年(1643)冬,以波亚尔科夫为首的沙俄武装探险队达到精奇里江中游的达斡尔族屯落,他们不仅绑架人质,还勒索粮貂,要求进驻,甚至要强占城堡。当地达斡尔人奋起反抗,城堡里的达斡尔人拿起弓箭,有附近屯落用马刀和长矛武装的骑士们的配合,向有火枪的哥萨克军发动了围攻,使对方丧生和被俘各十人,余者皆伤[3]。顺治元年(1644)春末,波雅尔科夫与另一部分同伙会合后"南下驶入黑龙江。他

---

① 《清太宗实录》卷六一,第 829 页。

② 内蒙古少数民族社会历史调查组、中国科学院内蒙古分院历史研究所编:《达斡尔 鄂温克 鄂伦春 赫哲史料摘抄》,内蒙古人民出版社 1962 年版,第 20 页。

③ 《莫力达瓦达斡尔族自治旗概况》,第 20 页。

的二十五人先遣队,全被联合袭击的达斡尔人和满洲人所歼灭"①。顺治三年(1646)夏,波雅尔科夫这股匪军再次卷土重来。

顺治七年(1650)初,以哈巴罗夫为首的沙俄"远征队",侵入黑龙江上游地区。由于哈巴罗夫深感兵力不足,便把队伍交由斯捷潘诺夫指挥,自己返回雅库次克堡去招兵。九月,带着兵员和大炮归来的哈巴罗夫,对雅克萨城发起了强攻。从中午战到傍晚,由于伤亡渐多,索伦部人撤出了雅克萨城。翌年夏,哈巴罗夫东抵贵古达尔酋长的城堡,劝降守城待战的索伦部人。誓死保卫家园的各族人,没有畏惧退缩,凭借血肉之躯,同配备了枪炮、铠甲和盾牌等先进武器装备的哥萨克军队,展开了一场浴血恶战。昼夜鏖战中,达斡尔族近700名男子,全部悲壮殉国。妇女和儿童惨遭杀戮②。顺治八年(1651)九月初,精奇里江口东面托古勒津城堡和近屯的达斡尔人,在抵抗了哥萨克军队之后,带着所有粮食和牲畜集体夜迁南下。哈巴罗夫想靠达斡尔人的粮食长驻该城的计划未能实现,便将城堡付之一炬,顺江东犯③。虽然在索伦部等族人的抗击下,波雅尔科夫没能实现占领黑龙江的计划。但是,在短短几年的时间里,昔日繁荣的黑龙江沿岸田园荒芜,一片萧条,索伦部所属各族不得不背井离乡,向南迁移。这次南迁从顺治初年开始持续了十余年。

2. 索伦各部南迁

针对索伦各部自发南迁,持续不断,顺治十年(1653),清政府谕令索伦各部等黑龙江流域的少数民族南迁,原居住黑龙江北岸的达斡尔、鄂温克与鄂伦春族大部迁至黑龙江南岸以及嫩江流域。俄国历史文献记载,"异族人已尽迁入博格达土地,原有耕地的乌卢斯已空无人迹,已

---

① 《莫力达瓦达斡尔族自治旗概况》,第20页。

② 《莫力达瓦达斡尔族自治旗概况》,第22页。

③ 《莫力达瓦达斡尔族自治旗概况》,第22页。

被焚毁,田地荒芜,无人耕种"①。这一时期黑龙江北岸少数民族的大规模南迁,有利于清政府加强对各民族的控制,切断沙俄侵略军的粮源,有利于黑龙江流域的治边安全。与此同时,索伦部各族民众迁入嫩江流域,远离沙俄侵犯,生活重获安定,而且随着政府政策的调整,他们的经济文化都获得了更大的发展。

(三)黑龙江将军的设置与八旗驻防

清政权入关后,在京师与全国的水陆要冲、重要省份的中心区域及少数民族地区,设置满洲、蒙古、汉军的驻防八旗,自上而下设有将军、都统、副都统、城守尉各官统辖。从清初到乾隆中叶,八旗驻防共置 14 个将军,分布于东北、西北、沿海关防和四川,具体为盛京、吉林、黑龙江、西安、宁夏、绥远、伊犁、乌里雅苏台、江宁、杭州、福州、荆州、成都、广州等将军,将军是驻防地八旗兵最高长官。

1. 黑龙江将军的设置

清初,黑龙江沿岸并无关防,守御全赖宁古塔将军。宁古塔将军,由宁古塔昂帮章京变化而来,首任将军设于康熙元年(1662),将军衙门位于宁古塔。17 世纪中叶,沙俄侵略越演越烈,东北边防空虚,远离黑龙江沿岸的宁古塔将军驻防,大有鞭长莫及的无奈。

为有效阻击、防御沙俄对黑龙江流域的蚕食,康熙二十二年(1683),清政府任命萨布素为首任黑龙江将军。雅克萨之战后,萨布素奏请黑龙江将军衙门驻地设置在黑龙江西岸的瑷珲新城(今黑河爱辉镇)。

黑龙江将军下设副都统、城守尉等官职,分别镇守各个城池,以辅助黑龙江将军。清朝前期,黑龙江地区的职官,先后设置黑龙江(瑷珲)、墨尔根、齐齐哈尔、呼伦贝尔、呼兰、布特哈、通肯等 7 城副都统和兴安城副都统衔总管,将所属区域的各族编入八旗,进行驻防,施行八

---

① 郝建恒等译:《历史文献补编——十七世纪中俄关系文件选译》,商务印书馆 1989 年版,第 11 页。

旗一体管理。

2. 黑龙江的八旗驻防

黑龙江驻防八旗主要有满、汉和南迁的索伦各部,驻守瑷珲、墨尔根、齐齐哈尔、呼伦贝尔等地,具体情况如下:

(1)驻守瑷珲

《龙沙纪略》较为详细地记载驻守瑷珲副都统管辖驻防八旗情况:"艾浑(瑷珲),副都统一员,协领与墨尔根同。旗各防御一、佐领三、骁骑校三。火器营统于卜魁参领,训练如卜魁制,先锋亦然。""兵一千二百。无巴尔虎,余同。"户口"一万三千有二十四"①。驻守瑷珲副都统统领八旗驻防兵,已达 1200 人,管理满族、鄂温克、鄂伦春、达斡尔等1.3 万余口,颇有规模。

(2)驻守墨尔根

驻守墨尔根的副都统设于康熙三十二年(1693)。"墨尔根城(今黑龙江省嫩江市),原系墨尔根村,于康熙二十四年设立城池。二十五年,将军由黑龙江城移驻。三十二年,由黑龙江副都统一员分驻。三十七年,副都统移驻齐齐哈尔城。三十八年,将军亦移驻齐齐哈尔,留协领防守。四十九年,复设副都统一员。"②墨尔根副都下设协领四、防御二;旗各佐领二、骁骑校二,惟镶蓝旗佐领、骁骑校各一;无火器营。"而先锋营如卜魁制","兵九百,皆索伦、达呼里人",人口"五千七百三十八"③。墨尔根副都统主要统率 900 名由鄂温克、鄂伦春和达斡尔族等组成的八旗驻防军,管理着近 6000 人。

(3)驻守齐齐哈尔

---

① 姜维公、刘立强主编:《中国边疆文库》初编《东北边疆》卷八《龙沙纪略》,第 118 页。

② 柳成栋整理:《清代黑龙江孤本方志四种·墨尔根志》卷一《建置沿革志》,黑龙江人民出版社 1989 年版。

③ 姜维公、刘立强主编:《中国边疆文库》初编《东北边疆》卷八《龙沙纪略》,第 119 页。

清康熙三十一年(1692)，齐齐哈尔建城，又名卜魁，设城守尉。康熙三十八年(1699)，因黑龙江将军移驻该地，齐齐哈尔从此成为黑龙江将军所在地。"卜魁，将军、副都统各一员。统八旗。旗各协领一、佐领五、防御一、骁骑校五。""兵二千有四十。满洲、汉军暨索伦、达呼里、巴尔虎充之"，"户口二万有二十七"①。齐齐哈尔地区由多个民族组成的八旗驻防部队，这些民族主要包括满族、鄂温克、达斡尔及巴尔虎蒙古等，还配备有主要由满族、汉族组成的水师营等驻军，这些防备力量加上其家属等共计两万余人。

(4)驻守呼伦贝尔地区

当时的呼伦贝尔地区，是达斡尔、鄂温克、鄂伦春族南迁后的又一常居地。雍正十年(1732)，呼伦贝尔地区开始配备驻军力量，这些驻军力量主要有由达斡尔、鄂温克、鄂伦春、巴尔虎蒙古等民族组成，即正规的八旗军驻防。与此同时，黑龙江将军于雍正十二年(1734)筑呼兰城，并依据实际情况从其他地区抽调力量充实本地驻防。例如，从齐齐哈尔、伯都纳城等处抽调了以索伦、达斡尔、汉军为主力的约500人，编入旗籍充实驻防力量，并在两年后，置呼兰城守尉②。该地区的驻防力量得以巩固。

清政府在黑龙江将军所辖区域实施八旗驻防的同时，将布特哈的鄂温克、达斡尔、鄂伦春等族编设佐领，纳入旗制，是清朝巩固其北部边疆的重要举措。其原因为：

一是减少沙俄东进中的人口掠夺。17世纪中叶，沙俄逐步向东扩张，不断侵略、掠夺、骚扰黑龙江上中游地区的达斡尔、鄂温克、鄂伦春族。八旗入关不久，清政府无力分兵抵抗沙俄的武装侵略与掠夺，遂令索伦各部南迁至嫩江流域。

---

① 姜维公、刘立强主编：《中国边疆文库》初编《东北边疆》卷八《龙沙纪略》，第119页。

② 高恩林：《黑龙江政区沿革纪略》，黑龙江人民出版社1990年版，第40页。

二是《尼布楚条约》划定了中俄北部疆界，黑龙江地区的驻防就成为清王朝北部边疆能否长治久安的关键。

满语"布特哈"是打牲或狩猎之意。《黑龙江舆地图说·布特哈》载："国初，索伦、达斡尔、锡伯、卦勒察诸打牲部落杂居之，总名布特哈。"①从八旗入关至雍正朝，清政府对布特哈的管理方式一直处于变化调整中。起初，布特哈以头人或部分部落头人为"牛录章京"，管理各自部落。为加强对布特哈索伦部各族的行政管理，"康熙八年议准，索伦总管定为三品，副总管定为四品"②。黑龙江将军设立后，布特哈改由黑龙江将军统管。雍正九年(1731)，清政府将布特哈打牲部落按照不同的分区驻地，将其编成八旗，设布哈特八旗总管衙门"驻防于嫩江右岸宜卧奇地方，辖理该处八旗事宜"③。八旗下设92佐领，其中包括达斡尔族的39佐领，鄂温克族的47佐领和鄂伦春族的6佐领④。

布特哈总管制，有别于瑷珲、墨尔根、齐齐哈尔驻防模式，它保留达斡尔、鄂温克、鄂伦春以氏族为单位聚屯而居或者分散游牧、渔猎的基本社会组织形式，将各族纳入旗制，安置于佐领之下，使牛录成为一级地方行政机构，并将原有社会生活中所形成的习惯法视作人们生产生活规范，发挥这种有社会认可度的法规的作用。同时，达斡尔、鄂温克和鄂伦春等民族，皆习骑射，勇猛善战。"索伦音近蒙古，间杂汉语，挽弓十石，能自缚于树，射熊虎洞穿，负之而归焉。有逸失者，虽数百里

---

① 《钦定续文献通考》卷三〇八《舆地考》，《景印文渊阁四库全书》第632册，第176页。

② 沈云龙主编：《近代中国史料丛刊三编》第70辑，文海出版社1992年版，第426页。

③ 孟定恭撰：《布特哈志略》，《中国地方志集成·黑龙江府县志辑》(十)，凤凰出版社2006年版，第308页。

④ 《达斡尔族简史》编写组编：《达斡尔族简史》，内蒙古人民出版社1986年版，第77页。

外,皆踪迹得之。"①这些较少民族人们被编入八旗后,清政府可以根据统治和战争的需要,随时对其进行征调。

布特哈八旗作为清代独特的边疆经略方式,对于清王朝经略东北疆以及布特哈地区各民族的发展产生重要影响。

（5）赫哲族编户纳旗驻防三姓副都统等地

后金（清）政权统一赫哲族的过程中,逐步推行编户纳旗政策。

所谓编户,就是将已归顺的赫哲族以血缘或地域为纽带,就地编户入册,"各设姓长、乡长,分户管辖"②,按期纳贡。这是一种控制已征服的赫哲族地区人口并掌握纳贡数量的有效手段。

对赫哲族的编户始于天命二年（1617）,努尔哈赤征讨东海女真（野人女真）窝集部,"俘获万人,收抚其民,户口五百,乃班师"③。继而,崇德五年（1640）,皇太极将虎尔哈（库尔喀）男子"共四百八十五人,内有捕海豹人二百四十三人,捕貂鼠人一百九十八人,令仍居彼地",俘获及归降家属"共一千二百七十七口,内留一千一百九十四口,仍居彼地"④。对赫哲族的编户,历经康熙、雍正朝,至乾隆十五年（1750）,赫哲总计编户 2398 户。据《三姓副都统衙门满文档案》记载,乾隆十五年（1750）,赫哲族的编户为"康熙十五年赫哲费雅喀贡貂之一千二百零九户,自十五年至六十一年,陆续增加七百零一户,计一千九百一十户。雍正元年至乾隆十五年,又增加三百四十户,现有贡貂之赫哲费雅喀二千二百五十户"。另加库页岛贡貂 148 户,计"赫哲费雅喀、库页费雅喀

---

①　何秋涛撰、黄宗汉辑补:《朔方备乘》卷二《圣武述略二》,《续修四库全书》第 741 册,第 28—29 页

②　《钦定续文献通考》卷二七一《舆地考》,《景印文渊阁四库全书》第 632 册,第 151 页。

③　何秋涛、黄宗汉辑补:《朔方备乘》卷二《圣武述略二》,第 59 页。

④　《清太宗实录》卷五一,第 688 页。

贡貂者二千三百九十八户"①。

所谓编旗,就是把赫哲族中青壮者编入八旗,前提是须较早归顺满洲八旗且聚集地距离清朝统治中心较近者。赫哲人编入满洲八旗,被称为"伊彻满洲"(新满洲)。为防御沙俄侵扰,加强东北边防,清初即在黑龙江、松花江、乌苏里江三江流域先后设置了三姓副都统衙门、富克锦协领衙门,并在黑河口(今三江口)、乌苏里江口(今乌苏镇)等地设置卡伦,实施驻防八旗制度,将赫哲等族编入满洲八旗。

顺治二年(1645)"将征山东之赫哲兵未花者全行撤回"三姓地方,驻防于松花江、牡丹江汇流处②。这是赫哲族纳旗驻防的开始。

康熙五十三年(1714)设立三姓协领衙门,用以管辖黑龙江中下游至南北鄂霍次克海海域及库页岛和海中诸岛,并在三姓地方已有噶依克勒、努耶勒、胡什喀哩、舒穆禄四姓赫哲族中征挑 1530 余人,吉林乌拉博抽调满洲披甲 80 名,"三姓打牲人丁等挑放披甲二百名"编为镶黄、正黄、正白、正红四旗,四姓族长编为世管佐领,驻防在四姓赫哲原居住处③。雍正十年(1732),三姓地方改设副都统衙门,"新添官兵一千八百名",又在四姓赫哲中挑选 800 名披甲④,将乌苏里、德克登其等处所居之八姓赫哲打牲人等挑选甲兵 1000 人编为 10 佐领,移驻三姓之地⑤。在顺、康、雍三朝近百年的发展中,以三姓驻防为中心的赫哲族子弟纳旗披甲,或安疆固边,或听从调遣转战疆场。

---

① 辽宁省档案馆等译编:《三姓副都统衙门满文档案译编》,辽沈书社 1984 年版,第 460 页。

② 杨步墀纂修:《民国吉林依兰县志》,《中国地方志集成·黑龙江府县志辑》(七),第 131 页。

③ 长顺等修:《吉林通志》卷五十一《武备志》,《中国地方志集成·省志辑·吉林》,凤凰出版社 2009 年版,第 848 页。

④ 杨步墀纂修:《民国吉林依兰县志》,《中国地方志集成·黑龙江府县志辑》(七),第 139 页。

⑤ 《清世宗实录》卷一一九,第 7494 页。

满洲实现索伦部与赫哲族八旗驻防,在强化黑龙江驻防的同时,也带有一定程度的强制性。首先,清朝在布特哈八旗设满洲总管,与达斡尔总管、鄂温克总管一起管辖,将索伦部各族兵丁分散派往黑龙江各驻防城披甲驻防,并有满洲八旗、汉军八旗与之同驻监视,体现了清朝分而治之的思想。其次,满洲强制索伦部、赫哲族服兵役和劳役。黑龙江驻防八旗中的鄂温克族、鄂伦春族、达斡尔族、赫哲族官兵,具有军事和屯田的义务,还有驻守卡伦、定期巡边、为驿站军台提供劳役的义务。

五、清代黑龙江少数民族的旗学教育

清初,黑龙江各少数民族成为驻防八旗,在黑龙江设置将军后,八旗教育逐渐在文化处于相对原始、有语言无文字的达斡尔、鄂温克族、鄂伦春族和赫哲族族中推行,以"国语骑射"为教学宗旨,强化骑射训练,学习满语言满文化。对于黑龙江各少数民族子弟而言,旗学教育不仅仅是学校教育的开始,更有满族同化的深意存焉。"国语骑射"不再是简单的教化育人,该政策的推行还蕴含着深刻的满洲贵族政治诉求——构建民族共同体,加强满族内部深层次的联系。

(一)达斡尔族、鄂温克、鄂伦春和赫哲的传统教育

在旗学教育推行前,达斡尔、鄂温克、鄂伦春和赫哲族文化发展较为原始,只有本民族语言而无文字,更无学校教育。即使在清完成统一战争后,也因清政府将东北视为"祖宗肇迹兴亡之所",按照"国语骑射"的祖制,将其划为禁区,不准设学,黑龙江地区的学校教育迟迟无法起步。因此,黑龙江各少数民族在学校教育出现之前,主要依靠传统教育方式来培养和教育下一代。达斡尔、鄂温克、鄂伦春和赫哲族,远离中原先进文化,即使清朝实现统一,各民族文化依然以言传身教的教育模式为主。所谓言传身教,是指在共同的生产生活实践中,长辈以口述和示范的方式将日常各类生产生活技能以及各种习俗风俗、歌舞艺术、礼仪道德、宗教信仰等精神财富传授给年轻一代。这主要包括两种方式:一种是父母兄长等人的言传身教,孩童直

接进行模仿；另一种是通过做游戏、讲故事等娱乐活动，让孩童自然
而然的习得。达斡尔、鄂温克、鄂伦春和赫哲族传统教育主要包括以
下几个方面：

首先，生产劳动技能教育。

生产劳动技能教育是满足一切民族生存所需的教育，在不同类型
的生态环境中，不同族群对其家族成员施以不同的生产劳动技能教育，
就成为教育的主体与核心。

在达斡尔族传统社会中，狩猎是男性成员的一项生产活动，好的猎
手最受达斡尔人尊敬，而刺绣工艺水平的高低，则是衡量一个姑娘聪慧
与否的重要标志[1]。达斡尔族男孩在五六岁时，便开始在父兄的指导
下接受骑马、寻找猎物、射击等一系列狩猎技术训练，基本到十一二岁
时便会跟着大人进行打猎实践了，成长至十五六岁就要开始单独狩猎。
女孩则主要在母亲或姐姐的指导下，学习刺绣等技艺。等到姑娘出嫁
时，"要带上各种刺绣作品，由妯娌们、女亲友乃至全屯妇女评赏，精于
绣艺的巧手得到人们的赞赏，拙劣者则受讥笑"[2]。

鄂温克族的狩猎生活，主要依托中国北方茂密的森林。"索伦鄂温
克人居住在黑龙江以北、外兴安岭以南地区，沿黑龙江左畔各支流和精
奇里江各支流流域生活。这里有较大的山脉，如索耳多康山、贾格德
山、图拉纳山等，有十分丰富的野生动物资源。雅库特鄂温克人居住在
维季姆河流域的卡拉尔山一带，这里也是野生动物十分丰饶的大猎
场。"[3]驼鹿、马鹿、梅花鹿、黄羊、狍子、麝(獐子)、野猪、黑熊、豺、狼、貂
等，不仅作为鄂温克人的食物，还供其衣着和其他制品。在集体劳作
中，成年男子负责射杀猎物的同时，也带着未成年的男孩学习射箭、劈

---

① 《莫力达瓦达斡尔族自治旗概况》，第 105 页。

② 中国少数民族教育史编纂委员会编：《中国少数民族教育史》第一卷，广
东教育出版社、云南教育出版社、广西教育出版社联合出版 1998 年版，第 966 页
(本书编者不再出注)。

③ 吴天喜主编：《黑龙江鄂温克族文化》，黑龙江教育出版社 2008 年，第 58 页。

杀、剥皮等猎物的技能。母亲背着年幼的小孩，从事家务劳动，饲养驯鹿，也会牵着驯鹿把兽肉和兽皮驮回家。耳濡目染，孩子在成长的过程中，逐渐熟悉并学会母亲的日常劳作。

鄂伦春族的狩猎文化，需要具有独立生存能力，一方面需要很强狩猎经验的积累，"鄂伦春人所以能积累这样丰富的狩猎经验"[①]；另一方面带有很强的实践色彩，"一个年轻的新猎手，并不限于获得这些知识，他们从小就跟父兄等出猎，在打猎的实践中，亲眼看到父兄如何运用他们所掌握的狩猎经验。父兄并亲自告诉他们如何找、如何打。当发现野兽以后，就让新猎手打。新猎手打到一两只野兽以后，打猎的兴趣就高了，自己就主动出猎，成天在山野间游荡。讷门高鲁达阁扎布是个比较好的猎手，他说他小时候打猎兴趣最高的时候，甚至忘掉吃饭和睡觉，打到好多野兽后往回走时，才感到疲倦和肚子饿了，并发现自己走的路离家已很远了。由于新猎手能辛勤地劳动，七八岁就开始学打猎，十几岁就能单枪匹马，十七八岁完全可以独立地活动在山野间，有的人从这时起就成为一个优秀的猎手了"。然而，原始的生活方式下，教育传承过于依赖经验和实践，也导致他们不谙书传纸承，不重视理论指导，"至今二百余年，生齿不甚繁盛，仍在山中猎兽为生，无论文武官，三四品以上者绝少，即三四品以下者亦落落如晨星，略有一二识满字外，读汉书识汉字者尤乏其人"[②]。

其次，寓教于游戏之中。

达斡尔族传统游戏多种多样，其中室内游戏有哈尼卡、"萨克·那得背"（玩嘎拉哈）、下棋等。"哈尼卡"是用纸和布条缝成的人形玩偶。制作哈尼卡，要根据哈尼卡所扮演的角色，体现现实生活中男女长幼尊卑的不同服饰、发饰。在进行哈尼卡游戏之前，按照游戏规则需要摆放盒子或其他可以利用的物件，做成庭院、房屋及能够想象并布置的多种室内布局等。哈尼卡如同真人一般，它们之间可以相互去对方"家中"做客。当然，仿照真实社会生活，还可以做婚礼、生子等多种形式的游戏。通过进行这一游戏，儿童不仅能学习准确观察生活，体验生活的多种模式和多种场景，了解其中的人物、事物形象，而且能够熟悉本民族的生产方式、多种生活用具的不同用途，甚至人们日常与节庆之时的不同服饰、当时独特的民居及布置方式、日常社会生活的各种礼节等。多种多样的传统文化通过游戏都得到了展示。"萨克·那得背"也是达斡尔族传统游戏之一。据记载，达斡尔儿童"冬则于家内数人相聚，作羊踝骨之戏，摆种种样式及以种种方法竞技，亦有大人参加焉。惟聪慧者，多获胜利。此种游戏，颇能练习算术至加减乘除"。室内游戏之外，还有射箭(达斡尔语称"索木哈日勒贝")、赛马(达斡尔语称"莫日敖勒都贝")，以及相当于现在曲棍球体育项目的"贝阔"。黑龙江冬季寒冷，积雪厚重，人们可以进行滑雪、滑冰等活动，夏天可以进行游泳、摔跤等野外游戏。"骑御射猎诸事，则任儿童于自然环境中以游戏方式习尔得之"[1]，既可锻炼坚实体格又可培养勇敢精神。

猎区鄂温克青少年们将爬树视为一种游戏。在森林中狩猎或采集休息时，他们把爬树作为一种消遣。爬树比赛有两种，一种是大家爬一棵大树，看谁攀登得最高。另一种是各自爬一棵树，看谁爬得快。游戏没有标准规则，攀爬同时提高应对自然的生存技能。打牛毛球也是如此。男孩子在四五十米长的场地里，一人将牛毛球打出去后，立即向另一个端线奔跑，而另一人接到球后，追打正在奔跑人。在游戏中练习抛掷、奔跑的狩猎能力。

赫哲族传统教育中的游戏有很多，他们将生活技能与游戏相结合，

① 孟志东编著：《校勘注释中国达斡尔族古籍汇要》，内蒙古文化出版社2007年版，第677页。

如叉草球、掷骰子、鼓舞、游泳、滑冰,还有竞技类活动,如摔跤、杜烈其(一种赛跑比赛)、射箭、顶(拉)杠(类似于拔河比赛,只不过换成木杠作为媒介)、滑雪板、拖日乞(一种速度竞赛)、划船比赛等等。叉草球游戏,是赫哲族对叉鱼技术的一种训练。据《松花江下游的赫哲族》记载,叉草球由约 20—30 人分两队,相互竞技。一队向上抛草球,另一队用木叉叉住用草捆成的球。

上述游戏、竞技活动,一方面丰富了他们的日常生活,另一方面也提高了各民族儿童的生产生活技能。

第三,口耳相传的民族传统教育。

达斡尔、鄂温克、鄂伦春和赫哲族为了传承本民族文化,十分重视民族传统的相关教育。民族传统教育的形式很多,但由于达斡尔、鄂温克、鄂伦春和赫哲族没有自己的文字,这就决定了民族传统教育必须主要依靠口耳相传的形式。

在赫哲人注重口头文学的传承中,以《伊玛堪》为代表,它是赫哲族一种古老的说唱合一的口头文学,故事情节较长。凌纯声《松花江下游的赫哲族》收录 19 首《伊玛堪》。赫哲族《节气歌》是他们结合生产经验而形成的口头文学。在长期的捕鱼生产实践中,赫哲人经常以时间为主线,并根据一年季节的变化、每月节气的变化以及每天早、午、晚的时辰变化,以确定与之相对应的捕鱼形式,在此基础上,逐渐形成了独具渔业文化特色的物候生产习俗①。比如"立春棒打獐,雨水舀鱼忙"。捕鱼时也应考虑到时辰因素。赫哲人根据鱼儿的活动规律,"用旋网捕鱼时,每天应在早、午、晚三个时辰下网捕鱼。其中,早晨多在黎明时节,中午时分下第二遍网,晚间日落后再撒一次网"。在此期间,赫哲族还有趁黑夜"打影子"网的习惯。即把网撒在"稳水涡子"或小河的"陡楞"处,趁夜间鱼儿觅食的有利时机适时下网②。

---

① 都永浩、姜洪波:《黑龙江赫哲族文化》,黑龙江教育出版社 2008 年版,第 2 页。
② 都永浩、姜洪波:《黑龙江赫哲族文化》,第 51 页。

达斡尔族的民间故事数量巨大，内容广泛。根据内容的不同可将达斡尔族民间故事分为历史故事、莫日根故事（或称英雄故事）、生活故事、儿童故事等类。莫日根故事有《德洪莫日根的传说》《贵勒格西吾贵莫日根》《朝乐盆迪莫日根》《奈音莫日根的故事》等等，在当时，被称为"莫日根"者，既是骑射精强的优秀猎手，又是不畏艰难、团结进取的勇者，他们更是达斡尔族先民智慧、力量和理想的化身。少年儿童每次听到这些传说故事，必然肃然起敬。他们会以先辈作为自己的学习榜样，不断努力奋进。生活故事的范围很广，不仅反映早期达斡尔人生产和日常生活状态，也反映社会矛盾以及人性善恶。例如《少郎岱夫》《江蚌姑娘》等故事主要反映了同恶势力斗争的勇敢精神；《布尔吐迪的奇遇》《孤儿阿列布》《阿日嘎钦和瓜姑娘》等故事，充分体现了崇尚勤劳和聪明智慧的良好品质；《三个大力士》《群蜂斗野猪》等则传递睦邻互助等道德规范①。

达斡尔族儿童故事富于启迪性，且结构简单，有问有答，深为孩子们所喜爱，如《花喜鹊与狐狸》启示儿童要善于分辨善恶。此外，还有反映族源的《耶兰库克做了丞相》，反映抢婚时代故事的《姐弟俩》，反映宗教信仰的《德莫日根的传说》。这些民间故事与达斡尔族生产生活密切相关，担负着启迪民众、教育后代的历史使命，是达斡尔族青少年了解本民族历史、语言、民俗、宗教、文化的重要渠道。

鄂温克族猎民、牧民是口头文学的集体创作者，传说、故事、谚语无一不体现着鄂温克族先民对本民族历史、生产生活的记录。

在鄂温克的神话传说中，有一则关于萨满由来的神话，名为《舍卧刻》，"世界上刚开始有人类的时候，有一个梳着长辫子的鄂温克人，他在勒拿河附近的山中发现一个湖，叫拉玛湖……湖中有长十五庹，长着两只角的蛇，它是从天上下来的神蛇。这个人也就是最早发现鄂温克人发祥地的人，这个人死后成为其后代所崇拜的对象，他就是'舍卧刻'……

---

① 《中国少数民族教育史》第一卷，第 973 页。

鄂温克人相信蛇附着在发现者身上，使发现者成为它的代表，也就是它和鄂温克人之间的使者——萨满"①。鄂温克人信仰萨满，出于万物有灵观念，他们相信萨满是沟通神灵与人类之间的使者。除神话传说外，鄂温克族还有祖先传说和英雄传说。祖先传说主要有《来墨尔根和巨人》《狍头皮帽和箭环》《舍卧刻的传说》，英雄传说的代表为《海兰察的传说》《英雄沙晋的传说》《黑龙江边的故事》。鄂温克族关于日常生活故事，数量巨大。如《羊尾巴堵嘴的故事》《鄂都古奥娜吉和乌介拉》《德布库的故事》《色勒乌特》《不怕磨难的巴特尔桑》《特斯贺智斗满盖》《善与恶》《故事里的故事》《蓝色宝石》《活命树》《神奇的瓦罐》《野猪间骨上的耳朵》《小鹿为什么丢掉一双眼睛》《老人和狗》《犍牛的故事》等等，还有《好心的小白兔》《猴子和乌龟》《老虎拜猫师》《老虎请舅舅赴宴》等寓言故事的流传，起到教训或讽喻的作用。鄂温克族还用谚语来指导人的行为。鄂温克族"谚语的特点是文字精练、语言生动、音韵和谐、句式整齐、哲理深奥、通俗易懂，给人以启发和教育"②。如"马匹好坏骑着看，朋友好坏交着看""毒蛇不分粗细，坏人不分远近""狐狸用尾巴骗人，安达用谎价骗人"。谚语通过比喻、双关等修辞手法阐释生活哲理，使青年人从中受益。

第四，思想品德教育。

品德教育也是达斡尔、鄂温克、鄂伦春和赫哲族早期传统教育的重要内容，主要体现在氏族和家庭之中。

鄂伦春氏族组织称作"穆昆"，氏族长为"穆昆达"。"穆昆达"评判氏族内部纠纷的是非标准，体现着他是本氏族思想、品德的引导者③。"穆昆达"由氏族成员民主选举而成，当选"穆昆达"者，一般都是好猎

---

①　秋浦：《鄂温克人的原始社会形态》，中华书局 1962 年版，第 96 页。

②　吴天喜主编：《黑龙江鄂温克族文化》，第 156 页。

③　李瑛：《鄂伦春族教育史稿》，吉林教育出版社 1988 年版，第 12 页。

手,是有办事能力、公正老成、年龄较大的德高望重者①。"穆昆达"在氏族中有很大的权威,他们的言行更是年轻人学习的典范。"穆昆达"通过召开氏族会议,解决氏族内部纷争、惩罚、奖励、婚丧嫁娶等事务,这样的会议是品德教育的一种形式,对年青的鄂伦春人影响很大,使他们懂得在生活中明辨是非善恶和做人准则。

(二)"国语骑射"的旗学教育

顺治元年(1644),清政府始设八旗官学,隶属于国子监,培养目标为:坚持"国语骑射",令接受教育的八旗子弟满、蒙、汉文兼通,以备各部院衙门任职做事。初期,在北京设有4所官学,每两旗一所学校。雍正五年(1727),改为8所学校,每旗一所学校,"酌定每旗额设学生一百名内,满洲六十名,蒙古二十名,汉军二十名"②。

早在入关前,皇太极即认为,黑龙江流域地区各少数民族"语音与我国同","本皆我一国之人"③,但实际推动这一地区各少数民族"满化",形成一致的文化认同则始于康熙年间创设八旗官学。康熙三十三年(1694),黑龙江将军萨布素基于"管辖之官兵内,新满洲、锡伯、索伦、达斡尔等甚多,此辈向不知学书之真义"的实际情况,以"宣扬教化,敦厚民俗"为目的,奏请在墨尔根设立八旗官学,"墨尔根地方两翼应各立学,设教官一员。新满洲诸佐领下,每岁各选幼童一名教习熟义"④。次年,始设。继墨尔根设置官学,又有齐齐哈尔官学、黑龙江城官学、呼兰八旗官学以及三姓、阿勒楚喀、拉林官学和齐齐哈尔义学等旗学的

---

① 全国人民代表大会民族委员会办公室内蒙古少数民族社会历史调查组编:《黑龙江省呼玛县十八站鄂伦春民族乡情况——鄂伦春族调查材料之四》,1959年版。

② 《钦定八旗通志》卷九十五《学校志二·八旗官学上》,上海古籍出版社1987年版,第710页。

③ 何秋涛撰、黄宗汉辑补:《朔方备乘》卷二《圣武述略二》,《续修四库全书》第741册,第19—20页。

④ 《清圣祖实录》卷一六六,第4670页。

设置。

1. 墨尔根官学

康熙三十四年（1695），朝廷允准萨布素的设学奏清，墨尔根设左右翼官学，从新满洲每佐领各选幼童一名，入学肄业。以笔帖式若干人为教习，课清文（满文）、书艺、骑射，日课一二个时辰。同时，其管辖的齐齐哈尔、瑷珲城各设学官一员，分理学务。各城凡八旗子弟愿入学者，由各旗协领保送至墨尔根官学，学生多时达百余人（即每翼 50 人）。康熙三十八年（1699），黑龙江将军衙门移驻齐齐哈尔，由于缺少官府支持，墨尔根地方两翼官学随之停办，"着将学校之三间房屋，以及衙门的一座楼拆除，派出官兵，结成木排送来"①。

康熙五十八年（1719），墨尔根重设满官学一所，"满官学三间，大门一间，照壁一座，以及缭垣，康熙五十八年建。在东门内，设教习学官一员，由笔帖式内选用，三年期满分别等第出考，送部引见。额定学生十六名，由每佐选取俊秀幼童各一名，教习书义，有文艺、清语稍通者，各司挑充帖写"②。而后黑龙江八旗官学曾一度为朝廷以"甚属无用"为由而裁去停办。

乾隆九年（1744），清政府再次决定重设墨尔根官学，"墨尔根官学一所，在城内。乾隆九年建，八旗每佐领名下额送学生一名肄业……"③复设的墨尔根官学不再是分左右翼各设一学，而是仅设一学，其生童招收的数额标准则未变，仍是每牛录一人，"墨尔根官学在公署

---

①　《将军萨布素为拆除学房、衙楼将木料结排送来事给墨尔根城协领霍托、总管塔勒呼兰的咨文》，《黑龙江将军衙门档案》，黑龙江省档案馆藏，康熙朝，第 8 盒，第 12 册，第 108 页。

②　柳成栋整理：《清代黑龙江孤本方志四种·墨尔根志》卷八《学校志》，第 357 页。

③　张伯英总纂、崔重庆等整理：《黑龙江志稿》卷二十四，黑龙江人民出版社 1992 年版，第 1086 页。

后，共十七佐领，每佐领学生一名……"①

清朝初期，墨尔根所办八旗官学，时兴时废，时办时停，极富边塞教育特点。

墨尔根八旗官学设立之初，萨布素提出："补放教习官之人，拟从我处挑选俊秀之人，将名字送于吏部。"这样的建议后来又为朝廷否决，没有得以贯彻实施，墨尔根城官学的助教，最终是以京城、盛京的八品笔帖式来充任，为墨尔根城官学的教学质量提供保障。相比之下，由地方自行筹建的义学，教学质量远不及官学。这些学校没有朝廷额设的学官，教师大多从本地识字兵丁中临时选人充任，文化水平不高，只能被称为传授技能的"师傅"。

墨尔根八旗官学最初使用的教科书是从盛京和北京贩来的《推咀》（类似汉文的《百家姓》）、《杂字》以及译成满文的《三国演义》《封神演义》。为了使学生们能够进一步习得各类文化知识，内地经史著作便成为教学书籍。康熙三十六年(1697)，应助教官舞格、雅图的要求，墨尔根城副都统喀特呼行文礼部，为墨尔根城左右翼官学请领书籍，获得朝廷批准。至年底，礼部乃仿照盛京、乌拉官学之先例，充实书籍资源，自詹事府、翰林院办得《资治通鉴》《四书》《书经》《大学衍义》等书籍各两部，总计 80 函，交由助教官舞格带回墨尔根城。有了书籍，就有了知识的载体。这些书籍被送抵墨尔根之后，将两部分开利用，一部留供本城两翼官学使用，另一部则被分批发往瑷珲、齐齐哈尔等处，由教师交与当地学童转发誊抄，"以便其能一体学习"②。

墨尔根八旗官学办学之初，只能支拨有限官款，作为官学起动经费。而后，开垦荒地为学田，学田地租成为办学经费的主要来源。光绪

---

① 嘉庆《大清一统志》卷七一《黑龙江》，《续修四库全书》第 614 册，第 203 页。

② 《副都统喀特呼为请领官学书籍事给礼部的咨文》《礼部为将墨尔根城官学所需书籍发往事给将军萨布素的咨文》，《黑龙江将军衙门档案》，黑龙江省档案馆藏，康熙朝，第 8 盒，第 12 册，第 128 页。

三十一年(1905)七月二十日,墨尔根预留学田 3000 亩,充作办学经费。光绪三十四年(1908)三月十二日,清廷准东三省总督徐世昌等奏,令墨尔根副都统查明种地旗户有无土地,照省城之法办理,可参照布特哈成案,将荒价酌提二成,以为办理各项实业、教育之用。

2. 齐齐哈尔官学

关于齐齐哈尔官学的相关文献记载很少,有许多问题模糊不清。如齐齐哈尔官学创办时间,在乾隆元年(1736)、乾隆四十四年(1779)所修的两版《盛京通志》中就存有较大差异。乾隆元年版的《盛京通志》(王河等修)记载:"齐齐哈尔官学五间在东门外,墨尔根官学三间在公署后,黑龙江官学左右各三间在公署南。"[1]然而,乾隆四十四年版的《盛京通志》(阿桂等修),却记载乾隆九年(1744)设立黑龙江、墨尔根、齐齐哈尔三城八旗官学[2]。两者的记载应存在问题。比较康熙三十八年(1699),黑龙江将军衙门移驻齐齐哈尔时,"着将学校之三间房屋,以及衙门的一座楼拆除,派出官兵,结成木排送来"[3],似与在黑龙江将军新驻地齐齐哈尔城延续官学有关。依此推测,齐齐哈尔官学初起设置时间应在黑龙江将军衙门迁至齐齐哈尔城后,而不应是乾隆九年。参照墨尔根官学康熙三十八年终止,康熙五十八年复设,几年后再度终止,时兴时废的现象,阿桂所修《盛京通志》记载乾隆九年设齐齐哈尔官学,应是黑龙江、墨尔根、齐齐哈尔三城八旗官学同年复设时间。

齐齐哈尔官学设内城黑龙江将军衙门东偏北,学舍五间,长六丈,宽二丈四尺。学舍西有木炭房两间,大门楼一间,周围筑以土墙,土墙

---

① 吕耀曾等修、魏枢等纂、王河等增修:《盛京通志》卷二十一《学校》,乾隆元年刻、咸丰二年重修本,辽宁省图书馆藏,第 13 页。

② 《钦定盛京通志》卷四四《学校二》,《景印文渊阁四库全书》第 502 册,第 151 页。

③ 《将军萨布素为拆除学房、衙楼将木料结排送来事给墨尔根城协领霍托、总管塔勒呼兰的咨文》,《黑龙江将军衙门档案》,黑龙江省档案馆藏,康熙朝,第 8 盒,第 12 册,第 108 页。

南北长八丈七尺,东西宽九丈。满官学规定,凡八旗内每一佐领管辖范围可先送一名学生入学肄习。学童学习文武两科,武科学习骑射技艺,文科学习满文,只备翻译文牍之用,"东三省以骑射、清语为重,出身入仕,不凭科弟"①。

八旗官学的教习,俗称学官,由官府内文官笔帖式充任。学童修业三年,毕业后,可任八旗中笔帖式或骁骑校等一般官职。这些一般官职是人才的储备资源,以备嗣后根据需要从这些官职中拣补充任屯官、站官、仓官等相对较好的职务,这些职务任期大多为四年,任职期满后可以得到升迁的机会,主要是升任主事或防御等更高官职。

为鼓励八旗学童入学,每名学童每年可得到一定数额(约 2 两)的膏火银两②,故八旗子弟愿意入学的人较多,常常超额。

3. 黑龙江城官学

黑龙江城设官学一所,设立时间不详,校址位于黑龙江城内副都统公署南部,校舍总计 6 间,依照八旗官学制,八旗佐领下每佐领每年选送一人入学。

4. 呼兰官学

呼兰官学,建于道光十四年(1834)③,校址位于呼兰城内城守尉府,八旗佐领下每佐领每年选送一人入学。

5. 三姓官学

三姓左右翼官学,设于雍正五年(1727)④,校址位于城内东南隅文庙内,校舍 6 间,无品级满学官一人,雍正十年(1732 年)设立无品级满

---

① 　徐宗亮等撰;李兴盛、张杰点校:《黑龙江述略》,黑龙江人民出版社 1985 年版,第 55 页。

② 　西清:《黑龙江外纪》,第 32 页。

③ 　廖飞鹏修、柯寅纂:《民国呼兰县志》卷二,《中国地方志集成·黑龙江府县志辑》(二),第 5 页。

④ 　吕耀曾等修、魏枢等纂、王河等增修《盛京通志》中,三姓官学设置时间为雍正五年;《钦定盛京通志》《吉林外记》中,学校设置时间为雍正十二年捐建。

学官一人负责册报,八旗每佐领下选送 4 人入学。

6. 阿勒楚喀官学

阿勒楚喀官学,设于雍正五年(1727),校址位于旧城中衙署,校舍初设 3 间后增至 5 间,教习、笔帖式各一人,八旗每佐领下选送 3 人。

7. 拉林官学

拉林八旗官学,设于乾隆二十一年(1756),校址位于拉林堡的东北隅,总计校舍 5 间,设八旗教习一员。八旗每佐领每年额送学生 3 名,学习满语骑射。

黑龙江除设官学外,也设八旗义学。八旗义学,是于八旗官学之外所增办的学校,普及一般旗人子弟教育。康熙三十年(1691),以佐领为单位各创立一所学校,亦称义学。雍正时期对义学又有所增加。黑龙江地区八旗义学的创办较晚,"嘉庆元年,将军永锟请龚光瓒,始设义学"①,即为齐齐哈尔义学。

永琨,满洲正蓝旗人,清朝宗室,雍正帝的第五子和亲王弘昼之子,乾隆帝的侄儿,33 岁,任职正白旗蒙古副都统。此后,历任镶蓝旗满洲副都统、正红旗蒙古都统、荆州将军、宁夏将军、绥远城将军、乌里雅苏台将军。乾隆六十年(1795),乾隆帝调永琨镇守黑龙江。乾隆谕令:永琨不必来京请训,直接由乌里雅苏台到黑龙江赴任。乾隆说:"永琨系朕之侄,最近宗室,想应顾惜体面,至黑龙江时,务须痛惩陋习,实心办事。"

据《黑龙江外记》记载,永琨喜欢吟诗,当时各地的寺庙里有很多他的诗作流传。永琨经常与流放到齐齐哈尔的流成诗人龚光瓒等相互唱和。龚光瓒也因为诗词水平高,与永琨成挚友。每当龚光瓒有了新的

---

① 龚光瓒,字药林,阳湖(今江苏常州市)人。清乾隆年间考中举人,因向里人勒借银两,"诈赃并未入手,革去职衔",按清律"照棍徒扰害发遣例"从重发黑龙江,分置齐齐哈尔。嘉庆初年,与黑龙江将军永琨结为文字交,曾主讲义学,教授八旗子弟经史。西清:《黑龙江外纪》,第 18 页。

诗作，永琨都要召请为之书写出来，亲自以礼相见。

齐齐哈尔义学，又称义塾，为无法进入官学学习的八旗子弟、其他少数民族子弟及家贫不能延师者而设，使孤贫无依的子弟接受启蒙教育。义学经费，由官署支付，属于政府资助的免费学校，"义学为前任铭鼎臣将军奏设，培植孤寒子弟，旗民兼收"①，属官学性质。当年，永琨选齐齐哈尔八旗子弟 20 人，从龚光瓒习《汉书》。每年给龚光瓒束脩 80 两，柴炭费 20 余两②。义学初设时，将军永琨不定期去学校考查学生学习勤惰。后因学生生额不足，校舍又失修毁坏，10 年间，学校虽然依然办学，但却"讲肆迄无定所"③。至光绪九年(1883)，齐齐哈尔义学的建筑约有"周围砖墙，东西长二十二丈，南北宽二十丈零四尺"的规模。据 1917 年咨报的《龙江县采送省志资料》经政志教育类记载，义学在内城西门，"建坐北朝南讲堂五间，长五丈，宽二丈八尺。两旁隔以砖墙，中设月亮门各一。过东月门转北，建学舍三间，过西月门转北，亦建学舍三间，左曰经义馆，右曰文艺馆。东西长各三丈三尺，南北宽各二丈四尺，均系南向之宅也。其经义馆迤北，又建坐北朝南什物房三间，长三丈五尺，宽二丈二尺。其文艺馆迤北，又建灵仙庙一间，四面围以砖墙，前设庙门一所。再由讲堂南行十余丈，建穿堂三间，长三丈五尺，宽二丈二尺。前映照壁一所。出穿堂转西，折向北进便门小院内，建学舍三间，名曰说约馆，东西长三丈三尺，南北宽二丈四尺。迤西另有便门一所。又馆之西南，并建坐西朝东土平房三间，南北长三丈二尺，东西宽二丈二尺。再由穿堂转东，仍向北，进便门小院，亦建学舍三间，又名之曰启蒙馆，东西长三丈三尺，南北宽二丈二尺。迤东另有便门一所，再由穿堂外转向东南巽地，建坐西朝东大门三间，长三丈四尺，宽二

① 长顺等修：《吉林通志》卷四十九《学校志》，《中国地方志集成·省志辑·吉林》，第 825 页。

② 西清：《黑龙江外纪》，第 32 页。

③ 西清：《黑龙江外纪》，第 18 页。

丈四尺"①。

除齐齐哈尔义学而外,宁古塔、墨尔根、双城厅、宾州厅也分设义学。乾隆十五年(1750),宁古塔义学建在城内东南,房屋三间,招收八旗幼童肄习汉文书籍《三字经》《百家姓》《千字文》《论语》《孟子》等,未满五年即被禁止,光绪八年(1882)重建,校舍五间,分三斋授课,聘文生三人为教习,生徒满汉兼收②。据光绪三十年(1904)纂修的《墨尔根志》载,墨尔根建有义学一所,延请"识汉文者"为师教习八旗幼童,不设额定人数,所需学费由八旗各佐筹给,启蒙课本有《百家姓》《千家诗》《千字文》《三字经》等。光绪十一年(1885),宾州同知毓斌设立一所义学,初赁民房分穷理、居敬两斋上课。光绪二十年(1894)文庙建成,于庙后建瓦房五楹,西三楹为义学,穷理斋迁入,居敬斋仍留原地③。道光四年(1824)六月,双城厅建义学一所④。

(三)学校教育内容

清王朝建立后,一直将八旗子弟学习清语、骑射视为祖业与根本,"八旗根本,骑射为先。清语尤其本业"⑤,借以保持八旗尚武精神。雍正时期,进一步强调清语骑射的重要性,颁谕旨于天下,"(十一年)嗣后侍卫、护军等,凡看守禁门、值宿该班等处,俱着清语,总勿令汉语。至于训练营兵丁会集操演之处,亦着令其清语。如该管大臣官员不行教

① 黑龙江省档案馆、黑龙江省地方志研究所编:《黑龙江通志采辑资料》上,1985年版,第80页。

② 黑龙江省地方志编纂委员会编:《黑龙江省志·教育志》,黑龙江人民出版社1996年版,第32页。

③ 长顺等修:《吉林通志》卷四十九《学校志》,《中国地方志集成·省志辑》,第781页。

④ 王鸿宾、向南、孙孝恩主编:《东北教育通史》,辽宁教育出版社1992年版,第278页。

⑤ 中国人民大学清史研究所编:《清史编年》第四卷雍正朝,中国人民大学出版社1991年出版,第594页。

训稽查，仍有汉语者，一经查出，定将该管大臣官员一并治罪"①。即便在鸦片战争爆发后，八旗绿营军在列强坚船利炮攻击下一败涂地，道光二十三年(1843)道光帝依然向黑龙江驻防八旗强调："近年驻防弁兵子弟，往往骛于虚名，浮华相尚，遂至轻视弓马，怠荒武备，于应用之清语，视为无足轻重，甚至不能晓解。恭阅嘉庆五年皇考谕旨，驻防人等，准于该省考试文生，原系格外施恩；如专务此而废清语、骑射，即停止此例，亦属应该。仰见皇考训诫谆谆之至意，因思清语、骑射，全在该管大臣等平日尽心训饬操演，而弁兵子弟亦必借此进身，方能益加劝勉。见在武乡试，驻防一体与考弓马，如悉娴熟，不患无登进之路。其应文试者，必应试以翻译，庶不致专习汉文，转荒本业。除本科文乡试仍照例准其考试外，嗣后各省驻防，俱着改翻译考试，俾知非熟悉清文不能幸邀拔擢，自必争相磨砺，日益精通。一切程及翻译童试进额、乡会试中额应如何酌定，着军机大臣会同该部议奏。"②据《钦定国子监则例》载，八旗官学课程主要是清语和骑射。

（1）学习满语

清政府高度重视八旗子弟的满语学习与传承，黑龙江各地官学必须以学习满语为主，课程中的满文翻译《四书》《五经》是重要的学习内容。汉文图书较少。为鼓励八旗官学的满语学习，清政府在科举考试中规定，"俟会试年，学翻译者，与八旗翻译贡生同引见，赐进士，用府属额外主事"③。习得满语并可满、汉、蒙语转换、翻译，也可以为官。

（2）学习骑射

骑射不仅是八旗子弟的必修课，也是旗人科举的必考内容。

清政府规定，旗人参加科举，无论乡试、会试，必须先试骑射，只有

————————

① 中国人民大学清史研究所编：《清史编年》第四卷雍正朝，第 594 页。

② 刘锦藻：《清朝续文献通考》卷九十五《学校二》，商务印书馆《万有文库》本，第 8549 页。

③ 中国人民大学清史研究所编：《清史编年》第四卷雍正朝，第 16 页。

合格后方可进入考场。《宁古塔纪略》记载将军巴海之子读书与骑射状态："昼则读书,晚则骑射。各携自制小箭一二十枝,每人各出二枝,如聚五人,共箭十枝,竖于一簇,远三十步,依次而射,射中者得箭。每以此为戏。"①

八旗官学、义学,是黑龙江最早的学校,也是各驻防要地八旗子弟唯一的学校。通过"首崇满洲"的学校教育,能够强纳入满洲内部成员的民族意识,激发他们保家卫国的使命感。缘于此,清政府高度重视黑龙江八旗官学教育,具体表现为:

一是建校需呈报中央审批②,官学由将军管理,"墨尔根、黑龙江官学,岁报诸生功课于将军幕,齐齐哈尔官学例由户司稽察"③。黑龙江八旗驻防多为赫哲族、鄂伦春族、鄂温克族、达斡尔族、锡伯族、蒙古族等,各民族以渔猎、畜牧为生,长期形成轻视文事之风,为鼓励适龄孩童入学,"满官学生岁给膏火银二两",以致"则满官学生尝溢额,膏火有无所致也"④。八旗官学为各少数民族培养了第一批知识分子。

二是官学具有突出的满语、满文化特征。北京八旗官学强调"教习清、汉书,读之暇,演习骑射"⑤,而在黑龙江地区各民族的旗学中则"满、蒙、汉八旗并水师营丁、庄屯庄丁二百年来向读清书"⑥,此与东北封禁鲜有汉文化浸润有关。对于有语言而无文字的赫哲族、鄂伦春族、鄂温克族、达斡尔族子弟而言,"国语骑射"的八旗教育既是各民族学校教育的开始,也是通过"首崇满洲"完成八旗一体化的民族共同体构建,从而加强满族内部深层次联系的过程。

---

① 吴桭臣撰:《宁古塔纪略》,《中国地方志集成·黑龙江府县志辑》(六),第709页。
② 黑龙江第一所学校墨尔根官学就是提交康熙帝允准。
③ 西清:《黑龙江外记》,第32页。
④ 西清:《黑龙江外记》,第37页。
⑤ 《清世宗实录》卷十九,第6164页。
⑥ 张伯英总纂、崔重庆等整理:《黑龙江志稿》卷二十四,第1094页。

　　三是从清初至道光,二百余年的社会发展与变化,惟有"国语骑射""首崇满洲"的政治文化主张一以贯之。其内在动力是解决且必须解决满洲贵族少数人统治的问题。"满清统治者所使用的语言,既表现了大一统帝国宽广的普世主义,又反映了他们作为少数种族的狭隘防卫心。身为一个统治着庞大帝国的少数种族,朝廷必须两者兼备——既必须从普世主义的角度又必须从种族的角度来表现出自己高人一等的优越性。"①

---

　　① ［美］孔飞力著,陈兼、刘昶译:《叫魂——1768 年中国妖术大恐慌》,生活·读书·新知三联书店 2012 年版,第 75 页。

第二章　清末黑龙江世居人口较少民族新式教育的兴起

一、鸦片战争后黑龙江少数民族教育的变化

鸦片战争的爆发与清政府在战争中的失败和妥协,使中国社会发生巨大的变化。由于黑龙江一直被清政府视为"龙兴之地"而加以特别的"封禁"和"保护",直到鸦片战争后,这里各方面依然显得原始和落后。当传统科举取士教育在全国备受质疑并走向衰落时,黑龙江的传统教育则因移民的注入而刚刚起步;由于俄、日等国的侵略和渗透,黑龙江的边疆危机显得日趋严峻;洋务运动、戊戌变法等改良思潮也在一定程度上对黑龙江产生着影响。这一切都使清代晚期的黑龙江教育发生着变化:八旗"国语骑射"教育破产,传统科举应试教育因不切实际而渐遭淘汰,新式教育因形势迅变而始终难以定位。在追求自强的大趋势下,挽救边疆危机与加强边疆少数民族文化自觉、强化民族认同成为 19 世纪末黑龙江的有识之士发自肺腑的强烈呼声。黑龙江少数民族的教育随着"置省"和清政府的垮台而逐渐走向较有成效的推进时期。

(一)鸦片战争与黑龙江八旗官学的衰落

两次鸦片战争无疑是中国近代历史上具有重大影响的事件,中国社会的性质从此转变为半殖民地半封建社会。黑龙江作为昔日的"龙

兴之地",却在 19 世纪的边疆危机中屡遭涂炭,伴随沙俄侵略加剧,鸦片战争给黑龙江各少数民族所带来的影响由隐形转为显形,其文化教育也发生相应的改变。

1. 鸦片战争对黑龙江的影响

英法联军发动的两次鸦片战争的战火主要集中于东部沿海地区,对于深处东北边疆的黑龙江八旗官兵而言,战争的激烈与胶着不曾影响其生活节奏,即便在道光十九年(1839)、道光二十年(1840)东南沿海战争日显危急,黑龙江将军依然按惯例为道光帝准备春秋两次至京的"八旗善射"表演,并请示朝廷暂缓或免除黑龙江各城受水、旱灾害的屯丁灾户公田额赋和旧欠银粮。然而,伴随清朝军事上的一次次失败,从黑龙江调军南下从征的次数愈益增加。

(1)频繁征调八旗作战

清初,伴随八旗主力大举入关,纳旗后的黑龙江各少数民族,一方面需要驻防黑龙江各地军防重地;另一方面随时服从清政府抽调,赶赴各军事紧要处作战。

康熙二十二年(1683)黑龙江设将军后,"调乌拉、宁古塔兵一千五百"①驻防黑龙江。这是初设将军衙门时八旗驻防总额。伴随瑷珲城、黑龙江城、墨尔根城、呼伦贝尔、齐齐哈尔城、呼兰城、通肯副都统和兴安城副都统衔总管的设置,驻防八旗的兵额也在增加。至同治三年(1864),黑龙江驻防"八旗领催、前锋披甲一万三百六十六名,营站官屯领催、匠役、养育兵、水手二千六十名,副甲二百名"②。黑龙江将军统辖的旗兵,兵种单一,装备落后。具体表现为:兵种上只有马甲,没有步甲;兵器中,冷兵器是基本武器——弓箭、佩刀等;火器陈旧落后,只有鸟枪、传统火炮。兵丁除战时征调外,主要是平居谋生,春秋操练,察巡

① 《清圣祖实录》卷一〇六,第 2946 页。
② 柳成栋整理:《清代黑龙江孤本方志四种·黑龙江通省舆图总册》,第 32 页。

边境,戍城守域。与此同时,他们还需更驻卡伦,捕备京贡,护管仓库,看守监狱,亲随长官,充役府司,"其役至杂至苦,稍习书算者,多给事诸司,或为亲随,以取顶戴,所余以筋力任奔走之劳,人愈寡,役愈繁"①。以上种种,是黑龙江八旗武备日渐弛废的重要原因,只因当时沙俄尚未开始东向侵略,故而黑龙江在守御升平中潜伏危机。

在鸦片战争进入紧张的道光二十一年(1841)和道光二十二年(1842),有两批共 2000 余名黑龙江籍八旗兵被紧急调往天津、山海关、洋河口、高桥等地区协防。咸丰二年(1852),阿勒楚喀副都统萨炳阿被调赴湖南,率军参与对太平军的镇压。12 月 29 日,清政府征调吉林、黑龙江各挑选马队精兵 2000 名,配齐军装器械,防堵太平军北上,"溯查咸丰年间军兴以来,该省调兵至四十余次之多"②,仅光绪二年(1876)竟然从黑龙江省抽调八旗士兵 3500 余人,约等于全部驻防八旗的 1/3。大量频繁的抽调,削弱了黑龙江八旗驻防的力量,使原本兵额不足的黑龙江防御更加虚弱;而被征调的八旗士兵,转战各地,"生还者十才三四"③。各地兵额难以稳定,骑射训练亦成虚设,黑龙江八旗与全国各地八旗一样,逐渐走向衰落。

(2)八旗官学形同虚设

鸦片战争的失败,严重刺痛了清朝统治者的神经。他们无法弄清失败的根本原因所在,而更多认为这只是军队战斗力不强造成的。因此,正如他们的祖先一样,把依赖的目光投向了东北,尤其是更多地寄希望于黑龙江的八旗。频繁的征调使黑龙江八旗青壮年疲于奔命。这就使得原本已荒废的黑龙江八旗官学更形同虚设。无论是将军们,还是其他各级八旗官员,早已把八旗设学的意义置诸脑后,甚至连八旗兵

---

① 西清:《黑龙江外记》,第 34 页。

② 黑龙江省档案馆、黑龙江省社会科学院历史研究所编:《清代黑龙江历史档案选编》(光绪朝二十一年—二十六年),黑龙江人民出版社 1987 年版,第 77 页。

③ 黄维翰纂修:《呼兰府志》卷八,《中国地方志集成·黑龙江府县志辑》(一),第 146 页。

操也难得一见。鸦片战争前的那种"八旗虚应故事而已"①的官学操练已不复再见。黑龙江八旗官学事实上已是学、武双废。

就黑龙江旗学教育而言，原本已逐渐衰落的旗学、官学已无可奈何地成为可有可无的摆设。究其原因，除受清政府不准黑龙江兴文教的政策限制外，另有更为紧迫复杂的因素发挥着更直接的影响：黑龙江日益加重的边疆危机；国内社会矛盾的逐渐尖锐、激化；晚清传统教育的不切实际、走向衰落；八旗"骑射"在与洋枪洋炮的对抗中黯然失色等。

在鸦片战争之前，八旗生童所学也只是"习清文、骑射，日不过一二时为率"②。而黑龙江旗人早已更多地被赋予"孔武善战"、保边平乱的武夫角色。后来的事实也正如此。鸦片战争以后，更多的黑龙江八旗子弟一批批地奔波赴死于沿海艰险的防务和镇压内地不断的起义中。

鸦片战争后，黑龙江教育的衰落，不仅与清统治者传统的压抑文教的政策和更多的军事期望有关，也与缺少文化氛围，施教人才稀少、水平低，教育内容单调粗浅、不切合实际有关。读书无用又早已被清朝近200年黑龙江文教不敷所证实。黑龙江一直难以出现人文气象。

事实上，黑龙江教育在鸦片战争后迅速衰落，当然不只上述原因，这种衰落从本质来说乃是清王朝整体衰败的一个必然结果。

鸦片战争后的黑龙江教育不仅表现了封建科举教育的末路，同时也清楚地昭示了清代前中期兴办黑龙江教育的装饰性与虚假性。然而，随着对黑龙江各项禁令的解除，黑龙江教育必将会出现前所未有的新局面，旧与新、传统与现实的冲撞，共同在拯救危机的需要中消长并最终完成时代的转换。

（二）边疆危机的加剧与黑龙江教育的变化

鸦片战争虽未直接危及黑龙江的安宁，但比全国其他边疆地区更大的危机正悄悄地降临在这块美丽富饶的"祖宗之地"上。17世纪末

---

① 西清：《黑龙江外记》，第34页。
② 徐宗亮等撰，李兴盛、张杰点校：《黑龙江述略》，第87页。

以来平静了 150 年的东北边疆又处于卷土重来的沙俄侵略势力的威胁之下。从这时起,漫长苦难弥漫于黑龙江,其教育发展的结果也总有着与国难无法理清的密切关联。

1. 沙俄入侵与边疆危机的加剧

康熙二十八年(1689),中俄两国通过签订《尼布楚条约》,以国际法所确认的条约形式肯定了黑龙江流域为中国领土。界约的签订标志着从 17 世纪 40—80 年代沙俄对中国北方蒙古、达斡尔、鄂温克、鄂伦春等族居住区的大肆侵略终于告一段落。然而,清政府不得不面临又一重大问题,那就是极具侵略野心的沙俄与清王朝由相去几千里的两国,成为接壤邻国。自此黑龙江省全境“西起额尔古纳河,东迄黑河口,沿江岸二千余里,在在与邻敌相望”①,成为沙俄向亚洲进行武力扩张的最前沿。无论是黑龙江流域各少数民族长期而坚决地反侵略战争,还是清政府为断绝沙俄侵略军的粮道以巩固东北边防而采取的坚壁清野的措施,甚至是清全盛时期强大的军事力量都没能彻底地消除沙俄侵略扩张的野心,沙俄武装匪徒在黑龙江流域攻城略地、烧杀抢劫,他们的目标是“征服整个满洲地区”②。因此,到了清朝后期,衰微的国势便注定了黑龙江地区将再次成为沙俄侵略的目标。

(1)沙俄入侵

道光二十四年(1844),俄沙皇尼古拉一世提出所谓“黑龙江问题”,下令组织“考察队”,查探黑龙江口和邻近海湾及刺探当地是否驻有中国军队。道光二十七年(1847),更委任其土拉省省长、自称是“哈巴罗夫继承人”的穆拉维约夫为东西伯利亚总督,授意他在“俄国的阿穆尔河”方面积极采取行动。而在一年前,俄国的“考察队”曾偷偷驶入黑龙江口。道光二十九年(1849),俄国开始了伺机侵占黑龙江口北岸地区的“考察”

---

① 徐宗亮等撰,李兴盛、张杰点校:《黑龙江述略》,第 32 页。

② 吕光天、古清尧编著:《贝加尔湖地区和黑龙江流域各族与中原的关系史》,黑龙江教育出版社 1991 年,第 276 页。

活动。次年，就在道光帝去世数月后，俄军便占领了黑龙江口的庙街。

自咸丰四年(1854)至咸丰七年(1857)，沙俄四次武装航行黑龙江，并于咸丰六年(1856)十二月，以中国庙街为中心，设立沙俄沿海行政区——所谓东西伯利亚滨海省，将中国黑龙江下游地区划归该省"管辖"。还在黑龙江中下游地区建立移民点、仓库、据点，将大量的居民、军队移入。黑龙江沿边发生了空前的危机，可清政府却仍在调兵遣将南下。黑龙江地区原本人烟稀少，就清代以前的情况看，主要是因自然条件和文化发展滞后，使其原住民不断向南部及关内移动的结果。清朝入关已造成又一次大规模的人口内迁，其后清政府的政策又只准八旗内调，不准汉人北移，更使黑龙江防御如同虚设。

(2)列强势力交相渗透

沙俄的侵略活动和东北地区的空虚、内乱引起了列强的注意。当时，中国大面积版图如此容易被俄国吞并，对英、法、德、日等国家形成了相当大的刺激，向中国索要更多的侵略利益以满足不断扩大的胃口成了列强对华政策的主要倾向。而俄国势力在东方进一步的扩张，并不符合列强的利益。随着俄国在太平洋沿岸由北向南鲸吞蚕食，不仅打破列强在华均势，加强俄国在欧洲与诸国对抗的能力，也直接威胁到列强在华的利益。

对日本来说，俄罗斯的东侵南扩，无疑更是一种日益逼近的现实压力。据档案文献记载，光绪三年(1877)三月中旬，日本驻中国公使馆派遣日本陆军中尉岛宏毅及跟随一人，"由山海关经过奉省并吉林、宁古塔等处到黑龙江，遍游东三省地"①，五月上旬行抵齐齐哈尔，并前往巴彦苏苏，逗留数日后去阿城等地活动。

几乎与此同时，有英国人带着翻译、车夫等自营口到吉林，五月初

---

① 中国第一历史档案馆满文部、黑龙江省社会科学院历史研究所合编：《清代黑龙江历史档案选编》(光绪元年—七年)，黑龙江人民出版社 1986 年版，第161—162 页。

行抵黑龙江齐齐哈尔,后往呼伦贝尔等地游历,大约活动近一个月才南返辽宁①。列强的武力侵略与以传教等活动为掩护的文化侵略活动,使黑龙江教育显现出日见突出的殖民化色彩。

(3)黑龙江各少数民族生存危机、文化危机

中俄《北京条约》的签订,中俄分江而治,不仅意味着清政府对外兴安岭地区领土主权的丧失,也意味着依赖这一地区自然资源生活的人们将面临更为严峻的生存考验。对黑龙江各少数民族而言,狩猎、捕鱼是其最古老的生产活动之一,黑龙江两岸的兴安岭地区是其从事狩猎活动的主要场所、黑龙江下游及其以东地区的水域是从事渔捞生产的难得区域。然而,界约签订后,外兴安岭、乌苏里江以东包括库页岛及其岛屿被划入了俄国境内,致使狩猎、捕鱼区域大为减少,"向来捕猎之区,十去八九"②。中国境内的少数民族从此被禁止进入外兴安岭、乌苏里江以东地区从事渔猎,达斡尔人、鄂温克人、鄂伦春人的狩猎活动范围也被限于大小兴安岭山区,加上这一时期小兴安岭地区的貂、鼠等猎物由于长期无节制地捕猎而日益减少,因此"野兽渐稀,向所恃以为生计者,今则盖不可凭"③。

光绪二十六年(1900),八国联军侵华,俄军又以保护中东铁路为借口,调集17万大军占据了黑、吉、辽三地要津。沙俄军队抢夺百姓牲畜、财产,强占民房,强奸妇女,无恶不作,人们视其如"飞蝗过境"。百姓不堪俄人的蹂躏,多弃地远逃,大量土地荒芜,农事废弃。外逃难民中虽有十之二三回乡,但又因缺少耕牛、工具、籽种而难以复业。加之旱涝频繁,疫病交加,盗匪猖獗,各地"灾民皆鹄面菜色,号啼之声

① 中国第一历史档案馆满文部、黑龙江省社会科学院历史研究所合编:《清代黑龙江历史档案选编》(光绪元年—七年),第161—162页。
② 徐宗亮等撰,李兴盛、张杰点校:《黑龙江述略》,第73页。
③ 《达斡尔资料集》编辑委员会、全国少数民族古籍整理研究室、黑龙江省档案馆编:《达斡尔资料集》第九集档案专辑(二),民族出版社2009年版,第199页(本集编者不再出注)。

惨不忍闻"①。世居于这片土地上的各少数民族同样流离失所。与此同时，在西布特哈地区，俄军为了防止该地区少数民族的反抗，收缴并毁坏了牲丁手中的各类枪支。在森林面积迅速减小、猎物难寻的时期，缴毁枪械无异于迫使各族牲丁彻底放弃狩猎生活。正如1907年西布特哈总管给黑龙江巡抚程德全的禀文写道："向来捕貂处所现均招民开垦、辟矿、淘金兴利多年，貂之为物最避人烟，二十年前即不能捕获进纳，仅只设法购买，旋值俄乱，牲丁枪械被搜，遭毁不堪，猎政概属废弛。"②各民族狩猎、渔捞业由此走向衰落。

沙俄在武力侵占黑龙江地区的同时，还极力从政治、经济、思想文化等方面对当地少数民族进行渗透。政治上，主要是通过对上层人物"委派首领，发给戳记、执照等事"③加以拉拢，企图利用少数民族上层的策叛活动对整个民族加以控制。对下层百姓则是以交纳少量贡物即可得到沙俄保护为名，诱使部分"索伦人自己置身在俄国的保护之下"④。经济方面，沙俄通过干涉还辽获得了修筑中国东省铁路的权利，并借机在铁路沿线强占土地、开采林矿资源、经营内河航运，极力控制这一区域的经济命脉。特别是庚子之乱后，在黑龙江江左，沙俄"岁迁民数十万，布满沿边，构筑各种军事设施，大有日进无疆之势"⑤，同时"大量俄人越境私垦，仅额尔古纳河上游部分地区越境私垦者就有二十四屯一千零三十一户。他们在这里垦种，搭盖窝棚、修水磨、伐木、割

---

① 黑龙江省档案馆编：《黑龙江历史大事记》，黑龙江人民出版社1984年版，第30页。

② 《达斡尔资料集》第九集档案专辑(二)，第537页。

③ 黑龙江省档案馆、黑龙江省民族研究所编：《黑龙江少数民族(1903—1931)》，第227页。

④ ［英］拉文斯坦著、陈霞飞译：《俄国人在黑龙江》，商务印书馆1974年版，第51页。

⑤ 李德滨、石方：《黑龙江移民概要》，黑龙江人民出版社1987年版，第41页。

草、放牧牲畜、打取皮张,一切利益无不竭力经营"①。这是对黑龙江各少数民族赤裸裸的掠夺,然而,资源的掠夺只是一方面。清末,由于财政拮据,政府拖欠八旗官兵奉饷已成常事:"黑龙江省官兵奉饷,自咸丰癸丑,以至光绪丁亥,积欠遂至二百七十余万金矣。"②兵饷以及粮食等物资供给不足,致使很多边卡兵丁因"饷薄差苦,不谙耕作,往往为外人利用"③。同时,以渔猎采集为生的达斡尔等中国各少数民族,在与俄商物物互贸的过程中对俄商供给的货物形成依赖性,并出现了"得之则日用枚赖,不得则生活无资"④的局面,这就使各少数民族无法彻底摆脱侵略者的控制。思想文化方面,沙俄主要是利用该地区少数民族文化水平低,缺乏民族、国家意识的弱点,不断加强对当地少数民族人身以及思想控制。当时就曾有少数民族百姓受俄人诱惑甘作邻邦之侦谍⑤,甚至时有发生"土人把俄国人当成他们的解放者来欢迎"的情况⑥。可见黑龙江省各少数民族受沙俄影响之深。

2. 黑龙江开禁与黑龙江教育的变化

黑龙江地区教育发展的契机有赖于清政府对黑龙江地区封禁政策的改变,而这种改变只有在清政府面临来自国内外的全面挑战,发生严重统治危机的情况下才有可能。面对黑龙江地区日益严峻的边疆危机,咸丰十一年(1861),咸丰帝允准东北开禁,黑龙江地区的教育因为移民的大量涌入而发生重大变化。

首先,在黑龙江将军管理体制下,首次设置民政机构呼兰厅,并特

---

① 黑龙江省档案馆编:《黑龙江历史大事记》,第1—2页。
② 徐宗亮等撰,李兴盛、张杰点校:《黑龙江述略》,第72页。
③ 黑龙江省档案馆编:《黑龙江历史大事记》,第1—2页。
④ 黑龙江省档案馆、黑龙江省民族研究所编:《黑龙江少数民族(1903—1931)》,第243页。
⑤ 黑龙江省档案馆、黑龙江省民族研究所编:《黑龙江少数民族(1903—1931)》,第65页。
⑥ [英]拉文斯坦著、陈霞飞译:《俄国人在黑龙江》,第64页。

设学正一员。这是黑龙江历史上首位民官。

黑龙江始设将军后，将军即为清政府设于黑龙江的最高官员，直接对皇帝负责。与清廷设于内地的驻防将军不同，黑龙江将军除管理军政、旗务以外，还兼管地方民政等事宜。黑龙江将军统管八旗驻防、水师营、火器营、打牲乌拉总管衙门、八旗官学等，民事上设有印房、银库、刑司、户司、兵司、工司等机构办事。

随着移民的迁入，当时黑龙江地区人口越来越明显集中于土地肥沃、气候温和的松花江中游松嫩平原北部的呼兰、绥化及附近地区。而移民的文化素养和教育需求也远高于原住民，这也正是清统治者不得不承认的满、汉差别。这种既成事实，使得当时的官员感到，黑龙江如再不设民官，许多地方事务不仅无专人管理，即地方治安似亦很成问题。清政府虽然未能很快批准黑龙江官员呈请，但终于同治元年(1862)在呼兰置厅。这是黑龙江设专门民政机构之始。而当时黑龙江官员立即考虑到设置一名主管教育的学官同样是刻不容缓："黑龙江省(原文如此——引者注)地方辽阔，康熙年间所设各城旗学，均未能适中，难为通省公学助教，钤束诸生亦有难周，自应另筹办理。维初兴学校，未能遽请分设各学。臣等合同拟请于呼兰厅特设学正一员，通省旗民诸生均归管束。"①这一请求被批准，黑龙江地区有了第一个主管教育的官员。

其次，八旗官学的"国语骑射"行将瓦解。

移民的到来，使黑龙江各地的旗学教育发生了一些变化。三姓副都统所设置的官学，光绪年间实行满汉分授，并另添教习4员②。在齐齐哈尔，光绪七年(1881)，将军安定创设一所汉官学。光绪九年(1883)，继任将军文绪又将该汉官学进一步扩充，设立"经义""文艺"

---

① 张伯英总纂、崔重庆等整理：《黑龙江志稿》卷二十四《学校·学制》，第1093页。

② 光绪《三姓乡土志》卷二《学校》，《中国地方志集成·黑龙江府县志辑》(七)，第4页。

"说约""启蒙"四科,各延师分科教习①。光绪八年(1882)正月,黑龙江将军安定在呈请创办齐齐哈尔义学,设义学为四馆,即"经义""文艺""说约""启蒙",其办学宗旨主要在于开风化②。到光绪九年,已有一百余名学生入学,"多半粗知文理,较之散漫之学(八旗官学——引者注),大有进益。倘能选择良师,循循善诱,月异日新,则三五年间,自可兼通时艺,以收人才之效"。其办学宗旨,已在于强调"务宜讲求实学,以重根本"③。这些变化与大量移民来到黑龙江开发有关,也由旗学"国语骑射"的人才培养教育模式脱离了社会需求所致。清政府对黑龙江所寄希望在于"风俗淳朴",在于"不改易满洲本习",在于本朝统一天下,"惟恃实行与武略耳,并未尝恃虚文以粉饰"④。然而,移民在开垦这片亘古荒原的同时也带来了人文气息。除了证明清政府人为制造了先前黑龙江教育文化的落后,伴随清王朝的衰落,旗学瓦解,新学也孕育而生。

第三,黑龙江的教育由传统旗学教育向近代实用型转变。

光绪十二年(1886)黑龙江将军恭镗向总理各国事务衙门咨请:"黑龙江近接俄疆,所有交涉事件,动关紧要。该俄官照会江省,系以俄字附译清文。江省向无通晓俄字之人,只以清文为主;清文由彼翻译而来,难保全无错误。若不对查俄文,是否符合,莫得而知。往往交涉,全据文凭论辩,设有论舛,动关事机。相应咨请贵总理各国事务衙门,俯念边疆根本要地翻译乏人,迅赐派拨熟习俄文学生一员,星驰来江,俾

---

①　张伯英总纂、崔重庆等整理:《黑龙江志稿》卷二十四《学校·学制》,第1094页。

②　中国第一历史档案馆满文部、黑龙江省社会科学院历史研究所合编:《清代黑龙江历史档案选编》(光绪八年—十五年),第1—2页。

③　黑龙江省档案馆、黑龙江省社会科学院历史研究所编:《清代黑龙江历史档案选编》(光绪十六年—二十一年),第43页。

④　《清世宗实录》卷二十二,第6215页。

资翻译。"①既知俄文翻译如此重要，可黑龙江却无一人通晓，事急惟知向上伸手。相比较之下，同样因与俄国交涉事务较多的吉林官员就主动得多。就在黑龙江向总理衙门请派俄文翻译的第二年，吉林将军呈请在珲春设立俄文书院。经一番准备，光绪十五年(1889)，一所完全与旧教育体制无关的学校——珲春俄文书院成立。值得注意的是，尽管黑龙江当时未派人前往学习，但当时归吉林将军所辖的三姓和宁古塔各派四名旗童赴珲春学习俄文②。这些学生在学期间，三姓副都统衙门尚拨银补助。这是目前所知今黑龙江地区最早系统接受洋务教育学习俄文的学生。后来，不少珲春俄文书院毕业的学生都在对俄交涉中发挥了重要作用。

3. 黑龙江教育观念的更新

在与列强的多次对垒交锋中，"八旗骑射"屡遭重创，黑龙江旗人之家已是"生聚之政不闻，死亡之日相继"③。较为开明的官僚已经认识到这被视为"国宝"的"国语骑射"已经成为无用之物，内不足以压平叛乱，外不足以抗御外侮，就连"黑龙江省文书，向以满文通行，即咨达京部亦然"④，而"近年京都，于满文概不收阅，改行汉文"⑤。

戊戌变法期间，有关教育改革的推行，屡遭内地顽固派梗阻，而在黑龙江，几乎所有的官员对设学兴教都深感紧迫，因为他们不仅身处危机之地，深怀近忧远虑，且对黑龙江落后的现状更感同身受，"旗人身为风气(制约)，囿于方隅，徒守承平弓马之旧，不谙比年中外之情；既无昔

---

① 中国第一历史档案馆满文部、黑龙江省社会科学院历史研究所合编：《清代黑龙江历史档案选编》(光绪八—十五年)，第 275 页。

② 李澍田主编：《珲春副都统衙门档案选编》(中)，吉林文史出版社 1991 年版，第 641、643 页。

③ 黄维翰纂修：《呼兰府志》，《中国地方志集成·黑龙江府县志辑》(一)，第 98 页。

④ 徐宗亮等撰，李兴盛、张杰点校：《黑龙江述略》，第 50 页。

⑤ 徐宗亮等撰，李兴盛、张杰点校：《黑龙江述略》，第 42 页。

时尚武之风,更昧今日兴学之义。国书清语省识无多,西学汉文肄习尤寡"①。这是一部分原本身份特殊的群体,他们并不会成为兴学的阻力,但也不会对新学表现出兴趣。也许清廷一日不放弃对旗人的"恩养"和优待,旗人便不会积极主动地投入到自我角色更新的教育过程。

光绪二十六年(1900),对于黑龙江人来说,更是一场永远难忘的噩梦。他们对未来的期望连同自己的学宫一起在沙俄入侵的战火中焚为灰烬。无辜者血水横流,反抗者捐躯疆场,他们挽救危机的努力终被危机所吞没。

7月9日,蓄谋侵占东北已久的沙俄政府集中了军队17万多人,分7路分别从海拉尔、爱辉、伯力、海参崴、珲春、旅顺、山海关进攻中国东北。在制造了"江东六十四屯惨案""海兰泡惨案"等多次大屠杀之后,攻入东北腹地。无数的中国军人在抵抗中牺牲,黑龙江将军寿山在齐齐哈尔失守后自杀殉职。《辛丑条约》签订之后,东北已成为俄国事实上的殖民地。日本对这一情势相当敏感,经过一番精心的准备,光绪三十年(1904)二月,全力以赴发动了对沙俄的战争。此后,八十余万沙俄士兵开入东北,数十万日军由辽东攻入,在中国的领土上展开了火并。清政府则对这一局势无可奈何,对两个明火执仗的强盗在自己领土上的争夺、屠杀,只能听之任之,竟宣布"中立"。战争期间,各地中国官署被强占,侵略者到处烧杀淫掠,无数的百姓被强迫拉夫、修工事、转运军需,动辄遭打骂刑杀。黑龙江已成了恶魔肆虐的地狱。

数年之间,刚刚解禁、对生活充满希望的人们突然如落深渊。处处狼烟,遍地瓦砾。据文献记载,黑龙江各主要城镇的许多学校毁于战火,许多学生、居民背井离乡,四散逃亡,整整一年多之后,人们才战战兢兢返回残破荒芜的家园。

在沙俄入侵东北之前,危机渐著之际,黑龙江将军恩泽效仿其他地

---

① 黑龙江省档案馆、黑龙江省社会科学院历史研究所编:《清代黑龙江历史档案选编》(光绪十六—二十一年),第221页。

区建武备学堂。呈请朝廷允准。光绪二十六年(1900)初,在黑龙江省城齐齐哈尔建成黑龙江武备学堂,该学堂主要是抽调八旗兵勇入学。对于办学经费,将军恩泽奏报,"暂由荒地押租款内提用,拟仿学田之制,拨地五万垧,以租钱为常用经费"①。当然,因俄军入侵,当时也未及实施。

尽管危机燃眉,屡遭战火,黑龙江的建设和复兴仍在进行中。如上所述,在重新赢得主权并施行教育权的同时,人们期望更新教育观念,采取实际而又有效的改革措施,尽快使黑龙江与内地的发展更形一致,缩小乃至最终消除数百年来的差异性。这一切在新政及置省后都取得了明显的成效和进展。政令的统一和建置的划一终为教育的开展创造了先决条件。

二、清末新政与黑龙江新式教育的推行

19世纪末期,列强对中国的侵略日益加深,《马关条约》《辛丑条约》的签订更使中国大地笼罩着"亡国灭种"的阴霾,中国民众爱国运动持续高涨,并深刻地影响着中国政局。《辛丑条约》签订后,清政府发布"变法"上谕,要求军机大臣、大学士、六部九卿、各省督抚"各就现在情弊,参酌中西政治,举凡朝章国政,吏治民生,学校科举,军制财政"等情,考虑"当因当革,当省当并",两个月内详悉条议复奏②。于是,以瞿鸿禨、袁世凯、刘坤一、张之洞等为首的中央枢要与封疆大吏纷纷复奏,尤以两江总督兼南洋大臣刘坤一、湖广总督张之洞《江楚会奏变法三折》影响最大,提出人才的培养;内政整顿,发展工商业;"拓展西用"等措施。光绪二十七年(1901)四月,清政府逐步推出各项新政措施,对教

---

① 黑龙江省地方志编纂委员会编:《黑龙江省志·大事记》,黑龙江人民出版社1992年版,第306页。

② 朱寿朋编、张静庐等校点:《光绪朝东华录》(四),中华书局1958年版,总第4602页。

育的改革也提上日程。黑龙江的少数民族教育继鸦片战争、戊戌变法的变化与发展之后，又在清末新政中迎来新的发展。

（一）清末新政与新式教育

鸦片战争后，传统封建教育空疏无用的弱点益形显现，改革科举制度、加试实用学科，逐渐成为有识之士的普遍诉求。戊戌变法期间，曾一度明令废八股、诗赋、小楷取士制度，岁科各试一律改试策论，但随着戊戌变法的失败，这些改革全部落空。

1. 废除科举取试

光绪二十七年（1901）四月，清政府成立督办政务处，就新政作全面改革整体规划。

1901 年，清政府谕令从次年起各省科举考试废除八股文章，以能够解说《四书》《五经》和论述中国历史、政治及西学政治、艺学的策论为主。

1903 年，张之洞与张百熙、荣庆《奏请递减科举折》建议，"从下届丙午科起，每科递减中额三分之一"。

1905 年，袁世凯、赵尔巽、张之洞、端方等封疆大吏，联名奏请立停科举。他们一再强调："科举一日不停，士人皆有侥幸得第之心……学堂绝无大兴之望。"迫于朝野上下的压力，清王朝不得不于是年 8 月"谕令停科举以广学校"。

清政府停止科举的本意在于因应时势、培养既忠于朝廷又懂得新式教育的候补官员。但停科举后，学生或多或少地接受了西学，感受着民族危难的强烈刺激，逐渐走向朝廷的对立面。一个不同于旧式文人和封建士大夫的新知识分子群体活跃于近代中国的历史舞台，在政治和社会生活中发挥着越来越大的作用。

在中国实行了一千三百余年的科举制度的完全废止，不仅是中国政体近代化的一个标志，也是中国教育制度的重大转折。

2. 实行新式教育

在废科举的同时，新式教育逐渐确立与推行。1902 年，清政府颁布中国第一个系统完备的新学制《钦定学堂章程》，即《壬寅学制》。该学制"谨上溯古制，参考列邦，拟定京师大学暨各省高等学、中学、小学、蒙学章程，候钦定颁行各省，核实兴办"①。《钦定学堂章程》详细规定了各级各类学堂的培养目标、性质、年限、入学条件、课程设置及相互衔接关系。"诏下各省督抚，按照规条实力奉行。是为《钦定学堂章程》。教育之有系统自此始。"②

由于《壬寅学制》制定仓促，存在诸多不足，1904 年 1 月清政府又公布《奏定学堂章程》，又称《癸卯学制》。这是中国近代历史上由中央政府颁布并首次得到实施的全国性法定学制，较《壬寅学制》更为系统详备。清末民初的新学校教育制度，基本以此为依据。《癸卯学制》规定全国学制共分三段。第一段为初等教育：蒙养堂 4 年、初等小学 5 年、高等小学 4 年；第二段为中等教育，设中学堂 5 年；第三段为高等教育，高等学堂或大学预备科 3 年、分科大学堂 3—4 年，通儒院 5 年。假使蒙养堂不算在内，完成全部学业也需 25—26 年。

此外，与各级学校并行的还有高级师范教育和实业教育。师范教育分为初级师范学堂和优级师范学堂二等，共计 8 年；实业教育除艺徒学堂和实业补习普通学堂外，又分初等实业学堂、中等实业学堂和高等实业学堂三等，共计 15 年。

《癸卯学制》以"中体西用"为主导思想，使教育摆脱了从属于科举的附庸地位，有利于教育的独立和教育的社会化、普及化。新式学堂采用课堂讲授和分专业、分课程教学，内容除保留部分读经课程外，增加了较为系统的自然科学知识和西方社会政治学说，以及图画、音乐、体育、手工等课程，有利于学生的全面发展和智力开发。从政府所颁行的小学课表中课程设置与内容的分布，可见一斑。

---

① 《清史稿》卷八九《选举二》，中华书局 1977 年版，第 3130 页。
② 《清史稿》卷八九《选举二》，第 3130 页。

小学堂科目程度及每星期教授时刻

第一年		
学科	程度	每星期钟点
修身	摘讲朱子《小学》、刘忠介《人谱》,各种养蒙图说,读有益风化之极短古诗歌	2
读经讲经	读《孝经》《论语》每日约四十字,兼讲其浅近之义	12
中国文字	讲动字、静字、虚字、实字之区别,兼授以虚字与实字联缀之法。习字,即以所授之字告以写法	4
算术	数目之名、实物计数、二十以下之算数书法、记数法、加减	6
历史	讲乡土之大端故事及本地古先名人之事实	1
地理	讲乡土之道里建置、附近之山水以及本地先贤之祠庙遗迹等类	1
格致	讲乡土之动物、植物、矿物,凡关于日用所必需者,使知其作用及名称	1
体操	有益之运动及游戏	3
合计		30

第二年		
学科	程度	每星期钟点
修身	同前学年	2
读经讲经	《论语》《学》《庸》每日约六十字,兼讲其浅近之义	12
中国文学	讲积字成句之法,并随举寻常实事一件,令以俗话二三句,联贯一气,写于纸上。习字同前学年	4
算术	百以下之算术、书法、记数法、加减乘除	6
历史	同前学年	1
地理	同前学年	1
格致	同前学年	1
体操	有益之运动及游戏兼普通体操	3
合计		30

以上各科目外,尚有图画手工为随意科目,同前学年

第三年		
学科	程度	每星期钟点
修身	同前学年	2
读经讲经	《孟子》每日约读一百字,兼讲授其浅近之义	12
中国文字	讲积句成章之法,或随指日用一事,或假设一事,令以俗话七八句联成一气,写于纸上。习字同前学年	4
算术	常用之加减乘除	6
历史	讲历朝年代、国号及圣主贤君之大事	1
地理	讲本县、本府、本省之地理山水,中国地理之大概	1
格致	讲重要动物、植物、矿物之形象,使观察其生活发育之情状	1
体操	有益之运动及游戏,兼普通体操	3
合计		30

以上各科目外,尚可兼授图画及手工为随意科目,图画授简易之形体,手工授简易之细工

第四年		
学科	程度	每星期钟点
修身	同前学年	2
读经讲经	《孟子》及《礼记》节本,每日约读一百字,兼讲其浅近之义	12
中国文字	同前学年	4
算术	通用之加减乘除,小数之书法、记数法、珠算之加减	6
历史	同前学年	1
地理	讲中国地理幅员大势及名山大川之梗概	1
格致	同前学年	3
体操	有益之运动及游戏,兼普通体操	3
合计		30

以上各科目外,尚可兼授图画及手工为随意科目,同前学年

续表

第五年		
学科	程度	每星期钟点
修身	同前学年	2
读经讲经	《礼记》节本，每日约读一百二十字，兼讲其浅近之义	12
中国文字	教以俗话作日用书信。习字同前	4
算术	通用之加减乘除，简易之小数，珠算之加减乘除	6
历史	讲本朝开国大略及列圣仁政	1
地理	讲中国幅员与外国毗连之大概名山大川、都会之位置	1
格致	讲人身生理及卫生之大略	1
体操	有益之运动及游戏，兼普通体操	3
合计		30
以上各科目外，尚可兼授图画及手工为随意科目，同前学年		

资料来源：谢岚等主编：《黑龙江省教育史资料选编》上编，第317—319页。

初等小学堂学习年数，以五年为限。教授科目共计八科：修身、读经讲经、中国文字、算术、历史、地理、格致、体操。各科目教育要求如下：

一、修身的要义在于养成儿童适应社会发展的德行，使之不流于匪僻，不习于放纵，养成爱国家的品德。

二、读经讲经的要义在于授读经文，字数宜少，使儿童易记。讲解经文宜从浅显，使儿童易解。

三、中国文字的要义在于识日用常见之字，了解日用浅近的文理，听讲能领悟、读书能自解，打下日后自己作文的基础，以供谋生应世的需要。

四、算术的要义在于能够日用计算，奠定自谋生计所必需的计算能力。

五、历史的要义在于了解中国文化所由来,尤当先讲乡土历史。

六、地理的要义在于了解中国疆域的大略,五洲之简图,以养成其爱国之心。地理宜悬本县图、本省图、中国图、东西半球图、五洲图于教室墙壁上。

七、格致的要义在于了解动物、植物、矿物等类的大略形象、质性,并各物与人之间的关系,以备有益日用生计之用。

八、体操的要义在于使儿童身体活动,使学生可以正常发育,矫正恶习,导以有益的游戏及运动。

九、图画的要义在于练习手眼,以养成学生见物留心、记其实象的性情。

十、手工的要义在于练习手眼,使学生能制作简易的物品,养成好勤耐劳的习惯。

随着新式教育的推行,初等教育中读经课程占课时比例日益缩短,且读经讲经从第三年开始,而国文、算数的课时却在大幅增加。仅从宣统元年学部拟定初等小学授课安排中,即可见其变化。

初等小学堂完全科学科程度授课时刻缮单

第一年			
学科	程度	课本	每星期钟点
修身	但有标目及图画,文字从略。最初数课,专就在学堂而言,其后皆就日用起居教诲之,择其浅近易行者,言之特详	部颁初等修身教科书第一、二册	2
国文	由单字单句,以进于短文,始注重于识字,继则注重于分别虚、实等字之用法。所选教材,不出日用习见事物之外。书法、联字	部颁初等国文教科书第一、二册	18

续表

学科	程度	课本	每星期钟点
算术	数目之名,实物计数二十以下之算术、书法、记数法、加减	部颁初等算术教科书第一、二册	6
体操	专重游戏,以活泼学生之兴趣为主,兼授排队及进行法,为体操之准备	部颁初等体操教授书	4(加随意科者减2小时)
合计			30
第二年			
学科	程度	课本	每星期钟点
修身	全用史事人物为教材,间证以浅显切常之格言,每课字数以三四十字为限。余同前年	部颁初等修身教科书第三、四册	2
国文	文字之浅深长短,较第一年稍进,更注重造句之法。所选教材不出本国固有事务之外。书法、联字、作文	部颁初等国文教科书第三、四册	24
算术	百以下之算数、书法、记数法、加减乘除	部颁初等算术教科书第三、四册	6
体操	兼授游戏及简易之徒手体操,约游戏居三之二,体操居三之一	部颁初等体操教授书	4(加随意科者减二小时)
合计			36
第三年			
学科	程度	课本	每星期钟点
修身	每课字数以五六十字为限,于修身日用起居之外,兼讲谋生及子弟臣民应尽之职。余同前年	部颁初等修身教科书第五、六册	2
读经讲经	讲解、背诵、默写、问讲,四事不可缺一	《孝经》《论语》	12

学科	程度	课本	每星期钟点
国文	文字之浅深长短,较第二年稍进。所选教材以本国为主,而略及外国最著之事物,然不过十之一二。余同前年	部颁初等国文教科书第五、六册	12
算术	常用之加减乘除	部颁初等算术教科书第五、六册	6
体操	同前学年	部分初等体操教授书	4(加随意科者减2小时)
合计			36
第四年			
学科	程度	课本	每星期钟点
修身		《国民必读》上卷	2
读经讲经	讲解、背诵、默写、回讲,四事不可缺一	《论语》《礼记》节本	12
国文	文字较第三年稍进,更注重于短篇文法。所选教材渐及国民应用之智识。书法、作文	部颁初等国文教科书第七、八册	12
算术	通用之加减乘除,小数之书法、记数法	部颁初等算术教科书第七、八册	6
体操	游戏与体操相间练习,约各居其半	部颁初等体操教授书	4(加随意科者减2小时)
合计			36
第五年			
学科	程度	课本	每星期钟点
修身		《国民必读》下卷	2
读经讲经	讲解、背诵、默写、回讲,四事不可缺一	《礼记》节本	12

续表

学科	程度	课本	每星期钟点
国文	文字较第四年更进,总括前此所授各科之教材,并为加详,俾学者得统一之智识,尤注重于国民教育,冀其毕业后于应有之道德智识,皆可略备。余同前年	部颁初等国文教科书第九、十册	12
算术	通用之加减乘除、简易之小数	部颁初等算术教科书第九、十册	6
体操	渐重普通体操,约体操居三之二,游戏居三之一	部颁初等体操教科书	4(加随意科者减2小时)
合计			36

资料来源:谢岚等主编:《黑龙江省教育史资料选编》上编,第339—340页。

上述课程课时调整,改变了旧有教学体系下私塾、书院生徒知识结构单一、知识面狭窄的教育状况。新式初等教育不再以儒学经典为唯一教学内容,而代之以近代各门各类知识的学习;不再以培养少数官宦之才为唯一宗旨,而以造就各类新式人才为目的,中国近代初等教育体制初具雏形。

在高等学堂里,西方新知识的课程大为增加。在学制规定的21种理、工、农、医专业中,开设西方自然科学课程465种;文、法专业中,新设课程包括政治、法律、经济、财政、文学、历史、教育、商业、银行、哲学等。相对于科举教育下注重八股诗赋、《四书》、《五经》来说,真可谓是绚烂多彩,完全是一个崭新的世界。

(二)黑龙江改制建省

在废除科举制度、推广新式教育以外,清政府对东北的统治方式也有了改变,由将军制改为行省制。

早在乾隆中期,封禁的东北即受到大批关内人流入的冲击。至嘉、道时期,尽管"严禁投东"的谕旨频下,民人出关已成不可遏止之势。随着移民的大量涌入,东北人口的急剧增加,土地得以迅速开垦,致使东北旗民纠纷、民政事务大量增加,军政合一的管理体制行将破产。东北地方官屡屡请求仿内省建置,专设民官,加强管理,但都被清政府以有违"祖制"加以斥责。直至 19 世纪末 20 世纪初,清政府日感东北"龙兴之地"危机四伏,才于光绪三十三年(1907)下令:"东三省吏治因循,民生困苦,亟应认真整顿,以除积弊,而专责成。盛京将军着改为东三省总督,兼管三省将军事务,随时分驻三省行台;奉天、吉林、黑龙江各设巡抚一缺,以资治理。"①自此,东北地区建立三省,并陆续设道、府、厅、县,结束了东北地区有清以来专设八旗驻防,军政合体,旗、民分治的统治方式。

清末,黑龙江新式学校教育和管理,便在这种新的行政管理体制下发展起来。

(三)黑龙江近代新式教育的起步

为适应新政中的教育改革,清廷在光绪三十一年(1905),撤销各省设立的学务司或学校司,另设提学使司,作为统辖一省的正式教育行政机关,府、厅、州、县不设地方教育行政机构。这一改革的弊端较多,各地的中等学堂只能直接归属省级学政管理,而小学则由县官代行管理,管理程度与效果全随县官个人好恶而定,因此各地办学情况不一,总体成效隐微。"校舍合宜,校具应用,管理合方法,教授有兴味者,百无一二。"②小学发展缓慢成为兴学的巨大障碍。

为弥补省级教育行政管理的不足,清廷规定在府、厅、州、县设立劝学所,协同管理本地方的教育行政,亦兼有劝勉地方人士建立学堂、推广教育的职能,此举被视为清末兴学中的权宜措施。具体方法为,每一劝学所设总董一人,劝学所下,划分若干学区,每学区由总董推选本学区致力于推广教育的热心绅衿充任劝学员,负责每区的学务。

---

① 刘子扬:《清代地方官制考》,故宫出版社 2014 年版,第 322、339 页。
② 孙诒让:《学务平议》,引自陈学恂:《中国近代教育文选》,人民教育出版社 2001 年版,第 290 页。

推行新式教育,是我国学校教育的一大改革,而在黑龙江,"则非学校之改革,直教育之创始也"①。因为鸦片战争后,黑龙江除旗学外,几无所谓教育。直至光绪五年(1879),始于呼兰设学政一职,这是黑龙江设置学政官员的开始。"黑龙江本满蒙游牧之地,向无民官,无所谓学,安有所谓教育行政?其满蒙应试子弟,始则由各旗该管官出具图片,呈送将军考试骑射,咨送奉天学政。收考久之,有自邻省强负而至者间能以诵读为事。同治九年,奉天学政按临吉林省应童试者始就近附于吉省。至光绪五年,呼兰始设学正,是为江省又学官之始。自兴学以来,江省循例设学务处,附于军署文案处。三十二年,始独立以分巡道总理之,设教务、庶务两提调,是为江省有学务总汇之始。三十三年,设提学使,江省乃得与各省比,渐渐谋教育行政事务矣。是年,学务公所成立。越明年,各省视学官、劝学员以次分派,而教育行政机关乃稍备。"②

光绪三十一年(1905)初,黑龙江于省城齐齐哈尔设学务处,附于军署文案处,黑龙江将军程德全委任军署方案处总理宋小濂任学务处总理。处内设提调一员及文案、稽查、收发各员,负责初设学校,选聘教员,考验学生,备图籍、标本仪器等。翌年夏,分巡道秋桐豫充任学务处总理,延聘世管佐领巴勒丹多尔济为议绅,后改邹召棠、王宪章、赵光璧、丁乃昌为议绅以资劝导。分设教务、庶务二提调,并设文案、收支、视学各员。

光绪三十三年(1907),黑龙江设省,于行省公署内设提学使司,职掌全省的教育事务并兼管劝学诸务,与关内各省相比,迟设一年有余。四月,首任提学使司张建勋(广西临桂人,光绪十五年己丑科状元)到任,照章设立学务公所,原有学务处同时裁并。下设六科:总务科,负责文牍处理,编纂统计报告、学务报告,考核所属职官及职员的任用;普通科,负责各类学校教授管理、社会教育及开学考试诸务;专门科,负责

---

① 谢岚等主编:《黑龙江省教育史资料选编》上编,第169页。
② 徐世昌等编纂:《东三省政略》卷九《学务·黑龙江省》,第1423页。

农、工、商实业学堂及扩充实业教育经营事宜;图书馆,负责编辑教科书、参考书及审订教材、图书诸务;会计科,负责收支款项,管理各学堂建造修缮事项,并考核各校报销事宜;提学使司兼管劝业诸务,始设实业科。根据清政府所颁布的教育官制章程,黑龙江省提学使司下设省视学4人,分管全省4个片区。他们受各省提学使之命视察各府、厅、州、县的学务事宜,对于地方官绅阻挠学务者径禀提学使司核办。

具体分区如下:

第一区,胡占恕,分管龙江、海伦、拜泉、龙镇、肇州、肇东、大赉、三蒙。

第二区,朱殿文,分管呼兰、巴彦、青冈、安达、兰西。

第三区,薛殿冀,分管绥化、庆城、铁力、木兰、汤原、通河、东兴。

第四区,邹召棠,分管讷河、布西、嫩江、呼玛、瑷珲、黑河。

视学邹召棠所巡视的第四区,是黑龙江世居少数民族较为集中的地区。

学部要求各提学使要向所属府、厅、州、县分派视学官和劝业员。

1907 年黑龙江府、厅、州、县分派视学官和劝业员名录

地区	类别	人名	籍贯	出身	职业
黑水厅	视学官	傅葆宸	呼兰府人	优等师范生	现充北路初等工业小学堂教员
	劝业员	朱殿文	巴彦州人	师范生	现充北路初等工业小学堂教员
呼兰府	视学官	郑林皋	绥化府人	最优等师范生	现充兰西县两缭小学堂堂长
	劝业员	王纯钝	余庆县人	师范生	现充北路初等工业小学堂教员
绥化府	视学官	陈九韶	呼兰府人	师范生	现充呼兰北乡初等小学堂教员
	劝业员	梁成山	吁兰府人	师范生	现充绥化北区初等小学堂教员

续表

地区	类别	人名	籍贯	出身	职业
巴彦州	视学官	潘化南	绥化府人	优等师范生	现充南路初等农业小学堂教员
	劝业员	萧荫春	余庆县人	师范生	现充绥化府北区初等小学堂教员
余庆县	视学官	刘喜雨	多耐站人	师范生	现充东路两等小学堂教员
	劝业员	姜兆璜	呼兰府人	师范生	现充余庆县两等小学堂教员
兰西县	视学官	陈徽章	余庆县人	优等师范生	现充北路初等工业小学堂教员
	劝业员	荣文超	巴彦州人	师范生	现充兰西县初等小学堂教员
木兰县	视学官	李景钟	绥化府人	师范生	现充南路初等农业小学教员
	劝业员	初作霖	余庆县人	师范生	现充木兰县初等小学堂教员
青冈县	视学官	李维舟	呼兰府人	师范生	现充呼兰西乡小学堂教员
	劝学员	李斌	呼兰府人	师范生	现充呼兰南乡小学堂教员
拜泉县	视学官	杜燮臣	呼兰府人	师范生	现充兰西县初等小学堂教员
	劝业员	孙超彤	巴彦州人	师范生	现充拜泉县初等小学堂教员
汤原县	视学官	江作霖	海伦厅人	师范生	现充北路初等小学教员
	劝业员	邵庆麟	巴彦州人	师范生	现充乾木林子小学堂教员
海伦厅	视学官	郭相维	余庆县人	优等师范生	现充西路初等小学教员
	劝业员	王家槐	巴彦州人	师范生	现充海伦厅小学堂教员
缘州厅	视学官	李阳春	呼兰府人	师范生	现充巴彦州初等小学堂教员
	劝业员	李向阳	呼兰府人	师范生	现充肇州厅初等小学堂教员
安达厅	视学官	荣纶	呼兰府人	师范生	现充呼兰师范传习所教员
	劝业员	邵镜消	巴彦州人	师范生	现充安达厅初等小学堂教员

续表

地区	类别	人名	籍贯	出身	职业
大赉厅	视学官	韦殿飏	呼兰府人	师范生	现充大赉厅初等小学堂教员
	劝业员	姜鸿钧	巴彦州人	师范生	现充大赉厅初等小学堂教员
瑷珲	视学官	单鸣琴	肇州厅人	师范生	北洋师范毕业生
	劝业员	俊彦	绥化府人	师范生	现充瑷珲初等小学堂教员
墨尔根	视学官	刘振声	肇州厅人	师范生	北洋师范学堂毕业
	劝业员	滕祖周	巴彦州人	师范生	现充墨尔根初等小学堂教员
呼伦贝尔	视学官	景明	省城人	披甲	北洋师范学堂毕业第一名
	劝业员	薛珠	拜泉县人	师范生	现在师范学堂本年毕业
东布特哈	视学官	李毓彬	呼兰府人	师范生	现充东布特哈初等小学党教员
	劝业员	陈厚贵	巴彦州人	师范生	现充西布特哈初等小学堂教员
西布特哈	视学官	刘雨霖	巴彦州人	师范生	现充西布特哈初等小学堂教员
	劝业员	宝麟	绥化府人	师范生	现在北洋师范学堂肄业
兴东道	视学官	戴恩普	呼兰府人	师范生	现充新隆堡初等小学堂教员
	劝业员	万骏声	巴彦州人	师范生	现充绥化东乡初等小学堂教员
东兴镇	视学官	郝向阳	绥化府人	师范生	现充绥化北乡初等小学堂教员
	劝业员	蔚镇藩	巴彦州人	师范生	现充余庆县初等小学堂教员
合计			42 人		

资料来源:谢岚等主编:《黑龙江省教育史资料选编》上编,第205—206 页。

　　光绪三十三年(1907),黑龙江府、厅、州、县分派视学官和劝业员总计42 人,全部是新式教育兴起后的师范毕业(肄业)生,其中37 人是小学或实业学校的教员，保证了视学、劝学中对新式教育的认识与理解。作为清末新政教育改革中的新生事物，劝学所弥补了黑龙江教育行政鞭长莫及的教育现状。至宣统三年（1911），黑龙江先后成立 185 个劝学所，覆盖全省的府、厅、州、县，推动了地方学务活动，也在较长时间内对黑龙江边疆地区少数民族学校发展起到了促进作用。

　　有清以来，黑龙江除旗学外，向无教育。论教育发展，既无基础又难成规模。在"废科举，兴学校"之时，教育的发展"不能与内地各省比，即视辽宁、吉林亦远逊"①。但就其本身的低起点来说，教育的发展仍颇为可观。自废科举，设学务处，始设学校起，至宣统二年（1910），黑龙江省新政期间所兴办的各级各类学校，已达 166 所（不含原为吉林现属黑龙江所辖地区学校），学生 6880 余人②。在原吉林辖区（现黑龙江省区域）的双城、密山、穆棱、宾州、阿城、五常、依兰、方正、富锦、宁安、滨江、长寿等 12 个地区总计有初等小学 96 所、简易识字学校 13 所。如此，黑龙江在兴办新式教育的短短 4 年间，总计办学275 所，受教育的学生近万人。而至辛亥革命前，学校数已达 278 所，学生 17000 人③。

三、黑龙江世居人口较少民族新式教育的初现

　　清末新政，黑龙江的官员着力在少数民族地区推行的新式教育，以期缩小乃至最终消除与内地数百年间教育文化发展差异，这不仅在一定程度上提高了黑龙江各少数民族的文化素质，而且在边疆危机日益深重的情形之下，有巩固国防、共御外侮的意义存焉。伴随新政中黑龙江行政建制的日趋合理、教育制度的日趋完善，黑龙江少数民族新式教

---

　　①　张伯英总纂、崔重庆等整理：《黑龙江志稿》卷二十四《学校·学制》，第1104 页。

　　②　张国淦纂：《黑龙江志略》，李兴盛、马秀娟主编：《程德全守江奏稿（外十九种）》下，黑龙江人民出版社 1999 年版，第 2481－2486 页。

　　③　谢岚等主编：《黑龙江省教育史资料选编》上编，第 587 页。

育有了发展的前提与保障。

（一）开启民智以固边疆

黑龙江新式教育的兴办，对省内官员而言，既无成功经验可借鉴，又无教学基础可利用，"内地兴学不难于创世而难以成功；江省兴学既难于成功尤难于创始"①。而对于黑龙江沿边少数民族而言，兴学不仅是新式学校的创始，更是在消除各少数民族与内地教育文化发展的巨大差异。即便困难重重，黑龙江仍在《癸卯学制》颁行的当年，于"省北瑷珲、墨尔根两城，各设初等小学一处"②，推行新式教育。"虽知其难，究不能不力为其难"③的原因在于黑龙江面临严峻的边疆危机。第二次鸦片战争后，沙俄对于沿边少数民族从政治、思想、文化等多方面进行渗透，借机蚕食东北，以实现侵略中国东北的既定目标。对此，时任东三省总督的徐世昌意识到："当日设防之初，重在养兵，部落规制一防行军，讲学诵经未遑计，及现在强邻窥伺，边防久驰，倘仍令多数国民无学无识，匪唯蒙情锢蔽，难免欺凌，且于行政机关殊多隔阂。是故，筹边要策非开通民智不可，开通民智非教育不可。"④黑龙江官员更将筹边与开启民智、发展教育联系起来，"江省向来旗多民少，开创之初以弓马名闻天下。……今则既不习国语清书，又不谙中外诸学，其聪强者略能辨识文字，入署当差视为已足自余，颟蒙无识比比皆是"⑤，痛感黑龙江地区文化落后，殷切期望此

---

① 程德全：《江省兴学维艰请将旗缺变通俾资劝励折》，《程将军(雪楼)守江奏稿》，黑龙江教育出版社 2014 年版，第 266 页。

② 张伯英总纂、崔重庆等整理：《黑龙江志稿》卷二十四《学校·学制》，第 1098 页。

③ 张伯英总纂、崔重庆等整理：《黑龙江志稿》卷二十四《学校·学制》，第 1097 页。

④ 徐世昌等编纂：《东三省政略》卷一《边务·呼伦贝尔篇》，第 342 页。

⑤ 程德全：《江省筹办学堂大概情形折》，《程将军(雪楼)守江奏稿》，第 267 页。

地能够"人文蔚起",期望"以敷文教而固边圉"①,期望边疆危机日甚一日的情况下,多育人才。

黑龙江学务处设省视学后,还在各八旗驻地广设劝学所,任用劝学员,进入各村屯,劝导各少数民族子弟向学。黑龙江各少数民族学校教育也由此进入了创学发展的历史阶段。

(二)黑龙江世居人口较少民族新式教育

从《癸卯学制》颁行至辛亥革命爆发的8年间,黑龙江各少数民族新式教育呈现出起步发展的状态。兴学不仅在于促使各民族中有人可以读书识字,接受起码的文化知识,更在于通过新学的洗礼,为黑龙江地区各民族走出原始、封闭、落后的社会状态提供文化准备。

1. 达斡尔、鄂温克族族新式教育

清末,达斡尔、鄂温克族主要聚居在布特哈、墨尔根和瑷珲,因此清末的学校,常常由两个民族共建、共管。

达斡尔、鄂温克族近代学校教育开始于光绪三十一年(1905),西布特哈、瑷珲、墨尔根各创办一所初级小学,东布特哈还创设省立师范学校东布特哈预备科,招收学员就读。它们共同构成了黑龙江地区达斡尔、鄂温克族近代学校教育的开端。此后,在达斡尔、鄂温克族聚居地区,逐步有更多的初级小学和初高两级小学建立起来。

西布特哈　光绪三十一年(1905),建立西布特哈初等小学。据《黑龙江志稿》载:"光绪三十一年……西布特哈创设初等小学一处。"②嗣后,初等小学改设为西布特哈两等小学堂,后又改称西布特哈高等小学校。关于校址有两种说法,一说在依倭奇(布特哈八旗总管府所在地)总管署东院,一说在依倭奇关帝庙院内。校长是时任劝学员的刘雨霖,

---

①　黑龙江省地方志编纂委员会编:《黑龙江省志·教育志》,黑龙江人民出版社1996年版,第1091页。

②　张伯英总纂、崔重庆等整理:《黑龙江志稿》卷二十四《学校·学别》,第1098页。

教员二人，王笃、何之超。同年，正式招生开课。这是清末西布特哈地区唯一设有高等小学堂的学校。学校的一切费用"由生息利银、猎获劈股利益银并官兵俸饷项下开支"①。1906年该校在校生仅17人，第二、三学年时在校生人上升到35人。1909年，该校初小37人毕业，这是该校第一批毕业生，其中15人就业，另外22人升入本校高小学习②。该校既要吸收各初级小学的毕业生，又要向中等学校、师范学校输送毕业生，直至民国初期，西布特哈初高两级小学依然是西布特哈地区唯一设有高等小学堂的学校。如宣统二年(1910)，该校初小38人毕业，其中有20人升入本校高小；民国二年(1913)，升入高小20人，学满八学期，"经学年各科，均系授竣，照式考试，分列等级，照章毕业，升入他级学校"③。如果没有高等小学，就近升学无望的初小毕业学生很有可能回归山野，而中学也将因生源有限而难以发展。因此，承上启下的高小，是当时学校教育发展的关键环节。

宣统二年(1910)，西布特哈总管衙门在所属八旗各创办1所公立初等小学堂。

和礼初等小学堂，位于霍日里屯。这里属于都伯浅扎兰（达斡尔语，协领之意）镶黄旗，达斡尔族、鄂温克人在这一带居住。学校共设1个班22名学生，由盛瑞任教。小学堂设置的课程有修身、国文、算术、体操、唱歌、图画等。

卓尔初等小学堂，位于绰哈屯。这里是济沁阿巴正蓝旗属地。学校共设1个班22名学生，由傅尔恭德任教。

阿伦初等小学堂，位于阿伦河中游右岸的吉木伦屯，是涂克冬阿巴镶白旗属地，是鄂温克人聚居区，共有4佐鄂温克人在这一带居住。学校共设1个班22名学生，由讷勒和布任教。

---

① 《达斡尔资料集》第九集档案专辑（一），第724页。
② 《达斡尔资料集》第九集档案专辑（二），第503页。
③ 《达斡尔资料集》第九集档案专辑（一），第838页。

除上述 3 所学校外,西布特哈地区还在谟丁屯建过谟鼎初等小学堂,在登特科屯建有特科初等小学堂,在博伦屯建有博能初等小学堂,在乌尔科屯建有乌珠初等小学堂,在哈力沁屯(今哈力浅)建有履新初等小学堂。这 5 所学校均在诺敏河下游两岸,历史上属于莫尔丁扎兰正黄旗,是达斡尔人聚居区,没有鄂温克村屯,所以不属于鄂温克学校。

上述 8 所学校学生共计 167 人①。其中达斡尔人正白旗的科特初等小学堂、正黄旗的谟鼎初等小学堂、镶黄旗的和礼初等小学堂学生较多,共 63 人②。8 所初级小学堂的经费主要由学生分摊和各村集资。如宣统二年(1910)8 所学校经费支出共计库平银约 1756 两,该年省教育经费统计表中备注着"八旗公立初等小学八所,每所经费数目均系该旗公众捐助"③。

截至宣统三年(1911),以上 8 所初小加上布西两等小学,西布特哈地区共有公立小学堂 9 所,职教员 10 人,学生 186 名④。

东布特哈　光绪三十二年(1906),东布特哈总管陈福龄在博尔多站创办一所小学堂,学校设在博尔多站关帝庙院内,讲堂三间,招收达斡尔族学生 3 班共 37 人,办学经费由该站二千余垧地亩筹款。

清末,东布特哈地区还将一些私塾改为初等小学堂。这种方法对于新式教育来说利弊参半,利的方面在于学生可以较为集中转型学习,新式教育起步较快;弊的方面在于学校保留大量私塾教育方式,从而阻碍新式教育的快速发展。如拉哈站和喀迷尔喀站初等小学堂,都是由私塾改良而来。光绪三十四年(1908),墨尔根视学员刘振声在视察东布特哈学校办理情况时发现,哈拉站初等小学堂"教员皆本站自请,未经学堂毕业,诸种教授俱不合法,名虽学堂,实则私塾,一切教育毫未改良,又兼迭

---

①　《达斡尔资料集》第九集档案专辑(一),第 937、947 页。

②　中国少数民族教育史编纂委员会编:《中国少数民族教育史》第一卷,第 999 页。

③　《达斡尔资料集》第九集档案专辑(一),第 724 页。

④　谢岚等主编:《黑龙江省教育史资料选编》上编,第 498 页。

易教员，旷误学期，学务废弛至此已极"。喀迷尔喀站小学堂亦是如此，学生仅 11 人，"学堂所发教科书毫未讲授，终日仅读四书而已"①。

嫩江 光绪三十二年(1906)，在嫩江地区的科洛尔站成立了科罗初等小学堂，职教员 2 人，学生 47 人，分两班授课。

光绪三十四年(1908)，又先后成立嫩江两等小学堂和塔溪初等小学堂。

宣统元年(1909)，黑龙江提学使司张建勋呈报在嫩江府"拟设初等小学，即由满蒙师范学堂挑选达呼哩(达斡尔)毕业生四名前往教授"②。

宣统二年(1910)，成立 6 所小学堂，分别为嫩江初等农业学堂、东奇初等小学堂、双峰初等小学堂、甘霖初等小学堂、绥和初等小学堂、木讷初等小学堂。同年九月，科罗初等小学堂改为两等小学堂。

截至宣统三年(1911)，嫩江府共有学堂 9 所，职教员 13 人，学生共计 309 人③。其中初等农业学堂和两等小学堂是满族、达斡尔族和鄂温克族子弟较多的学校，其他站和屯村的初等小学里达斡尔族学生占多数④。

齐齐哈尔梅里斯 清末，齐齐哈尔梅里斯达斡尔族区建立起了若干民族小学，其中宣统二年(1910)在西卧牛吐屯建立的初等小学堂是梅里斯达斡尔族区的第一所民族学校。该校教员 1 人，学生 20 名。后改建成初高两等小学校，更名为卧龙乡第四高等小学校。

除此之外，在后平屯、戏园子胡同、前三道岭等处也有初级小学的建立。

呼伦贝尔 光绪三十二年(1906)，呼伦贝尔地区创立了呼伦两等

---

① 谢岚等主编：《黑龙江省教育史资料选编》上编，第 179 页。
② 《达斡尔资料集》第九集档案专辑(一)，第 615 页。
③ 谢岚等主编：《黑龙江省教育史资料选编》上编，第 494 页。
④ 《中国少数民族教育史》第一卷，第 999 页。

小学堂。宣统二年（1910），贵福在呼伦贝尔索伦左翼镶黄旗创办石屋学堂，呼伦贝尔地区还成立伦北初等小学堂和甘珠初等小学堂。至宣统三年（1911），教职员共 9 人，学生共 94 人①。

讷河　东布特哈总管陈福龄"以振兴教育为维新第一要政"，遂于光绪三十二年（1906）四月，利用东布特哈衙署文案处房舍创办学堂。达斡尔族、鄂温克族人虽经多方劝勉，但无人送子弟上学，暂从东布特哈衙署挑选 9 名当差人（皆为达斡尔、鄂温克族青年）充做学生，以为示范。学堂"教习《孟子》《蒙学读本》《圣谕广训》《吏治辑要》等书，习写汉字等课"。② 针对在学生懂满语、不通汉语的情况，学校先教满文，以满文、满语做基础，逐步引导学生学汉语、识汉字，方法较为灵活、妥帖。因经费不足，无力从外地聘请教员，暂由当地请一名识满、汉文字，懂达斡尔、鄂温克族语言，不计较薪水多寡的人担任教习。陈福龄亦于公事之余亲身执教。五月，陈福龄奉省将军书札，筹集经费，在东布特哈衙署驻地博尔多站西街租赁民房做校舍，将学堂迁入新址，并定名为东布特哈蒙养学堂，为境内第一所官办初等小学堂。同年，经学董克兴倡办，东布特哈总管陈福龄核准，在鄂温克族聚居的占音屯创办一所初等小学堂，为境内较早的官办学堂之一。光绪三十三年（1907），陈福龄又在博尔多站东街利用关帝庙闲房创办博尔多站初等小学堂，学生多为站丁子弟。光绪三十四年（1908）三月，拉哈站设立了初等小学堂。

这些学堂在"中学为体，西学为用"的口号下，逐步改变教学内容，开设国文、读经、修身、历史、地理、格致、算学、习字、体操等必修科和图画、手工等随意科，教学内容中西并存。

截止宣统三年（1911），境内已有初等小学堂 8 所，高等小学堂 2

---

① 谢岚等主编：《黑龙江省教育史资料选编》上编，第 496 页。

② 任国绪主编：《黑水丛书·宦海伏波大事记》卷八《招集学生出示晓谕》，黑龙江出版社 1994 年版，第 510 页。

所,学生 500 余人。

达斡尔、鄂温克族学校的建立,民族学堂先于、多于普通学堂,满汉文字齐教,官办和私学并存,学校网点随达、鄂族居住地址而设在山边、水边和驿路边。值得注意的是相对于鄂伦春、赫哲两个民族而言,定居并从事以农业为主的多元经济活动,为达斡尔、鄂温克族接受学校教育提供了便利条件。伴随东北开禁,大量移民的涌入,达斡尔、鄂温克人与汉族有较多接触,因此,他们对新式学校教育的接受度较高。清末,只要是达斡尔、鄂温克族聚居区的学校,无论是否是民族学校,都有大量达斡尔、鄂温克适龄儿童入校学习。

清末达斡尔族、鄂温克族新式教育学校

地区	时间	学校	地点	备注
	光绪三十年	瑷珲初等小学堂	瑷珲城	光绪三十四年改设为瑷珲两等小学堂
		墨尔根初等小学堂	墨尔根	
		黑龙江省满蒙师范学堂	齐齐哈尔	
西布特哈	光绪三十一年	西布特哈初等小学		后改为西布特哈两等小学堂、西布特哈高等小学校
	宣统二年	卓尔初等小学堂		
		和礼初等小学堂		
		阿伦初等小学堂		
		特科初等小学堂		
		谟鼎初等小学堂	谟丁屯	
		博能初等小学堂	博伦屯	
		履新初等小学堂	哈力沁屯	
		乌珠初等小学堂		

续表

地区	时间	学校	地点	备注
东布特哈	光绪三十二年	博尔多站蒙养学堂	博尔多站	
嫩江	光绪三十二年	科罗初等小学堂		宣统二年改为两等小学堂
	光绪三十四年	嫩江两等小学堂		
		塔溪初等小学堂		
	宣统二年	嫩江初等农业学堂		
		东奇初等小学堂		
		双峰初等小学堂		
		甘霖初等小学堂		
		绥和初等小学堂		
		木讷初等小学堂		
齐齐哈尔梅里斯	宣统二年	西卧牛吐屯初等小学堂		后来改建成初高两等小学校，更名为卧龙乡第四高等小学校
		后平屯初等小学堂		
		戏园子胡同初等小学堂		
		前三道岭初等小学堂		
呼伦贝尔	光绪三十二年	呼伦两等小学堂		
	宣统二年	伦北初等小学堂		
		甘珠初等小学堂		
		石屋学堂		
讷河	光绪三十二年	县立第一初高两等小学堂	博尔多站	
		县立第二初高两等小学堂	拉哈站	
		占音初等小学堂	占音屯	
	宣统元年	喀迷哈初等小学堂	喀迷哈站	
	宣统二年	阿哈浅初等学堂	二克浅乡	
	宣统三年	奎勒浅初等学堂	奎勒浅屯	
		多金初等学堂	多金屯	

续表

地区	时间	学校	地点	备注
	宣统二年	大谷堆初等学堂	大谷堆屯	
		西河南初等学堂	西河南屯	
		莫力初等小学堂	莫力屯	

(2)鄂伦春族新式教育

20世纪初,黑龙江因招民放垦,荒地尽无。鄂伦春人狩猎区域日益减少,"现在仅余内兴安岭一带,岭上树木年年斫伐,林中野兽益形减少,不数年,山穷兽尽,衣食日用何由给焉?"①他们长期执守狩猎生活,与他族人接触较少,以至于八旗中,"无论文武,三、四品以上者绝少,即三、四品以下者亦落落如晨星。略有一二识满字外,读汉书识汉字者尤乏其人"②。为生计,鄂伦春猎人多与俄人贸易,"多通俄语,不通汉语""与俄人亲,与国人日疏"③。为此,黑龙江将军程德全对鄂伦春族的生存状态十分担忧。新政初起,程德全决定在毕拉尔路兴文敷教,以期改变鄂伦春族,唤起其王朝意识,以固边疆。

光绪三十二年(1906),程德全命兴东兵备道庆山兼任毕拉尔路鄂伦春协领,招抚山野中的鄂伦春人下山学习垦殖,并做好鄂伦春族兴学事宜。庆山"以创设学堂,教习文字,招致垦户,导引耕种入手"④,首建毕拉尔路初等学堂,教师2人,分别负责满、汉语教学,20名学生。光绪三十四年(1908),庆山又建起毕拉尔路蒙养小学堂,"初事开办,学生必不多,即在协领署内权为开办;学堂拟设兼通满汉文字语言之教员一员,以毕路通汉语,非借满文、满语译解不能传其义理也。学生之额以

---

① 谢岚等主编:《黑龙江省教育史材料汇编》上编,第1076页。
② 谢岚等主编:《黑龙江省教育史材料汇编》上编,第1076页。
③ 谢岚等主编:《黑龙江省教育史材料汇编》上编,第1077页。
④ 李瑛:《鄂伦春族教育史稿》,第29页。

二十名为率,选其资质稍为聪颖者入堂业,其应读何项书籍,何项工课,均由教员遵照学务章程办理。教员薪水若干,由何项开支,应由提学使司照章议定。学生之伙食令其自备,惟应用书籍、笔砚、柴薪、厨役等项,拟由该路俸饷内筹给。以上五节皆从简略酌拟,俟有进步,再为扩充办理"①。

除此而外,作为黑龙江最早在齐齐哈尔设置的黑龙江满蒙师范学堂,首届学生主要抽调布特哈、墨尔根、瑷珲、呼玛四城和扎赉特、杜尔伯特、郭尔罗斯三旗的满文、蒙文且汉文通顺的学生 100 名入学,"沿边各地及鄂伦春、打虎尔(达斡尔)诸旗,非惟通悉汉文者百不得一,不为之培养师资,牖其知识,则蚩蚩之众,将适为外人愚弄之资耳。地方何由振兴,边事何从补救乎! 此满蒙师范学堂之设所为汲汲也"②。

依就近入学原则,鄂伦春族子弟也可以在附近学校入学。呼伦贝尔城曾建有初等小学堂一所,后改为初高两等小学堂,入学学生主要来自鄂伦春、鄂温克、达斡尔、蒙古等附近旗的各族子弟,宣统二年(1910),毕拉尔路协领还创办过一所车陆初等小学③。

相比于达斡尔、鄂温克族,鄂伦春族居住分散,文化落后,兴学办学实为不易,"边地兴学尤较内地为难,然立其基础,固以开通风气为先,而究其指归,则又以造就边才为亟矣"④。在江省官员与鄂伦春族部分佐领的努力下,"二百年来,未濡教化,几同野人"⑤的鄂伦春子弟,也可以读书识字,接受近代文化的洗礼,其本身的意义显而易见。

总体观之,清末鄂伦春族兴学状况仅可视为艰难起步阶段,学校教

---

① 黑龙江省档案馆、黑龙江省民族研究所编:《黑龙江少数民族(1903—1931)》,第 73 页。

② 徐世昌等编纂:《东三省政略》卷八《旗务·教养篇》,第 1375 页。

③ 冯君实:《解放以前黑河地区鄂伦春族历史调查》,《吉林师大学报》1959年第 3 期。

④ 徐世昌等编纂:《东三省政略》卷一《边务·呼伦贝尔篇》,第 342 页。

⑤ 徐宗亮等撰、李兴盛、张杰点校:《黑龙江述略》,第 33 页。

育发展仍面临诸多困难。一方面，鄂伦春族散居山野，居无定所，难以固定于一区，其子弟入学常常要从距离二三百里以外赶赴学校，他们的食宿经费构成了学校的重要开支，为数不多的经费一旦告罄，学校即难以维系。"宣统二年二月毕拉尔路协领曾创办车陆初等小学一处，由瑷珲派教员一员，教授学生二十人。蒙省城拨给银壹千两，分三年发给，今年用款已罄，学校亦无形之消灭。"①另一方面，鄂伦春族，"世居山野，本无文化，视为畏途之甚，莫可罄书"②，即便佐领等官员暂时命其于山下安置下来，他们也会"有意将房门用木倒顶，全家入山行围，如此弃房远游，更属非是"③。还有，鄂伦春人生性喜寒，"恐弟子入城染痘"④，居于学校，常有鄂伦春族儿童出痘甚至死亡者，因此，鄂伦春人常有意避开学校远遁，这也是鄂伦春族学校办学的困难之一。

（3）赫哲族新式教育

清末，赫哲族主要居住在黑龙江、乌苏里江、松花江的三江流域，即使黑龙江开禁，大量移民进入，赫哲族依然执守渔猎的生产方式。光绪十五年(1889)，黑龙江始放官荒，鼓励汉民到黑龙江沿江边境地区开荒屯垦，大量关内移民接踵而至。为保障开垦前赫哲族原有的生活方式可以延续，政府为赫哲族划定生计地：移民建屯垦殖需在黑龙江以南、松花江两岸 5 里以外的地区，5 里以内的地区划归赫哲族的生计地。这一举措为赫哲族提供了相对集中的生产生活区域⑤。

赫哲族的文化教育十分落后，最早的学校教育始于雍正十一年(1733)三姓地区的八旗官学。三姓八旗由满、赫哲等多民族组成，而官

---

① 谢岚等主编：《黑龙江省教育史材料汇编》上编，第 1064 页。

② 谢岚等主编：《黑龙江省教育史资料选编》上编，第 1066 页。

③ 黑龙江省档案馆、黑龙江省民族研究所编：《黑龙江少数民族(1903—1931)》，第 73 页。

④ 谢岚等主编：《黑龙江省教育史资料选编》上编，第 1066 页。

⑤ 同江县志编纂委员会编：《同江县志》，上海科学出版社 1993 年版，第 369 页。

学中的生童需佐领推荐且生额有限,普通的赫哲人难以得到官学教育眷顾。当大量移民涌入三江地区垦荒后,逐渐出现了私学。光绪三十年(1904),在赫哲族聚居的拉哈苏苏(属同江)办有 2 家私塾,有学生 30 余人;光绪三十四年(1908),在街津口(属同江)又办有 1 家私塾,有赫哲族学生 7—8 人①。

光绪三十二年(1906),在清末黑龙江省制行政规划中,赫哲族聚居的拉哈苏苏设为临江州,同时创办了临江州官办小学堂,校舍位于城西北,招生 40 人,有 2 名任课教师。同年,在临江州的苏苏屯、富克锦、宝清等地设立官办小学堂。为解决办学中的师资问题,扩大办学规模,光绪三十四年(1908)临江州创办一所师范讲习所,学习时间为半年。讲习所具有集中讲习、培训的特点,为后续的办学提供了师资力量。比如姜德显、王世昌两人毕业后,便赴富锦创办赫哲族学校。宣统元年(1909),在富锦城内设置第一学堂。同年,又将嘎尔当原有一所私塾改为女子学校。宣统二年(1910)临江州下辖的桦川设治局正式建立,以办学优先的原则,当即抽调人员兴办学校,当时佳木斯镇为桦川设治局所在地,于是首先在此设校。在城内西南门里路东租一民房办学,定名为桦川县官立第一两等小学堂,招学生 30 名。

清末新政时期的赫哲族新式教育,在数年的时间里,先后办学 8 所,其中有一所师范讲习所、一所女子学堂。

3. 清末黑龙江少数民族新式教育的办学特点

黑龙江少数民族学校,除了齐齐哈尔满蒙师范学堂外,其余均为初等教育。其办学特点主要表现为:

(1)率先推行小学教育

清末推行新式教育,率先发展小学教育已成社会共识,"国有一人不学,则失一人之用,故国家恒视就学儿童为国家之一分子,蕲有以浚发其智慧,以张内治而御外侮",具有普及教育性质的小学,可以"启其

---

① 同江县志编纂委员会编:《同江县志》,第 369 页。

人生应有之知识,立其明伦理爱国家之根基,并调护儿童身体,令其发育"①。而兴教之初的黑龙江,"旗汉文风蔽塞",四敌环伺,学校建设"甫在萌芽,创办之初,自以多立小学为基础"②。

(2)办学兼顾各民族分布

清末,黑龙江各少数民族纳旗驻防,民族间分布犬牙交错,学校设置兼顾各民族分布聚居的情况,吸纳本地各少数民族学生入学。光绪三十四年(1908)设立的黑龙江省满蒙师范学堂是为蒙古八旗和新满洲八旗(达斡尔、鄂温克、鄂伦春)子弟所设。特别是达斡尔、鄂温克族聚居的布特哈,学校普遍招收各民族学生。

清末新政时期黑龙江各少数民族新式教育的推行,使这块昔日的蛮荒之地增添了一道亮丽的人文景观。虽然这种教育起步颇晚,且因当时历史条件的局限没能臻至善境,但其意义仍是明显的。

首先,新学打破了以往视为禁区的八旗官学的学习界限,使学校的管理体制纳入了一体同管的现代教育的轨道。这一改革不应仅看作是方便学务上的管理,同时也意味着清代二百余年来"国语骑射"文化政策的破产。在边疆危机日益严峻的态势下,旧制度的瓦解,新制度的孕育产生并非一帆风顺,甚至间有反复,此时的新式教育虽是新生事物,但体现了与世界近代化潮流接轨的新思想、新观念,因此从一开始就具有极其顽强的生命力,黑龙江各民族接受新式教育成为不可逆转的趋势。

其次,清末黑龙江各少数民族所接受的新式教育,是在边疆危机愈演愈烈的情况下崛起的,它处处渗透着浓重的忧患意识。新式教育改变各少数民族文化原始的状态同时,又将守土之责、共御外侮的爱国主义思想自觉地贯彻到教育实践中,这不能不说是清末黑龙江新式教育

---

① 朱有瓛主编:《中国近代学制史资料》第三辑上册,华东师范大学出版社1990年版,第30页。

② 徐世昌等编纂:《东三省政略》卷九《学务·黑龙江省》,第1431页。

的一个亮点。但是,在清末王朝大厦将覆之时,地处边塞的黑龙江"穷荒坐困"而"无一事不待急筹,亦无一事不需巨款"①,清政府投向新式教育的物力、人力、财力只能是杯水车薪,因此能办的实事也必然极为有限。

第三,文化上的差异造成障碍。各少数民族子弟过惯了游猎生活,一时间迫其告别传统的生活环境,突然跃入现代新式教育的行列,无疑是难以适应的。"其子弟坐废聪颖之质,其父兄群甘锢陋之风",对于新式教育"置若罔闻,横生訾议"②。尤其是以大山为伴的各少数民族免疫力较差,对定居区的病毒缺乏抵抗力,在校少数民族学生极易感染各种疾病。当时嫩江的第三鄂校,开办两年间,先后染病致死的学生达11人之多③。加之绝大多数教师为外聘,不熟悉各民族生活方式,难以体谅学生在生活中所遇到的困难。所有这一切,都使得学生、家长视学校为畏途。因此,放假后不再返校的学生十分普遍,甚至有的家长带领学生游猎远逃也并非鲜见之事。

尽管如此,清末黑龙江各民族新式教育仍在我国近代少数民族教育史上占有不可或缺的重要地位,因为它是在比其他先进地区更为艰苦的条件下孳生出来的新事物,是在国难当头的危殆时刻作出的正确历史抉择,也是在条件许可的范围内为开拓落后的边疆地区所做出的最大努力。我们不该苛责前人,而应对这一时期黑龙江地区少数民族教育做出符合历史实际的正确定位,以便当下少数民族教育发展事业提供有益的参照。

---

① 黑龙江省地方志编纂委员会编:《黑龙江省志·教育志》,第 271 页。
② 谢岚等主编:《黑龙江省教育史资料选编》上编,第 163 页。
③ 黑龙江省档案馆、黑龙江省民族研究所编:《黑龙江少数民族(1903—1931)》,第 180 页。

附录：

黑龙江清末兴学一览表

地区	学校名称	开办时间	校址	教职工数	班数	学生额数
省城	两级师范学堂	光绪三十二年五月	省治砖城西门外	7	3	167
	满蒙师范学堂	光绪三十四年三月	省治砖城外东北隅	5	2	73
	初级师范学堂	光绪三十三年四月	省治砖城外东南	3	1	32
	全省中学堂	光绪三十四年八月	附南路学堂	8	2	105
	南路初等农业学堂	光绪三十三年十月	省治南门外	5	8	160
	北路初等工业学堂	光绪三十三年九月	省治土城北门内	9	4	156
	西路初等商业学堂	光绪三十三年二月	省治西南嫩江沿船套子	1	1	19
	高等小学堂	光绪三十二年三月	附北路工业学堂		1	40
	东路两等小学堂	光绪三十三年九月	省治砖城东门外	8	3	83
	半日兼官话字母学堂	光绪三十三年三月	附东路两等小学堂	2	3	31
	第一幼女学校	光绪三十二年十月	省治北门正街路西	5	2	70
	第八幼女学校	光绪三十四年十一月	省治南门外学署后街	2	1	30
	第十一幼女学校	宣统元年正月	省治东门内东路学堂后	2	1	30
	第十二幼女学校	宣统元年三月	省治西门西站	1	1	20

续表

地区	学校名称	开办时间	校址	教职工数	班数	学生额数
龙江府	五福初等小学堂	光绪三十四年三月	府治南五福马屯	1	1	22
	灵岩初等小学堂	光绪三十四年五月	府治东北宁年站	1	2	39
	特穆初等小学堂	光绪三十四年四月	府治南特穆德黑站	1	1	20
	温和初等小学堂	光绪三十四年五月	府治南温托河站	1	1	22
呼兰府	呼兰初级师范学堂	光绪三十三年八月	府治东关帝庙	4		51
	呼兰中学预科学堂	光绪三十二年二月	府治城内南北大街路东	6	3	120
	呼兰初等工业学堂	光绪三十四年四月	府治北关	5	1	51
	东关两等小学堂	光绪三十二年五月	府治南北大街东胡同路北	3	2	64
	西关两等小学堂	光绪三十二年二月	府治南北大街西胡同	3	2	63
	南关两等小学堂	光绪三十二年五月	府治南关龙王庙	3	2	64
	北关两等小学堂	光绪三十四年四月	府治北关祖师庙	3	2	53
	第二幼女学校	光绪三十三年九月	府治南关内	2	2	25
	第六幼女学校	光绪三十四年五月	府治城内北街路西	3	2	27
	兰东初等小学堂	光绪三十三年七月	东乡沈家窝堡街西路南	2	2	58
	和吉初等小学堂	光绪三十四年十月	东乡沈家林子屯东街路北	2	2	42

续表

地区	学校名称	开办时间	校址	教职工数	班数	学生额数
呼兰府	大方初等小学堂	光绪三十四年九月	东乡大荒台屯中街路北	2	1	38
	东沟初等小学堂	光绪三十四年七月	东乡头沟子屯街路北	2	2	41
	百嵋初等小学堂	光绪三十四年五月	西乡大白旗屯	2	2	46
	许堡初等小学堂	光绪三十四年十月	西乡许家窝堡屯中前街	2	1	40
	蟠龙初等小学堂	光绪三十四年十月	西乡蟠龙沟屯中街	2	2	67
	大用初等小学堂	光绪三十一年二月	西乡沈大用井子	2	2	32
	青山初等小学堂	光绪三十四年二月	南乡对青山车站东	2	2	58
	荷台初等小学堂	光绪三十四年十月	南乡薄荷台	2	1	46
	青云初等小学堂	光绪三十四年十月	南乡萧家店屯路北	1	1	20
	五站初等小学堂	光绪三十三年四月	南乡五站西街路北	3	2	40
	朝阳初等小学堂	光绪三十三年五月	北乡朝阳堡	2	1	30
	吴堡初等小学堂	光绪三十四年五月	北乡大吴家窝堡	2	2	44
	城北初等小学堂	光绪三十四年十月	北乡城子沟路南	2	1	40
	苹芳初等小学堂	光绪三十四年十一月	北乡苹芳屯中街路南	1	1	23

续表

地区	学校名称	开办时间	校址	教职工数	班数	学生额数
巴彦州	巴彦两等小学堂	光绪三十三年九月	州治城治东南	8	4	126
	兴隆两等小学堂	光绪三十三年十月	兴隆镇东街路北	4	2	74
	巴彦半日学堂	光绪三十四年三月	州治城内东区龙王庙	1	1	17
	东彦初等小学堂	光绪三十三年七月	州治城内东区龙王庙	2	2	74
	西彦初等小学堂	光绪三十三年三月	州治城内太平街路北	2	2	60
	北彦初等小学堂	光绪三十四年二月	州治城北文治街	2	1	49
	第三幼女学校	光绪三十四年二月	州治城内文治街	1	1	30
	三泰初等小学堂	光绪三十四年六月	北乡东拉三泰段七区	1	1	26
	长林初等小学堂	光绪三十三年九月	州东长林子屯	1	1	24
	龙泉初等小学堂	光绪三十四年二月	东北乡龙泉河屯	1	1	28
	西集初等小学堂	光绪三十三年四月	西集厂路南	2	1	28
	巴南初等小学堂	光绪三十三年四月	州南南下坎屯	1	1	37
	大泉初等小学堂	光绪三十四年二月	甘木冰子牌大泉眼屯	1	1	30
	福和初等小学堂	光绪三十三年正月	北乡西拉三泰段福和庄	1	2	44
	四维初等小学堂	光绪三十四年正月	北乡甘木冰子牌四间庙	1	1	31

续表

地区	学校名称	开办时间	校址	教职工数	班数	学生额数
巴彦州	天增初等小学堂	光绪三十四年二月	第二区天增泉街路北	1	1	23
	二道初等小学堂	光绪三十四年十月	第二区二道冈	2	2	62
	大房初等小学堂	光绪三十四年五月	大荒沟段半拉房屯	1	1	26
	宝山初等小学堂	光绪三十四年五月	西北乡聚宝山	1	1	17
兰西县	兰西初级师范学堂	光绪三十二年五月	附两等小学堂	1	1	30
	兰西两等小学堂	光绪三十二年五月	城内南街路东	7	4	107
	兰西半日兼官话字母学堂	光绪三十四年二月	城内南街路东	1	1	25
	第四幼女学校	光绪三十三年八月	县治南街	2	1	30
	第十幼女学校	光绪三十四年十月	南乡小榆树	2	1	30
	第十四幼女学校	宣统元年	县治北街	2	1	30
	仓库初等小学堂	光绪三十四年三月	仓库沟子路南	2	2	45
	大沟初等小学堂	光绪三十四年三月	西乡前大沟	2	2	41
	榆林初等小学堂	光绪三十四年二月	县南小榆树街路北	2	2	63
	太平初等小学堂	光绪三十四年二月	北乡太平山	2	2	59

续表

地区	学校名称	开办时间	校址	教职工数	班数	学生额数
木兰县	木兰两等小学堂	光绪三十三年十月	县治小石头河子	7	2	79
	涌珠初等小学堂	光绪三十四年十月	涌珠泉屯	1	1	25
	洪亮初等小学堂	光绪三十四年十月	李洪亮屯	1	1	28
	镇安初等小学堂	光绪三十三年七月	原在木兰镇,后移保甲屯	2	1	16
	广利初等小学堂	光绪三十四年三月	原在东兴镇,后移广利屯	2	2	36
绥化府	绥化中学预科学堂	光绪三十三年二月	府治东南隅	10	5	211
	绥化两等小学堂	光绪三十二年四月	附设中学预科		2	59
	绥化初等小学堂	光绪三十四年二月	府治东南隅	2	2	43
	北林初等小学堂	光绪三十四年二月	府治西大街路北	2	2	47
	绥化初等工业学堂	光绪三十四年九月	府治城东南	2	2	30
	第七幼女学校	光绪三十四年八月	府治城东南隅	1	1	28
	第九幼女学校	宣统元年正月	府治城西北	1	1	20
	双河初等小学堂	光绪三十三年二月	东乡双河镇	4	2	75
	十间初等小学堂	光绪三十三年十月	西乡十间房	4	2	88
	十间半日学堂	光绪三十四年二月	附设十间初等小学堂		1	21

续表

地区	学校名称	开办时间	校址	教职工数	班数	学生额数
绥化府	旗营初等小学堂	光绪三十三年四月	西乡旗营子屯	2	1	43
	永发初等小学堂	光绪三十四年九月	西乡永发屯	2	1	32
	六牌初等小学堂	光绪三十三年五月	西乡六牌	2	1	43
	津河初等小学堂	光绪三十三年四月	南乡津河镇	2	1	31
	庞魏初等小学堂	光绪三十四年九月	南乡庞家崴子	2	1	31
	上集初等小学堂	光绪三十三年二月	北乡上集厂	2	1	36
	克音两等小学堂	光绪三十三年七月	北乡克音镶黄旗六井	2	2	59
余庆县	余庆两等小学堂	光绪三十三年二月	城内大街路北	5	3	116
	理财初等小学堂	光绪三十四年二月	城东太平山	2	1	65
	宋嚅初等小学堂	光绪三十四年二月	城西长林子南段	2	2	63
	银汉初等小学堂	光绪三十四年二月	城内双银河	2	1	39
	恭宽初等小学堂	光绪三十四年二月	城北长山堡	2	1	26
	吉祥初等小学堂	光绪三十四年十月	城南长春岭范亭屯	1	1	33
	福隆初等小学堂	光绪三十四年十月	城东火烧梁屯	1	1	31
	玉关初等小学堂	光绪三十四年十月	城北太平川	1	1	19
	屹山初等小学堂	光绪三十四年十月	疙瘩山杨柳树	1	1	20

续表

地区	学校名称	开办时间	校址	教职工数	班数	学生额数
海伦府	海伦两等小学堂	光绪三十三年四月	城内西南隅	7	3	95
	通肯初等小学堂	光绪三十四年二月	城内二道街	3	2	83
	乾元初等小学堂	光绪三十四年二月	乾字四行头井	2	2	35
	敏功初等小学堂	光绪三十四年二月	敏字七井	2	2	55
	镶白初等小学堂	光绪三十四年二月	镶白旗十五井	2	2	37
	宽仁初等小学堂	光绪三十四年二月	宽字三井	2	2	42
	道南初等小学堂	光绪三十四年二月	正蓝旗三井	2	2	44
	信孚初等小学堂	光绪三十四年二月	信字三井	2	2	63
	惠迪初等小学堂	光绪三十四年二月	惠字十二井	2	2	36
	第十三幼女学校	宣统元年二月	城内	2	1	30
青冈县	青冈两等小学堂	光绪三十三年八月	城内东南三道街	6	2	69
	保安初等小学堂	光绪三十四年二月	保安社三屯关帝庙	1	1	31
	兴化初等小学堂	光绪三十四年二月	兴化社六大屯街内路北	1	1	29
	和众初等小学堂	光绪三十四年二月	和众社山河堡屯	1	1	20
	丰财初等小学堂	光绪三十四年二月	施家店屯	1	1	20

续表

地区	学校名称	开办时间	校址	教职工数	班数	学生额数
拜泉县	拜泉两等小学堂	光绪三十三年八月	元字头行三井	2	2	33
	三道初等小学堂	光绪三十四年十月	东乡亭字头牌头井	2	1	17
	四元初等小学堂	光绪三十四年十月	南元四行四井	1	1	23
大赉厅	大赉两等小学堂	光绪三十三年五月	城内北二道街	3	2	50
	大赉半日学堂	光绪三十三年六月	城内二道街署前	1	2	46
	蔡堡初等小学堂	光绪三十三年	城西小蔡家窝堡	1	1	21
	宝湖初等小学堂	光绪三十四年十月	城西哈拉堡泡子	1	1	17
	元庶初等小学堂	光绪三十三年十月	城南头二段屯	1	1	19
	富道初等小学堂	光绪三十四年三月	富字牌北三道街	1	1	11
	冯源初等小学堂	光绪三十四年二月	富字牌北冯家园子	1	1	18
	马营初等小学堂	光绪三十三年七月	教字牌马营子	1	1	13
	龙口初等小学堂	光绪三十四年二月	永字牌二龙口	1	1	12
	杭爱初等小学堂	光绪三十四年四月	庆字牌杭爱屯	1	1	18
	五树初等小学堂	光绪三十四年二月	升字牌五棵树	1	1	14
	河林初等小学堂	光绪三十四年二月	升字牌拨河林照屯	1	1	9
	泰来初等小学堂	光绪三十四年二月	平字牌泰来溪	1	1	21

续表

地区	学校名称	开办时间	校址	教职工数	班数	学生额数
肇州厅	肇州初级师范	光绪三十四年六月	厅治城内	3	1	20
	肇州两等小学堂	光绪三十四年十月	附设初级师范学堂		1	28
	乌兰初等小学堂	光绪三十三年七月	厅西北乌兰诺尔站	1	1	2
	古鲁初等小学堂	光绪三十三年九月	厅西北古鲁站	2	2	30
	茂兴初等小学堂	光绪三十三年八月	厅西茂兴站	2	2	25
	模新初等小学堂	光绪三十三年八月	厅西茂兴站	1	1	24
	博济初等小学堂	光绪三十三年九月	厅西北博尔济哈台	1	1	30
	吉台初等小学堂	光绪三十三年九月	厅西北博尔济哈台	1	1	30
	蔡浦初等小学堂	光绪三十三年九月	厅东蔡浦起尔台	1	1	28
	鄂台初等小学堂	光绪三十三年九月	厅东鄂多平多图站	1	1	17
	布台初等小学堂	光绪三十三年九月	厅东布拉克台	1	1	21
	乌桓初等小学堂	光绪三十三年九月	厅西北乌兰诺尔站	1	1	17
安达厅	安达两等小学堂	光绪三十四年四月	附设厅属东院	1	1	9
	珰琊初等小学堂	光绪三十三年十月	西北乡珰琊屯	1	1	6
汤原县	汤原两等小学堂	光绪三十四年三月	城东北隅	3	1	18
大通县	大通两等小学堂	光绪三十四年四月	城内大街	1	2	32

续表

地区	学校名称	开办时间	校址	教职工数	班数	学生额数
瑷珲厅	瑷珲两等小学堂	光绪三十四年正月	城内经文街西	4	2	46
瑷珲厅	三嘉初等小学堂	光绪三十二年十二月	城西三家子屯	2	1	20
黑河府	库木初等小学堂	光绪三十三年四月	库木站街中路西	1	1	26
黑河府	黑河初等小学堂	宣统元年二月	黑河府治大黑河屯	1	1	30
呼伦厅	呼伦两等小学堂	光绪三十三年十月	本城南门外	6	2	30
嫩江府	嫩江两等小学堂	光绪三十三年二月	城西北关官屯房旧地	5	2	60
嫩江府	科罗初等小学堂	光绪三十二年五月	科洛尔站街中	1	1	31
嫩江府	塔溪初等小学堂	光绪三十二年四月	喀尔塔儿妥站街中关帝庙	2	2	39
讷河厅	南泉初等小学堂	光绪三十二年四月	喀迷喀站街后街	1	1	20
讷河厅	讷河两等小学堂	光绪三十二年四月	博尔多站街中路北	1	1	32
布西厅	布南初等小学堂	光绪三十三年四月	拉哈站关帝庙	1	1	19
布西厅	布西两等小学堂	光绪三十三年正月	依布齐关帝庙	3	1	35
铁骊县	铁骊两等小学堂	宣统元年二月	铁山包协领署旧矿局	2	1	20
武兴厅	武兴两等小学堂	光绪三十三年七月	杜尔伯特沿江多耐站	2	1	36
武兴厅	第五幼女学校	光绪三十四年二月	附两等小学堂内	1	1	7

第三章　民初黑龙江新式教育的推进

民国初年,政权更迭频繁,政局动荡不定,边疆危机日益严峻。沙俄在中国东北、西北边疆制造危机,唆使外蒙古大活佛哲布尊巴丹制造"大蒙古国"闹剧;支持外蒙古王公贵族鼓动内蒙古王公"一体归顺",继而出现了呼伦贝尔"独立"、乌泰叛乱。同时也给大小兴安岭地区各少数民族带来极大的政治震荡。为亡羊补牢计,民初政府继续在边疆省份的少数民族地区推行新式教育,以便尽快提高那里的少数民族文化素质,使"数千年之野蛮渐进于文化,人人具有国家思想"①,从而达到巩固国防、共御外侮的目的。南京临时政府、北京政府、南京国民政府先后制定发展新式教育的法规与政策,推进新式教育,以实现边疆地区文化强边、文化固边的目的。

一、民初黑龙江教育行政的更新

民国初年,为适应新的教育形势,无论是孙中山创立的南京临时政府,还是袁世凯统领的北京政府,对新式教育制度都有诸多调整。在清末新政基础上,逐步确立民国初年的教育制度与方针,从而形成中央、

---

① 黑龙江省档案馆、黑龙江省民族研究所编:《黑龙江少数民族(1903—1931)》,第 204 页。

地方新式教育管理机构和行政框架体系,有效推进中国教育的近代化。

（一）新教育制度的确立

1912 年 3 月,南京临时政府颁布《民国教育部官职令》,规定教育部分为普通、专门、实业、社会、礼教、蒙藏 6 个教育司,并颁布《普通教育暂行办法》《普通教育暂行课程标准》等一系列教育办法规定,在教育目的、方针、学制、师资和经费等五方面,做出较为详尽的规定,奠定了民国初年教育制度的基础。

1. 教育目的

民初的教育目的,初期极不明确,也不稳定。主要原因在于民初政局动荡,教育改革措施缺稳定的外在环境。

1912 年颁布的小学教育目的是:"小学校教育,以留意儿童身心之发育,培养国民道德之基础,并授以生活必需之知识技能为宗旨。"

1915 年又提出:"国民学校施国家根本教育,以注重儿童身心之发育,施以适当之陶冶,并授以国民道德之基础及国民生活所必须之普遍知识技能为宗旨。"

两者之间并没本质区别。

1922 年实行新学制时,提出:"1. 适应社会之需要;2. 提倡平民教育精神;3. 谋个性之发展;4. 顾及国民经济力;5. 多留地方伸缩之余地。"①这一提法针对全社会教育而言,仍显得模糊。

直至 1929 年,南京国民政府才提出一个较为稳定、全面的教育目的,即"中华民国之教育根据三民主义,以充实人民生活,扶植社会生存,发展国民生计,延续民族生命为目的,务期民族独立,民权普及,民生发展,以促进世界大同"。这一教育目的基本上与国民党政府所实施之教育相符合。

2. 教育方针

民国初年,以蔡元培的教育主张为指导,南京临时政府对教育进行

---

① 谢岚等主编:《黑龙江省教育史资料选编》上编,第 773 页。

了一系列重要改革,为民国教育方针的确立奠定基础。

蔡元培剖析新旧教育之区别时指出:"君主时代之教育方针,不从受教育者主体上着眼,用一个人主义或一部分人主义,利用一种方法,驱使受教育者迁就他之主义。民国教育方针,应从受教育者本体上着眼,有如何能力,方能尽如何责任,受如何教育,始能具如何能力。"[1]他主张实行军国民教育、实利主义教育、公民道德教育、世界观教育和美感教育等"五育并举"的国民教育方针,目的是构建起培养完全人格的教育体制。

1912年12月,蔡元培发表《对于新教育之意见》,详尽阐释确立"五育并举"教育方针原因为:在饱受内忧外患的近代中国社会,需要以军国民主义教育实现举国强兵,强化青少年自身的力量和健全人格;以实利主义教育实现富国宏愿;以公民道德教育、世界观教育、美感教育借以追求有世界观念、超越专制政治的教育。"军国民主义者,筋骨也,用以自卫;实利主义者,胃肠也,用以营养;公民道德者,呼吸机、循环机也,周贯全体;美育者,神经系也,所以传导;世界观者,心理作用也,附丽于神经系,而无迹象之可求。此即五者不可偏废之理也。"[2]

这一教育方针对黑龙江新式教育发展起到极为重要的指导作用。

3. 教育学制

民国成立后,南京临时政府下设教育部,领导全国教育事业;各省设教育司,市设教育局,县设教育科,县下设劝学所,后更名为教育公所。1912—1931年,民国学制经历了三次变革。

第一次变革。1912—1913年,实行壬子、癸丑学制,教育期限为17或18年,分为三段四级。规定初等教育两级,即初等小学4年,

---

① 《向参议院宣布政见之演说》,《蔡元培:讲演文稿》,中国画报出版社2010年版,第2页。

② 蔡元培:《对于新教育之意见》,《民立报》1912年2月8—10日。

义务教育，毕业后直接进入高等小学或乙种实业学校；高等小学 3年，毕业后可入中学或师范学校、甲种实业学校。中等教育一级，4年，毕业后入大学、专门学校或高级师范学校。高等教育一级，大学本科 3 年或 4 年，预科 3 年；专门学校本科 3 年毕业（医科 4 年），预科 1 年。此外，小学以下还设蒙养院，为低幼教育；最高设有大学院，不计年限。

第二次变革。五四运动时期，国内外各种新思潮不断影响蜕变、嬗递中的中国教育。1920 年，全国教育联合会第六次代表大会召开，委员们提出了《改革学制系统案》，经过修订，于 1922 年的全国教育联合会第八次代表大会上表决通过。同年 11 月 1 日，大总统黎元洪签署公布《学制系统改革案》。新学制仿效美国制度：初等小学分小学、高小两级共 6 年；中等教育分为初级 3 年、高级 3 年，与中学平行的有师范学校和职业学校；高等教育分为专门学校、大学校和大学院，修业年限 3 年、4 年不等；改蒙养院为幼儿园。史称"壬戌学制"。

第三次变革。1928 年召开第一次全国教育会议，对原学制分别修订和调整，提出六项调整原则：①根据本国实情，②适应民生需要，③增高教育效率，④谋个性之发展，⑤使教育易于普及，⑥留地方伸缩可能。此次学制规定：初小为 4 年，高小为 2 年；初中为 3 年，高中为 3 年；专修科 2 年或 3 年；大学 4 年或 5 年，研究院 3 年①。此学制延续到"九一八"事变前。

4. 教育师资

民国初年，政府对各级教职员的选拔颇为重视。孙中山认为："惟必有学识，方可担任教育。盖学生之识，恒视教师以为进退。"②1912

---

① 谢岚等主编：《黑龙江省教育史资料选编》上编，第 871 页。

② 广东省社会科学院历史研究室、中国社会科学院近代史研究所中华民国史研究室、中山大学历史系孙中山研究室编：《孙中山全集》第 2 卷，中华书局 2011年版，第 358 页。

年 9 月 2 日,南京临时政府下发了《教育部训令训学校管理员及教员》的文件,对学校管理人员和教师提出了具体的要求。原文如下:

> 教育为神圣之事业,乃国家生命之所存。凡为学校管理员与教员者,于其职务,宜竭诚将事,以尽先知先觉之责。对于学生,亲之如良友,爱之如子弟,本身作则,以陶冶其品性,养成其独立自营之能力。诸君在校内既为学生所矜式,在校外即树社会之楷模,果具高尚贞固之精神,以终身尽职为乐,则我中华民国学术之发达,风俗之转移,与世界列强同臻进化之盛轨,盖非远莫能致者矣。惟诸君勉之。此令。①

发展国民教育,提高国民的教育水准,师资是前提。为此,孙中山强调指出:"要振兴教育,则非大力发展师范教育不为功。"②

为使全社会高度重视教育的发展,真正实现向学重教的教育环境,国民政府颁布《学校职教员养老金及恤金条例》,给教职人员提供生活保障。条例规定:"凡连续服务十五年以上之职教员,年逾六十,自请退职,或由学校请其退养者,得领取养老金。"还规定,伤亡者得领取恤金。如工薪每月 200 元,工龄未满 20 年者,每年发给养老金 900 元;工龄25 年以上者,最高可领取 1200 元③。视伤亡状况,抚恤金设有级差规定。然而由于民国初年政治动荡,军阀混战,上述规定缺少实现的政治保障,在有些地区不过是具文而已。

(二)民初黑龙江教育行政的更新与完善

1912 年 3 月 15 日,黑龙江撤巡抚改设都督府,"所有各省文武属官照旧供职,官制、营制概不更动",主管本省教育的行政机构,仍称提学使司,官员仍称提学使。1913 年,民国政府公布《划一现行各省地方

---

① 广东省社会科学院历史研究室、中国社会科学院近代史研究所中华民国史研究室、中山大学历史系孙中山研究室编:《孙中山全集》第 2 卷,第 358 页。

② 王树楠、吴廷燮、金毓黻等纂:《奉天通志》,辽宁民族出版社 2010 年版,第3540 页。

③ 谢岚等主编:《黑龙江省教育史资料选编》上编,第 714 页。

行政官厅组织令》，撤提学使司，改设教育司；1916年，又制定颁布《地方学事通则草案》《地方自治试行条例》和其他法规条例，作为地方办学法规和准则，强化地方兴学兴教的监管力度。黑龙江省教育行政也因之更新。

1. 教育厅的设置

1913年1月8日，黑龙江省依据《划一现行各省地方行政官厅组织令》，裁撤提学使司，改设教育司，原提学使涂凤书改任教育司司长。教育司下设三科。

第一科，掌管公立学校教职员、教育会议事项，管理中小学、师范学校、蒙养园及特种学校等事项；

第二科，执掌高等专门教育、实业教育以及留学生等事项；

第三科，管理图书馆、博物馆、文艺、音乐、古物、通俗教育等事项。

1917年10月24日，黑龙江省设立教育厅，为教育部直属机构。依据教育部《教育厅组织条例》，黑龙江省颁布《黑龙江教育厅组织条例》，具体内容如下：

第一条　本条例依省政府组织法规定之。

第二条　教育厅设厅长一人，管理全省教育行政事务，监督所属教育机关。

第三条　教育厅设秘书一人至三人，承厅长之命办理机要文件并核阅文稿，审查拟办事项。

第四条　教育厅设下列各科：

第一科掌管关于进退或奖惩所属人员及会计庶务、收发文件、典守印信、整理卷宗及其他不属于各科事项。

第二科掌管关于专门教育、学术团体、留学及调查统计等事项。

第三科掌管关于普通教育及地方教育行政等事项。

第四科掌管关于社会教育、图书馆、博物馆及审查宣传等事项。

第五条　各科设科长一人,承厅长之命管理各该科事务,科员若干人、办事员若干人,承长官之命办理各该科事务。

第六条　教育厅设视学四人至六人,承厅长之命视察省城及各属教育事务,其视察规则另定之。

第七条　教育厅因缮写文件及其他事项得酌用雇员。

第八条　教育厅为谋教育之革新及地方文教之发展,附设编审处及检定教员、学生复试等委员会,其组织规则另定之。

第九条　教育厅办事细则另定之。

第十条　本条例自省政府委员会会议通过施行。

第十一条　本条例如有未尽事宜,得由教育厅或省政府委员二人以上之提议,由省政府委员会修正之。

摘自《黑龙江志稿》卷四十六

依此组织条例,黑龙江省教育厅于1917年组建完成。新的教育厅仍设三科,并设省视学4人,由厅长委任,专办视察全省学校教育、教学等事宜。各科职能有所调整:

第一科,负责掌管印信、机要事宜,记录教职员进退及褒赏,保管收发文件,编制统计报告,综合财务会计,整理案卷,负责教育会议筹备等事宜;

第二科,掌管小学、中学、师范学校、实业学校、蒙养园等事宜,调查学龄儿童、分划学区、检定教员等事项;

第三科,掌管专门以上学校、选派留学生、社会教育、各种学术会议等事宜。

据《第一次中国教育年鉴》统计,1917—1931年间,黑龙江省共经历9任教育厅厅长,其中6人为清末新政以来所创办的新式教育学校毕业生。

1917—1931 年黑龙江省教育行政长官一览表

职务	姓名	籍贯	任职年月	毕业学校
黑龙江省教育厅厅长	刘潜	四川云阳	民国六年	
黑龙江省教育厅厅长	廖宇春	上海松江府	民国八年	留学日本
黑龙江省教育厅厅长	谭士先		民国八年	
黑龙江省教育厅厅长	孙其昌	辽宁辽阳	民国九年	东京师范学校
黑龙江省教育厅厅长	于驷兴	安徽寿州	民国十年	光绪初年副贡生
黑龙江省教育厅厅长	王宾章	黑龙江杜蒙	民国十一年	直隶高等师范学校、私立南开大学
黑龙江省教育厅厅长	潘景武	黑龙江林甸	民国十七年	京师法政学堂
黑龙江省教育厅厅长	高家骥	黑龙江巴彦	民国十八年	黑龙江省立第一师范学校
黑龙江省教育厅厅长	郑林皋	黑龙江拜泉	民国二十年	黑龙江省立第一师范学校

资料来源：谢岚等主编：《黑龙江省教育史资料选编》上编，第 670 页。

1928 年 12 月 26 日，东北易帜。同年，黑龙江省省长公署改称黑龙江省政府，教育厅改为黑龙江省政府教育厅，由教育部直属机构改为省政府机构。教育厅下设四科：第一科掌管高等教育、专门教育、留学教育；第二科掌管中等教育；第三科掌管初等教育及社会教育；第四科掌管信函、文牍、收发、总务、人事管理、财务、会计、经费出纳等。

2. 劝学所的延续与地方教育局的设置

1914 年 5 月，袁世凯下令行政建制改为省、道、县制，黑龙江分 3 道 21 县。1915 年，教育部颁布规定，要求全国各县级单位应建劝学所，并对劝学所的人员安排及其劝学员的资格，明确规定：

第一条　各县设劝学所，辅佐县知事办理县教育行政事宜并综核各自治区教育事务。

第二条　劝学所设所长一人，由县知事详请道尹委任，并详由该管最高级行政长官咨报教育部。

　　第三条　劝学所设劝学员二人至四人,由县知事委任,详请道尹转报该管最高级行政长官。遇必要时得置临时劝学员,由县知事就各区学务委员内委令兼充。

　　第四条　具有下列资格之一者,得充劝学所所长:

一、曾任地方教育事务五年以上者。

一、曾任高等小学校校长三年以上者。

一、曾在师范学校毕业任教员职务一年以上者。

　　第五条　具有下列资格之一者,得充劝学员:

一、曾任地方教育事务二年以上者。

一、曾任国民学校或高等小学校教员二年以上者。

一、曾在师范学校毕业者。①

　　至 1929 年道制废除时,黑龙江省 42 县 11 个设治局,大多设有主管教育的劝学所,"江省兴学之初,学生未知向学,于是学务处有劝学员之设"②,并先后成立教育会。

1914 年黑龙江省各属劝学员表

地区	姓名	毕业学校、身份
龙江县	陶怡卿	法政讲习生
呼兰县	李斌	师范第一班毕业
绥化县	王纶绖	师范第一班毕业
海伦县	张韫山	监生
巴彦县	张冀南	长春训导
拜泉县	那常恩	自治研究所毕业

---

① 谢岚等主编:《黑龙江省教育史资料选编》上编,第 659 页

② 谢岚等主编:《黑龙江省教育史资料选编》上编,第 660 页

地区	姓名	毕业学校、身份
大通县	许常英	生员
木兰县	宋景文	生员
余庆县	郭维城	优级师范选科毕业
肇州县	刘景武	生员
青冈县	姚维唐	优级师范选科毕业
大赉县	宋秉文	生员
安达县	刘盘瑛	监生
讷河县	郭荣福	满蒙师范豫科毕业
嫩江县	崔成春	骁骑校
瑷珲县	万钟	协领
黑河道	邵宗礼	俄国中学毕业
汤原县	江作霖	师范第一班毕业
兰西县	滕金声	两级师范毕业
西布特哈	贵庆	两级师范毕业

资料来源:谢岚等主编:《黑龙江省教育史资料选编》上编,第659页。

黑龙江省所设置的20名劝业员中,有11名是从新式学校毕业,其余9人也都有过教育经历。劝学员主要负责:

一、义务教育之调查及劝导督促等事项。二、查核各学区之位置及其联合事项。三、各区学务委员会之设置事项。四、调查各区学龄儿童之登记及其就学免缓事项。五、经管县属教育经费编制、预算、决算,并稽核各区教育经费,处理其纷争事项。六、查核各学校之建筑及其他设备事项。七、核定区立各校之学级编制及教育科目增减事项。八、县立各校及其他教育事业之设置事项。九、核定区立各校及其他教育事业之设置事项。十、私立学校之认许及考核事项。十一、代用学校之核定事项。十二、改良私塾事项。十三、社会教育之施设事项。十四、学校卫生事项。十五、县属教育之统计报告事项。十六、县知事特别委任事项。①

1925年劝学所改为教育局。至1931年,黑龙江省已有下属教育局的是龙江、嫩江、大赉、肇州、肇东、拜泉、讷河、青冈、安达、克山、泰来、林甸、庆城、兰西、木兰、龙镇、绥棱、望奎、汤原、通河、通北、布西、明水、依安、甘南、呼兰、绥化、海伦、巴彦、铁力、瑷珲等31个县。未设置教育局的景星、索伦、雅鲁、泰康、萝北、漠河、呼玛、乌云、绥滨、佛山、胪滨、室韦、奇乾、漠河、黑河、克东、鸥浦、凤山、德都、富裕等县、局,其教育归县长或设治局长兼管。

县教育局局长,须符合下列资格之一:

一、毕业于大学校教育科、师范大学校或高等师范学校者。

一、毕业于师范学校并曾任教育职务三年以上者。

一、毕业于专门以上学校并曾任教育职务二年以上者。

一、曾任中等学校校长,或小学校校长三年以上者。

一、曾任教育行政职务五年以上著有成绩者。②

无论是劝学所的设置,还是将劝学所改为教育局,不变的是劝学员(或教育局局长)出任的必要条件,即要受过学校教育或有学校校长、教员经历。此规定旨在劝学员或教育局局长能够在兴学敷教中切实发挥作用,凸显民初黑龙江官员对各地兴学、办学的重视。

黑龙江省教育制度的调整与制定,为新的教育机构的确立提供保障。随着县劝学所转为教育局,三级教育行政机构逐步形成。各县教育局的设立,使学校的建立与发展渐次有序,黑龙江新式教育进入一个新的历史发展阶段。

---

① 谢岚等主编:《黑龙江省教育史资料选编》上编,第680页。
② 谢岚等主编:《黑龙江省教育史资料选编》上编,第683—684页。

3. 视学制度的延续与发展

1913年，教育部颁发《视学规程》《视学办事细则》。1920年，又出台《省视学规程》《县视学规程》。逐步形成中央、省、县三级视学制度，并在清末新式教育视学制度基础上，实行三级视学制度。黑龙江省沿袭清末省视学定额不变，"悉江省省视学定额四员，拟仍照旧等因，仍委任朱殿文、薛殿冀、胡玉衡、邹召棠为四区省视学，巡视区域仍旧"①。随即，按照教育部相关规定，制定出《黑龙江省视学规程》《黑龙江省视学视察细则》《黑龙江县视学任用规则》《黑龙江县视学服务细则》，对黑龙江省、县二级视学区域、视学时间、视学资格、视学内容等方面做出明确规定。

首先，视学区域、视学事项基本延续清末江省视学的规定，全省视学区域依然划分4个区域："一、龙江、大赉、肇州、四蒙旗、肇东、海伦、拜泉、龙门镇；二、呼兰、巴彦、兰西、安达、青岗；三、绥化、余庆、木兰、大通、汤原、铁山包、东兴镇；四、讷河、嫩江、布西、瑷珲、黑河、呼玛、萝北。"②

视学工作主要有七项内容，具体为："一、教育行治状况；二、学校行政状况；三、学校经费状况；四、学校卫生状况；五、关系学校各职员职务状况；六、社会教育及其设施状况；七、民政长特命视察事项。"③

其次，重视省视学员的选拔，将所受教育与从事教学工作的经验，作为任用的资格条件。"一、在本省师范学校毕业任学务职一年以上者；二、曾任师范学校、中小学校校长或教育三年以上者；三、曾任教育行政职务三年以上者。"④而对于三级视学中最基层的县视学任命，依然坚持资格认定标准，"一、师范学校毕业曾任小学校长教员一年以上

---

① 谢岚等主编：《黑龙江省教育史资料选编》上编，第683—684页。
② 谢岚等主编：《黑龙江省教育史资料选编》上编，第685页。
③ 谢岚等主编：《黑龙江省教育史资料选编》上编，第680页。
④ 谢岚等主编：《黑龙江省教育史资料选编》上编，第689页。

者;二、中等学校毕业曾任小学校长、教员二年以上者;三、曾任教育行政职务三年以上者"①。与省视学标准几近相同。

第三,给予视学员相对独立的视学权力,以保证其能相对全面深入地了解地方办学现状。如"视学至各地方视察学校,勿庸先期向该校通知;视学遇必要时得变更教授之时间;视学遇必要时得试验学生之成绩;视学遇必要时得调阅各项册简"②。此外,"县视学以本省人充之,但须回避本籍。视学当视察时,得住宿该处学校及与学务有关系之公共会所,但一切费用概由自备,不得受地方官绅或学校之供给"③。

(三)黑龙江省的教育经费

民国初年,教育经费沿袭清末新政时期的方法,主要来自学田、捐税和捐资。学田,是划拨一部分土地充做学田,田租充做办学经费;捐税,通过增加各类捐税以助学;捐资,由兴办教育的官绅和个人资助解决。

1. 学田

黑龙江学田之设,始于光绪初年,"江省始设呼兰学正,开垦学田若干,不纳大租,而儒学岁征田租,每垧六百六十文"④。宋小濂做黑龙江学政时,为解决办学经费,呈请将军程德全划 10 万垧土地做学田,收田租以为经费。于是,遂有学田局将学田租给垦荒户,"按年征租以筹教育经费"⑤。这种划地为学田收租以解决教育经费的方式在黑龙江极为普遍,也是教育经费筹措的主要渠道。

民国初年,继续推行学校教育,黑龙江省敷教迅速,然而教育经费难以筹措,已成为掣肘学校建立与发展的重要因素。为此,黑龙江省向民国政府建议,延续清末学田之制,每县允许划拨 4000 垧土地,

① 谢岚等主编:《黑龙江省教育史资料选编》上编,第 695 页。
② 谢岚等主编:《黑龙江省教育史资料选编》上编,第 689—691 页。
③ 谢岚等主编:《黑龙江省教育史资料选编》上编,第 695 页。
④ 谢岚等主编:《黑龙江省教育史资料选编》上编,第 709 页。
⑤ 谢岚等主编:《黑龙江省教育史资料选编》上编,第 709 页。

"设学田局，招民垦，由官备房屋、牛、犁、籽种租给垦户"，所收田租，拨给省教育厅厘定后，再分拨各县使用，以缓解教育经费严重不足，"民国成立，改府、厅、州一律为县，本公署根据前案通令各县暨设治地方，一律划留四千垧，限期开垦，俾得速收成效，各县暨设治地方，已均遵照办理"①。

学田是黑龙江省各县教育经费来源的大宗。但由于每县田地与垦户分布状况各有不同，学田制度的执行和田租充做教育经费的结果也多有不同。如讷河位于黑龙江北部，移民到此的人数偏少，学田局招募垦民不易，"原派东布特哈视学员马庶蕃划留地形狭长，约十万垧，迄今数年未及开垦，地势偏北招垦尤为不易"，未及开垦的还有"海伦、拜泉、汤原、瑷珲、安达皆有在内尚未招垦"。有些地方学田地薄，所收地租较少，"青冈恒升堡学田已招垦，地薄租轻，所入甚少"。呼兰、绥化、兰西等开发较早的地区，移民数量多，已无可划拨为学田的荒地，"略有学田皆绅富所报效也"②。

2. 捐税

学田之外，捐税是教育经费的又一来源，主要捐税如下：

(1)粮用。在城市繁盛之处的粮食交易，"或价钱一吊内抽一成二成不等，实百分之一二也"。

(2)车捐。在各地设置马站，加收过境车马税，"每车驾马几头则收钱几百，其实亦运粮车马为大宗"。

(3)山货捐。布特哈地区未有放荒设置学田地区，由于"无垧捐粮用可收，则藉山货捐为办学之用"。

(4)纲摊捐。对位于肇州及杜札屯垦局等处沿江捕鱼户，加收捐税，"沿江收纲户摊捐，以为办学之用"。

(5)护照捐。利用黑龙江省黑河、瑷珲两地为华侨赴俄出入办理护

---

① 谢岚等主编：《黑龙江省教育史资料选编》上编，第716页。
② 谢岚等主编：《黑龙江省教育史资料选编》上编，第716页。

照,加征捐税,用以助学,"(黑河、瑗珲)护照捐收入甚多,由黑河道酌量拨充学费,但所捐均以羌帖计算,开支学费亦以羌计帖为特异"。

(6)报效学费。清末,用于捐官的费用,借以资助建学,"千两以上者,奏奖各项职衔;千两以下者由督抚给予外奖顶戴,此项非经常之款,惟用于建筑或开办经费,亦有报效房屋地址者,皆急公与学可嘉者也"。

(7)罚款。清末办学时,黑龙江将军程德全定期将各处罚款拨给学务处,充用教育经费,对于此项助学费用,民国初年沿用。

(8)垧捐。垧捐是黑龙江地区农民土地税之一,1916年开始征收,每地以垧为单位收捐,所收税捐部分用于学款,"学费居其(垧捐)二三"①。

3. 捐资助学

历史时期的捐资助学一直是政府与社会高度关注与提倡的行为,这一举措被视为发展教育、发挥教化作用的善举。清朝的捐资以乡绅助学、生员助学、官员助学、学产助学、基金助学为主。民国初年,全国兴学建校,教育经费捉襟见肘,为此,民国政府大力提倡个人与团体捐资助学,并颁发《捐资兴学褒奖条例》,具体内容如下:

第一条　凡以私有财产创立或捐助学校、图书馆、博物馆、美术馆及其他教育机关等,得依本条例请给褒奖。

第二条　凡捐资者,无论用个人名义或用私人团体名义,一律按照其捐资多寡,依下列规定,分别授与各等奖状。

一、捐资五百元以上者,授与五等奖状。

二、捐资一千元以上者,授与四等奖状。

三、捐资三千元以上者,授与三等奖状。

四、捐资五千元以上者授与二等奖状。

五、捐资一万元以上者,授与一等奖状。

---

① 谢岚等主编:《黑龙江省教育史资料选编》上编,第710页。

第三条　应授与四等以下奖状者，由大学区大学或省教育厅或特别市教育局，开列事实表册，呈请省政府或特别市政府核明授与，仍于年终汇报教育部备案。

第四条　应授与三等以上奖状者，由大学区大学或省教育厅或特别市教育局，开列事实表册，呈请教育部核照授与。

第五条　资至三万元以上者，除授与一等奖状外，并于年终由教育部汇案，呈诸国民政府明令嘉奖；捐资至十万元以上者，除授与一等奖状外，由教育部专案呈请国民政府明令嘉奖。

第六条　凡已受有奖状者，如续行捐资，得并计先后数目，按等或超等晋授奖状。

第七条　几经募捐资至十倍第二条所列名数者，得比照该条，分别授与奖状。

第八条　凡以动产或不动产捐助者，准折合银元计算。

第九条　华侨在国外以私财创立或捐助学校及其他教育机关，以培育本国子弟者，其请奖手续由各驻在领事开列实表册，请教育部核办。

第十条　本条例自公布日施行。①

在黑龙江省教育经费严重不足之时，官员、乡绅、银号、公司，甚至外国友好人士，纷纷捐资助学，在办学的最初阶段，给予教育经费的支持。据《第一次中国教育年鉴》统计：1912—1931 年，黑龙江省总计有捐资人员与团体 27 个（千元以下不计），总计捐资 41993 元（千元以下的捐资不做统计）②。

---

①　谢岚等主编：《黑龙江省教育史资料选编》上编，第 717 页。
②　谢岚等主编：《黑龙江省教育史资料选编》上编，第 716 页。

黑龙江捐资兴学一览表

姓名	地点	金额（元）	学校	时间	奖励等级
穆楞河	黑龙江旗籍	10000	省立女子教养院	民国三年	金色一等褒章、匾额
万恩育	黑龙江旗籍	5646	省立女子教养院	民国三年	金色一等褒章
林付台	福建	1388	省立女子教养院	民国三年	金色三等褒章
吉腐和	蒙旗杜尔伯特	1000	省立女子教养院	民国三年	金色三等褒章
刘玉田	黑龙江	1200	省立女子教养院	民国四年	金色三等褒章
广信公司	黑龙江	1749	省立女子教养院	民国三年	三等褒状
官银号	黑龙江	1166	省立女子教养院	民国三年	三等褒状
顺保	瑷珲镶白旗满洲人	1005	黑龙江省第二鄂伦春学校	民国六年	金色三等褒章
马瑞图	吉林宾县	1400		宣统三年	金色三等褒章
赵廷瑞	吉林宝清	1000	县立民国学校	民国六年	金色三等褒章
尚万昆	黑龙江肇州	1400	木具古鲁国民学校	民国元年至六年	金色三等褒章
王顺	黑龙江泰来	1000	长山堡第一国民学校	民国三年	金色三等褒章
王鸿禧	黑龙江泰来	1000	长山堡第一国民学校	民国三年	金色三等褒章
袁维山	吉林东宁	2200	阜宁镇区立国民学校	民国九年	匾额

续表

姓名	地点	金额(元)	学校	时间	奖励等级
斯基结刁斯若	俄罗斯	1666	东华中学校	民国八年	金色三等褒章
侯廷爽	山东东平	4000	东华中学校	民国七年	金色二等褒章
周文贵	辽宁金县	3100	东华中学校	民国七年	金色二等褒章
吴万选	吉林扶余	3200	东华中学校	民国七年	金色二等褒章
安德居	吉林滨江	1100	东华中学校	国民七年	金色三等褒章
于衡湘	山东东平	1100	东华中学校	国民七年	金色三等褒章
同记育场	河北牟亭	1000	东华中学校	民国七年	金色三等褒章
姜鹏博	黑龙江绥化	3627	创设博学文初级小学	民国七年	三等奖状
杨中奎	黑龙江呼兰县	2200	该县第十四初等小学	民国七年	三等奖状

资料来源:谢岚等主编《黑龙江省教育史资料选编》上编,第730页。

民国初年这场新旧教育革新影响着黑龙江教育的发展。新式教育中各地的兴学建校,尽管阻力重重,但其发展速度及影响在黑龙江教育史上前所未有。

二、民初黑龙江新式教育的实施

民国初年,在政府的推进下,黑龙江省少数民族教育得以较快发展。

（一）快速发展初等教育

黑龙江省的教育发展历经南京临时政府、北京政府(包括奉系军阀)、南京国民政府的更迭。政治的动荡,政局的不稳,致使有些关乎新式教育 发展的政策、法规难以贯彻落实。即便如此,黑龙江省的新式教育依然在旧制度瓦解新制度创立中迅速扩张:更新教育行政制度,完善学制设置,大力推广初等教育。在民国初年黑龙江各级各类学校发展中,初等教育以起步早、进步快而发挥着重要的社会作用。深处于大小兴安岭和黑龙江流域的达斡尔、鄂温克、鄂伦春、赫哲族尽管教育基础薄弱,但在这一时期也有了发展教育的机会。"(黑龙江)盖无旧习之染,无歧途之顾,可专一于斯是以,敷教最迟而进化颇速,论程度则居后,论速率则超先。由此以观将来学务,振兴必有为世所惊异者,此非臆说也。"[1]

1914 年,政府颁布《教育部注意普及教育训令》,教育部颁布《义务教育施行程序》,确立以义务教育为发展主旨的初等教育模式,"初等小学为义务教育,以普及为指归"[2]。

《程序》强调义务教育的发展是国家与人民的共同责任与义务,"就人民之责任言,则为义务;就国家之政策言,则为强迫,两义皆可相通"。

---

[1]　张伯英总纂、崔重庆等整理:《黑龙江志稿·学校志》卷二十四,第 1104 页。

[2]　谢岚等主编:《黑龙江省教育史资料选编》上编,第 784 页。

国家对人民有使人民在学龄期间接受国民教育的义务，具体言之，人民有按国家要求让适龄者接受学校教育的义务；国家设立学校，有为受教育者提供教育环境的义务。"故此种教育，国家与人民须交负责任，同尽义务。"①

于是，教育部将 1914 年视作民国义务教育的开始，又在 1920 年规定全国分期举办义务教育年限。

为落实、推进义务教育，黑龙江省先后下发《黑龙江通行筹办义务教育事宜单》《黑龙江筹办省城义务教育委员会暂行简章》《黑龙江省修正施行义务教育章程》《黑龙江省义务教育施行程序》《黑龙江省实施义务教育规程》等文件，确保初等义务教育的有序发展。

1914—1932 年，黑龙江省的义务教育以各项制度、法规为依据，分阶段展开。

1. 规划义务教育实施的阶段，以利逐步推行

《黑龙江省义务教育施行程序》规定，黑龙江将实现义务教育施行之期限暂定为三期：

(1)自 1920 年 8 月 1 日起至 1922 年 7 月 31 日止，为施行义务教育的第一期，期内完成在省城及通商口岸地区、各县城及繁盛镇推行义务教育。

(2)自 1922 年 8 月 1 日起至 1924 年 7 月 31 日止，为施行义务教育的第二期，期内完成在各县局镇市推行义务教育。

(3)自 1924 年 8 月 1 日起至 1926 年 7 月 31 日止，为施行义务教育的第三期，期内完成在各县局乡村推行义务教育。

《义务教育施行程序》颁布以后，黑龙江省依照规定逐步推进，先后成立义务教育研究会、义务教育筹备处，从事调查学龄儿童数量、筹措经费、养成师资、划分学区等筹备工作。

2. 做好义务教育的筹办工作

---

① 谢岚等主编：《黑龙江省教育史资料选编》上编，第 784 页。

为推进全省义务教育的发展,1915 年,黑龙江省制定了《黑龙江通行筹办义务教育事宜单》,拟定筹备实现义务教育的 8 项事宜,即划分学区、设置学务委员、调查学龄儿童及失学儿童人数、调查旧有暨新增小学校数、养成小学教师、筹集经费、劝导入学、实行强迫义务教育。以上工作重点是划分学区、调查学龄及失学儿童人数、养成小学教师和筹集办学经费。

首先,各府县按照区域人口分布、城乡结构,酌量划分学区,安排专职人员调查统计学龄儿童、失学儿童的情况,"各县学区得按幅员之广狭、户口之多寡划为四区至八区,每区酌设学务委员一人或二人,担任调查本区学龄及失学儿童人数,及督促其入学。至学区之划分,由县视学商承县知事定之"①。

每学区规划设置学校的数目以该地区现有应入学校儿童人数作为依据,入学儿童满 50 人即可于适中地点设立学校一所,如果乡屯过小、就学儿童人数少,且距邻村屯甚远,无法联合建立学校,则可以考虑建立"单级国民学校一所,以免儿童失学"②。

各地区需将当年调查情况,包括每区已设拟设学校地点,年内一律绘图详报。

其次,调查学龄儿童及失学儿童人数。各府县在每年学终(即 7 月底)调查上报学龄儿童及失学儿童人数。民国政府规定:儿童自满 6 周岁之次日起至满 13 岁止的 7 年间为学龄期,在学龄期内的儿童称为学龄儿童。儿童达学龄期后,就应在 4 年内修满小学初级课程并领取义务教育毕业证书。如若没有完成义务教育课程,学龄儿童的父母或监护人要督促其完成。

对于学龄儿童和失学儿童的调查,每年暑假期内,由各县长设立治员督率教育局会同公安局及各学区教育委员、各自治区内官员进行调

---

① 谢岚等主编:《黑龙江省教育史资料选编》上编,第 790 页。
② 谢岚等主编:《黑龙江省教育史资料选编》上编,第 788 页。

查。调查工作从向基层乡镇村屯民众各种宣传开始,"以免发生障碍及隐蔽情事"①,采用填写调查学龄儿童表和调查失学儿童表的方式,在城区乡镇间邻间进行调查。以下两份调查表是 1915 年黑龙江省教育厅用于调查学龄儿童、失学儿童的调查表②。

县局区乡镇学龄儿童调查表

地名	户主	儿童姓名	儿童年龄	已就学者		未就学者		备考
				男	女	男	女	

县局区乡镇失学儿童调查表

姓名	住所	现年	男或女	父母或监护人姓名	备考

调查完毕后,由各县局汇总造册,上报教育厅备查。在黑龙江省档案馆的教育档案中存有一份 1922 年 7 月的《黑龙江省城学龄儿童调查表》,该表是基于上述两表调查统计后所形成的黑龙江省城齐齐哈尔学龄儿童数量情况汇总③。

1922 年黑龙江省城学龄儿童调查表

区别	户数	已就学者		未就学者	
		男	女	男	女
第一学区	2191	417	158	373	595
第二学区	3236	295	157	364	391
第三学区	2580	165	26	249	300

---

① 谢岚等主编:《黑龙江省教育史资料选编》上编,第 791 页。
② 谢岚等主编:《黑龙江省教育史资料选编》上编,第 791 页。
③ 谢岚等主编:《黑龙江省教育史资料选编》上编,第 848 页。

区别	户数	已就学者		未就学者	
		男	女	男	女
合计	8007	877	341	986	1286
说明	住户共 8007 户 男女就学儿童共 1218 名 男女未就学儿童共 2272 名				

这份调查表是民国初年黑龙江省教育厅各种数据统计中的一份，各项数据清楚明了。虽然，各项调查难免受省内的交通条件以及各级政府官员与调查员的重视程度影响，但一些基础数据的提供，确为黑龙江省义务教育的落实与推广提供参考。例如，此项数据可以为省城筹备义务教育事宜中的"添设校数及级数"①的工作安排提供数据支持。

第三，多措并举，培养师资。义务教育全面推行的前提之一，是需要有一定的教师储备。然而，黑龙江省敷教甚晚，清末新政时期建立的黑龙江师范学堂、满蒙师范学堂以及师范讲习班所培养的毕业生，不足以满足即将开始的全面义务教育的师资需求。为此，黑龙江省教育厅在义务教育筹备阶段，重点关注小学教员的培养，采取了一些行之有效的措施：

一是除聘用省立、县立师范学校毕业生服务外，各县局要积极筹设乡村师范学校或师范讲习所；

二是各县局乡村师范学校未设立以前，县立初级中学校得并设师范班；

三是各县局登记师范学校及师范讲习所毕业生缴验证书后，劝其分赴各小学服务。凡是未有工作之师范毕业生，悉由各县局分发各区乡镇充当小学教员；

---

① 谢岚等主编：《黑龙江省教育史资料选编》上编，第 791 页。

　　四是各县局在录取非正式师范毕业生之教员前,一律严加检定,取其学职经验合格者,分别录用,以补师资之不足,并规定教员每年寒假中讲习师范教育;

　　五是各县局厉行师范毕业服务规程,凡曾受师范教育者必须履行在小学服务三年的规定。

　　为稳定小学教资队伍,国民政府于 1918 年颁发《小学教员俸给规程》,详细制定国民学校校长、教员的薪水。明确规定:各地主管行政长官依校长、教员俸给之标准,发放薪水①,以确保小学教员的正常生活标准。

国民学校校长教员月俸表(单位:元)

级别 职别	一	二	三	四	五	六	七	八	九	十	十一	十二	十三	十四
校长 正教员	60	55	50	45	40	35	30	26	22	18	15	12	10	8
专科正教员 专科教员	40	35	30	26	22	18	15	12	10	8	6			
助教员	22	18	15	12	10	8	6	4						

　　资料来源:资料来源:谢岚等主编:《黑龙江省教育史资料选编》上编,第825 页。

　　第四,筹集教育经费。民国伊始,兴学助教的经费筹集主要沿袭清末的做法,从学田、捐税、捐资等方面,解决教育经费。义务教育兴起后,除政府拨付的部分教育经费外,拓宽筹集经费的渠道、加大筹集经费的力度,已成为必然。依据民国政府规定的教育经费筹集可实施征税的项目,黑龙江省对以下项目征税用于义务教育。

　　一是田赋附加,应有限制不得超过正税十分之三;

　　二是契税附加,应有限制不得超过百分之四;

---

①　谢岚等主编:《黑龙江省教育史资料选编》上编,第825 页。

三是房捐,亦应以其部分作为义教经费;

四是屠宰税,各县局所征屠宰税,亦应截留百分之四十左右,以作义教经费;

五是营业税,亦应提出一部分作为义教经费;

六是遗产税附加,遗产税虽有归中央征收之议,但地方亦可酌量征收附加,以作义教经费;

七是其他各税,就地方情形各县局酌量征收之。①

以上各种税费的征收,由各县教育局局长秉承县长设治员,呈请教育厅、省府核准后,方可施行。

3. 规范义务教育教学内容

1916 年教育部颁布《国民学校令施行细则》,对于 4 年义务教育教学内容与科目,做出详细安排。同年,黑龙江省下达执行令,并因地制宜,制订本省义务教育的课程标准、教学安排。其教学特点为:

(1)关注学生的身心发育

民国初年的义务教育将学生的身心发育置于教学内容的一部分。义务教育的一年级安排游戏;二年级安排游戏与体操,其要旨在使儿童身体各部平均发育,强健体质,活泼精神,使儿童养成守规律、尚协同的习惯。《新制学校管理法》详细阐释关注学生身心健康的要旨,"西哲有言曰:健全之精神宿于健全之身体。身体与精神有密切关系在也。盖身体为执行万事之根本,身体羸弱,必不能耐勤劳。精神为处理万事之枢机,精神虚耗,必不能持久远。故当幼时身心发育旺盛之际,非保护而增进之,成长以后必不能遂其发达,而欲培养其国民道德之基础难矣。是以小学校不特行体操游戏等,直接求其身体之强壮,且时常改良学校卫生,而教授训练之际,又宜常留意身心之发育焉"②。

---

① 谢岚等主编:《黑龙江省教育史资料选编》上编,第 791 页。
② 谢岚等主编:《黑龙江省教育史资料选编》上编,第 842 页。

《细则》明确规定：各学校视地方情形，在体操教授时间，或体操游戏、或户外运动、或游泳，只为养成运动习惯，"务宜恒久保持"。

（2）注意国民意识和道德培养

初等义务教育，以"修身"科目取替了清末新政时期教育内容中的"读经"，这一教学内容的改变在于遵照民国义务教育纲要，借以涵养儿童的德性，引导、培养学生孝悌、忠信、亲爱、义勇、恭敬、勤俭、清洁等德行，逐渐养成对社会对国家的责任感，以激发进取之志气和爱国爱民族的精神，"国民教育者，谓使通晓本国之国体而授以国宪国法之大要，使知国民之所务而忠实于国家也。夫国有固有之历史、地理、制度、文物、风俗习惯等，皆表示其国民之性质，而于小学校尤当使通晓，是等之大要而立其基础焉"①。

（3）注意教授学生生活必需的知识技能

手工课程的设置，在于通过使儿童制作简易物品，养成勤劳习惯和审美趣味。该课程要给学生提供本地便于采取的材料，如纸丝、黏土、麦秆、竹木等，指导学生手工简易制作的同时，也向学生讲解材料性质、工具用法。

缝纫课程的设置，在于使儿童熟悉通常衣服的缝法、裁法，养成节俭利用习惯。缝纫材料应取常用衣物，在教授时介绍材料的品质及衣服收存、洗濯方法。手工课的教学在于"以授生活所必需之知识技能为目的"②。

---

① 谢岚等主编：《黑龙江省教育史资料选编》上编，第842页。
② 谢岚等主编：《黑龙江省教育史资料选编》上编，第843页。

义务教育（第一表）、高等小学课程表（第二表）

第一表

学年／教科目	第一学年 每周教授时数	第一学年	第二学年 每周教授时数	第二学年	第三学年 每周教授时数	第三学年	第四学年 每周教授时数	第四学年
修身	2	道德之旨要	2	道德之旨要	2	道德之旨要	2	道德之旨要
国文	10	发音、简单文字之读法、书法及日用文章之读法、书法、作法、语法	12	简单文字之读法、书法及日用文章之读法、书法、作法、语法	14	简单文字及日用文章之读法、书法、作法、语法	14	简单文字及日用文章之读法、书法、作法、语法
算数	5	二十以内之数、书法及加减乘除	6	百数以内之数、书法及加减乘除	6	通常之加减乘除	5	通常之加减乘除、小数之读法、书法及其简易之加减乘除（珠算加减）
手工	1	简易细工	1	简易细工	1	简易细工	男2女1	简单细工
图画			1	简单形体	1	简单形体	1	简单形体
唱歌	4	平易之单音唱歌	1	平易之单音唱歌	1	平易之单音唱歌	1	平易之单音唱歌
体操		游戏	3	游戏、普通体操	3	游戏、普通体操	3	游戏、普通体操
缝纫					1	运针法、通常衣服之缝法	2	通常衣服之缝法、补缀法

续表

学年 教科目	每周教授时数	第一学年	每周教授时数	第二学年	每周教授时数	第三学年
修身	2	道德之要旨	2	道德之要旨、民国法制大意	2	道德之要旨、民国法制大意
国文	10	日用文字及普通文之读法、书法、作法	8	日用文字及普通文之读法、书法、作法	8	日用文字及普通文之读法、书法、作法
算数	4	整数、小数、诸等数(珠算加减)	4	分数、百分数(珠算乘除)	4	分数、百分数、比例(珠算加减乘除)
本国历史	3	本国历史之要略	3	本国历史之要略	3	本国历史之要略
本国地理		本国地理之要略		本国地理之要略		本国地理之要略
理科	2	植物、动物、矿物及自然现象	2	植物、动物、矿物及自然现象	2	通常物理、化学上之现象、元素与化合物、简易器械之构造、作用、人身生理卫生之大要

第二表

续表

学年\教科目	第一学年	每周教授时数	第二学年	每周教授时数	第三学年	每周教授时数
手工	简易手工	男2 女1	简易手工	男2 女1	简易手工	男2 女1
图画	简单形体	男2 女1	简单形体	男2 女1	简单形体	男2 女1
唱歌	单音唱歌	2	单音唱歌	2	单音唱歌	2
体操	普通体操、游戏、(男)兵式体操	3	普通体操、游戏、(男)兵式体操	3	普通体操、游戏、(男)兵式体操	3
农业			农事、农产、水产之大要	2	农事、农产、水产之大要	2
缝纫	通常衣服之缝法、补缀法	2	通常衣服之缝法、裁法、补缀法	4	通常衣服之缝法、裁法、补缀法	4
英语					读法、书法、作法、语法	3
总计		男32 女30		男34 女32		男34 女32

资料来源：谢岚等主编《黑龙江省教育史资料选编》上编，第834页。

(二)改良私塾教育

民国初年，改良私塾教育，也被纳入初等义务教育发展的一部分。此次改良是建立在清末私塾改良经验基础上，重点完成塾师资格规范和认定、教学内容的近代化更新、教学方法的改进与完善，使传统的私塾教育逐步由代用小学而转为私立小学，进而在培养目标、教学内容和毕业升学等方面都与公立、国立学校趋近一致。

1861 年东北开禁后，大量移民涌入黑龙江地区，私塾教育随之增加。私塾教育以其就近设学、教学相对灵活等简单易行的特点而被普遍采纳。私塾的类别主要为塾师自设，官绅、商贾等为自家延聘塾师所设，个人捐款所办义塾等。在黑龙江各地，"塾馆多属地主大户办学，有的利用地主大户的房屋作塾馆，也有的以地主大户来主持，利用地方公共场所作塾馆。属地主大户私人办馆的谓私塾，由地方公办的谓义塾。不管私塾学生或义塾学生，都要缴纳学费，以承担教师的薪水。所以很多庄户人家的子弟是上不了学的"[①]。

1912 年，黑龙江省龙江县在调查该县私塾时，发现"马神庙之齐家私塾，东围子之方家私塾，则寒士自立以糊口者，共 12 处"；有"北门庆仁巷议长关氏之家塾，寿海山都护之胡氏家塾，鹤九皋议长之王氏家塾，为自课其子弟。福全斋都护之陈氏私塾，文辑五富氏私塾，马叙臣马氏私塾，全惠贞全氏私塾，皆本地绅富所私立"；有"魁星阶、张自翔所组织之私学，则客籍人所公立也"[②]等。

1913 年，仅对黑龙江省 18 个府县的私塾统计，私塾 732 处，学生 14640 人。详见下表：

---

① 谢岚等主编：《黑龙江省教育史资料选编》上编，第 783 页。
② 况正兵、解旬灵整理：《林传甲日记》，中华书局 2014 年版，第 861 页。

1913 年黑龙江省视学报告全省私塾数

地区	私塾	人数	地区	私塾	人数
海伦	90	1800	拜泉	30	600
肇东	30	600	肇州	20	400
大赍	20	400	龙江	30	600
巴彦	90	1800	呼兰	100	2000
兰西	60	1200	青冈	40	800
绥化	100	2000	余庆	25	500
木兰	20	500	大通	15	300
汤原	15	300	瑷珲	20	400
嫩江	20	400	讷河	2	40

资料来源：况正兵、解旬灵整理：《林传甲日记》，第 862 页。

清末黑龙江各地私塾的教育办学随意，缺少规范，特别是教育极为落后的少数民族地区更为如此。光绪三十二年（1906），墨尔根视学员刘振生在博尔多、拉哈视学时，发现博尔多的"喀迷尼喀站学堂，设在庙宇西廊房，开办于兹已及三载，前二年教员郭德明教法不善，品性不端，仍然私塾。今岁教员王鼎新，汉文、科学均皆不通，自言系保府毕业生，实无文凭。四月十七日开学，现有学生十一名。该学堂所发教科书毫未讲授，终日仅读《四书》而已。该学堂系与依拉哈站合办，常年经费两站筹划。该学堂虽有学生十一名，而实依拉哈未送一名"[1]。一些私塾虽然给学生提供教科书，但"终日不过教习字，读《启蒙课本》《四书》而已。然无讲解、无钟点、无课程表"，更有塾师"裴仲裕，年逾六旬，嗜好洋药，文字不通，每日仅教诸生读《百家姓》而已"。有些学校虽经历清

---

① 黑龙江省档案馆、黑龙江省民族研究所编：《黑龙江少数民族（1903—1931）》，第 177 页。

末私塾改良，但依然无所改变，"查得拉啥站学堂亦设在庙宇东廊房，自光绪三十二年四月二十五日，依私塾改为初等小学堂。该站学堂陈厚贵，共教三月有余，一切教科书讲者无多。其余二教员皆本站自请，未经学堂毕业，诸种教授俱不合法，名虽学堂，实则私塾。一切教育毫未改良"。目睹私塾教育的诸多状况，视学员慨叹不已："如此教育，未有不误人子弟者。"①

改良私塾教育既是民国初年新式学校教育发展的时代需求，也是近代初等教育发展的必然趋势。为此，黑龙江省先后颁布了《黑龙江省各县局改良私塾简章》《黑龙江省改良私塾程序》，将私塾改良纳入有序的发展中。

首先，把私塾改良规划为三个时期，"先为改良私塾，继则改为代用小学校，最后改为私立小学校"②。因地制宜，逐步推进。

第一期，考核、确定塾师教学资格，循先城镇后四乡，将真正具有教育智识者推出，颁给教育许可证书；

第二期，规范课程，以常识、国文、算术、三民主义为必修课，手工、图画、体操为辅助课，初小课程完成后，准予升入高级小学，此时即将改良私塾的名称取消而定名为第几代用小学校；

第三期，定期培训教员，每年假期组织师范传习所，强化公立小学教材，校舍、教具参照公立学校标准，学校可更名私立小学校。③

其次，学校纳入国立、公立初等教育一体管理，各私立小学校与县立小学校得受教育局同等待遇，如有改革事项，须呈请批准方可办理。

教员须由检定塾师委员会检定合格者担任，由教育局发给许可证

① 黑龙江省档案馆、黑龙江省民族研究所编：《黑龙江少数民族(1903—1931)》，第177页。

② 谢岚等主编：《黑龙江省教育史资料选编》上编，第822页。

③ 谢岚等主编：《黑龙江省教育史资料选编》上编，第822页。

书;每年,各校学生名单需要上报教育局并转呈县政府备案;"各校必须具备国立、公立学校的校具(如讲台、黑板、教鞭、桌凳、出席簿、级训、各项规则)、课程(公民、国语、三民主义、常识、算术、体操)"①。

第三,教育经费,依然由学生分担,学生的学费由学校自定,但须学董认可并报请教育局备案方为有效②。民国初年,黑龙江省改良私塾,一方面,使之具有了一定程度的近代教育意识和培养近代人才的教育内容,有助于实现向近代教育的转变;另一方面,可充分利用私塾的教育资源为社会所用,缓解师资不足而掣肘初等教育发展的矛盾。民国初年《瑷珲县志》所载的 26 所改良学校中教员和校董的配备,及薪水与办公经费的状况,可以折射出此一时期黑龙江私塾改良的一般状况。具体情况如下:

> 私立第一国民学校,在西三家屯,民国四年二月成立,学校教员马成骏,学董姚玉荣,单级学生二十一名,年由屯摊拨薪水羌洋七百元,办公羌洋三百元。
>
> 私立第二国民学校,在小乌斯力屯,民国四年二月成立,教员徐庆连,学董戚定福,单级学生二十九名,年由屯摊拨薪水羌洋一千元,办公羌洋三百元。
>
> 私立第三国民学校,在松树沟屯,民国四年二月成立,教员张志堂,学董王世安,单级学生三十二名年,年由屯摊拨薪水羌洋七百元,办公羌洋三百元。
>
> 私立第四国民学校,在下马厂屯民,国四年二月成立,教员崔奎英,学董赵成群,单级学生三十二名,年由屯摊拨薪水羌洋一千元,办公羌洋三百元。
>
> 私立第五国民学校,在黄旗营甘屯,民国八年二月成立,教员吴冠英,学董吴英奎,单级学生三十名年,年由屯摊拨薪水羌洋九

---

① 谢岚等主编:《黑龙江省教育史资料选编》上编,第 822 页。
② 谢岚等主编:《黑龙江省教育史资料选编》上编,第 822 页。

百元,办公羌洋三百元。

私立第六国民学校,在后拉腰屯,民国四年二月成立,先由李氏私塾后改私立学校,教员温鸿奎,学董徐玉春,单级学生十八名,年由屯摊拨薪水羌洋七百元,办公羌洋三百元。

私立第七国民学校,在蓝旗屯,民国七年二月成立,教员薛守臣,学董富春德,单级学生二十名,年由屯摊拨薪水羌洋九百元,办公羌洋三百元。

私立第八国民学校,在外三道沟屯,民国六年二月成立,教员孟英安,学董姜德福,单级学生十五名,年由屯摊拨薪水羌洋一千元,办公羌洋三百元。

私立第九国民学校,在五道沟屯,民国七年二月成立,教员高殿章,学董吴富春,单级学生十三名,年由屯摊拨薪水羌洋七百元,办公羌洋三百元。

私立第十国民学校,在后欢洞屯,民国六年二月成立,教员张其翼,学董祥成,单级学生十六名,年由屯摊拨薪水羌洋一千五百元,办公羌洋三百元。

私立第十一国民学校,在富拉基屯,民国六年二月成立,教员吴文祥,学董吴连单,单级学生十七名,由屯摊拨薪水羌洋八百元,办公羌洋三百元。

私立第十二国民学校,在四计屯,民国六年二月成立,教员徐兰亭,学董张福全,单级学生二十名,年由屯摊拨薪水羌洋八百元,办公羌洋三百元。

私立第十三国民学校,在大桦树林屯,民国六年二月成立,教员王瑞祥,学董吴良聪,单级学生二十八名,年由屯摊拨薪水羌洋八百元,办公羌洋三百元。

私立第十四国民学校,在三岔河屯,民国六年二月成立,教员吴景棠,学董李全福,单级学生三十名,年由屯摊拨薪水羌洋七百元,办公羌洋三百元。

　　私立第十五国民学校,在曹集屯,民国六年二月成立,教员白维真,学董韩连祥,单级学生二十九名,年由屯摊拨薪水羌洋七百元,办公羌洋三百元。

　　私立第十六国民学校,在蓝旗沟屯,民国六年二月成立,教员高延功,学董戚桂玉,单级学生十九名,年由屯摊拨薪水羌洋九百元,办公羌洋三百元九。

　　私立第十七国民学校,在西逊别拉屯,民国六年二月成立,教员夏希尧,学董车胜宽,单级学生三十名,年由屯摊拨薪水羌洋一千五百元,办公羌洋三百元。

　　私立第十八国民学校,在东逊别拉屯,民国六年二成立,教员夏士庆,学董吴定全,单级学生二十五名,年由屯摊拨薪水羌洋一千元,办公三百元。

　　私立第十九国民学校,在吴集窝堡屯,民国六年二月成立,教员关桂云,学董姚万强,单级学生二十六名,年由屯摊拨薪水羌洋七百五十元,办公羌洋三百元。

　　私立第二十国民学校,在大乌斯力屯,民国六年二月成立,教员李永吉,学董曹春生,单级学生十二名,年由屯摊拨薪水羌洋八百元,办公羌洋三百元。

　　私立第二十一国民学校,在发别拉屯,民国七年二月成立,教员景春元,学童陶平生,单级学生二十二名,年由屯摊拨薪水羌洋八百元,办公羌洋三百元。

　　私立第二十二国民学校,在上马厂屯,民国七年二月成立,教员张文才,学董勾九延,单级学生十六名,由屯摊拨水羌洋六百元,办公羌洋三百元。

　　私立第二十三国民学校,在南二龙屯,民国六年二月成立,教员王霖芝,学董李德才,单级学生八名,年由屯摊拨薪水羌洋七百元,办公羌洋三百元。

　　私立第二十四国民学校,在哈达彦屯,民国八年二月成立,教员程保玉,单级学生二十四名,年由屯摊拨薪水羌洋七百元,办公羌洋三百元。

私立第二十五国民学校,在张地管屯,民国七年二月成立,教员傅祥盛,学董张石昌,单级学生三十名,年由屯摊拨薪水羌洋一千二百元,办公羌洋三百元。

私立第二十六国民学校,在大彦卢屯,民国七年二月成立,教员王价臣,学董关瑞玉,单级学生十名年,年由屯摊拨薪水羌洋五百元,办公羌洋三百元。①

三、民初文化强边意识与黑龙江少数民族的新式教育

19 世纪以来,黑龙江流域危机迭起,与新、蒙、藏等地区的边疆问题一样,成为政府亟待突破的困局。1912 年 4 月,袁世凯继任临时大总统,在中央政权架构中,清朝管理少数民族事务的理藩院被纳入内务部,后改称蒙藏事务局。之所以放弃"理藩"的名称,是缘于其含义有民族歧视色彩。蒙藏事务局成立后,在试图改变与解决边疆危机诸问题的同时,也将发展边疆民族地区各项事业,特别是文化教育事业视作巩固边疆、加强国防的国家战略。为此,政府出台一系列促进边疆民族教育发展的政策与法规,通过兴学助教使近代国家政治体制和国家意识在边疆地区得以传播,以实现文化强边。

(一)黑龙江少数民族新式教育中文化强边意识的兴起

1. 民初政治边疆与文化边疆的提出

"边疆"是历史发展过程中形成的概念,它是自然环境、历史发展、政治观念、文化演进等诸多因素的综合认识。"边疆"是"靠近国界的那个地方";是"一个国家的边远地区"。不同时期、不同地区对"边疆"概念有着不同理解。近代,边疆作为政治的界限被明确化、强化和绝

---

① 《民国瑷珲县志》卷七,《中国地方志集成·黑龙江府县志辑》(十),第73—75 页。

对化。

从 1840 年鸦片战争开始,近代中国的边疆在充斥着被迫、屈辱、抗争的过程中,成为抵抗外来侵略、捍卫国家主权的象征。"一般人对于中国边疆的看法除了中国边缘的疆域,如辽、吉、黑、外蒙、新疆、西藏、西康、广西等省或地方而外,对于热、察、绥、甘、宁、青等位居腹地之省份,也称之为边疆。"①由此,民国时期对边疆的指称,便有了政治边疆和文化边疆的分野,"一是政治上的边疆,一是文化上的边疆。政治上的边疆,是指一国的国界或边界言,所以亦是地理上的边疆。……通常称边疆为'塞外''域外''关外',而称内地为'中原''腹地''关内',二者相对者言,这些称谓,亦代表了政治及地理的观点。然而国人另有一种看法:东南诸省以海为界,本是国界,而并不被视为边疆;反之,甘、青、川、康,地居腹心,而反被称为边疆。这明明不是指国界上的边疆,而是指文化上的边疆"②,是蛮荒未开化的区域。

作为边疆地区,黑龙江的达斡尔、鄂温克、鄂伦春、赫哲族,长期处于未受儒家思想教化的状态,"伏处边鄙,久昧文化,苟非急谋挽救,以文字为沟通之方,则种族无同化之日"③。这里既是政治的边疆,也是文化的边疆,"边疆即民族,民族即边疆",已成为黑龙江官员的共识。

2. 少数民族新式教育中的文化强边意识

20 世纪初期,趁中国政权更迭、政局动荡之际,西方列强再次挑起新一轮的民族分裂和边疆侵略事端,使边疆民族危机愈发深重严峻。相较于历史时期治边安边政策,民国初年处理边疆民族危机主要措施,是推进边疆少数民族的文化教育发展,强化国家意识,借以阻止民族分

---

① 吴文藻:《边政学发凡》,马大正主编:《民国边政史料汇编》第 1 册,国家图书馆出版社 2009 年版,第 3 页。
② 《中国大事记》,《东方杂志》1912 年第 8 卷第 12 号。
③ 谢岚等主编:《黑龙江省教育史资料选编》上编,第 1065 页。

离活动。

黑龙江流域少数民族,虽然 17 世纪中叶已经内附并成为黑龙江将军管辖下的驻防八旗,然而直到民国初年,依然有鄂伦春部族"狉獉未化,均在省北面兴安岭一带逼近俄境,常被人诱惑"①,他们"多通俄语,(狩猎)所得皮张悉售之俄人,而换其快枪子弹,遂与俄人日亲日近,与国人日远日疏,甚至有入俄籍,送其子弟入俄国学校者;俄人亦……甘言诱掖"②。时人注意到,"今欲慎重国防,维持边局,则收笼鄂伦春万不可视为缓图。边氓外向之患小,强邻内侵之患大,一旦中俄有事,则操俄语持俄械,乌知有祖国"③。如果不广施教育,开通智识,"少必为他族所利用"④。

因此,为长久计,"亟当未雨绸缪",在边疆各民族地区兴办教育,以期强化国家意识。1915 年,教育部下发《蒙回藏各区筹备教育清单》,对边疆民族地区进行办学事项调查,以期有的放矢,兴办新式教育。落实到黑龙江,则涉及江省的四蒙(扎赉特旗、杜尔伯特旗、郭尔罗斯旗、依克明安旗)、鄂伦春等少数民族。调查内容涵盖教育的方方面面,具体内容如下:

一、各公署及各长官所辖区域内,如何分划作为拟设小学之区域?

一、上项划分区域,每区内道里若干,丁口若干,约计堪以就学之人数若干?

一、各该区内前此有无寺院教读及私塾等类,有无识字及通汉文汉语者?

一、各该区内筹设小学,其用人及筹款设校等事,应如何筹备,

---

① 谢岚等主编:《黑龙江省教育史资料选编》上编,第 1071 页。
② 谢岚等主编:《黑龙江省教育史资料选编》上编,第 1064 页。
③ 谢岚等主编:《黑龙江省教育史资料选编》上编,第 1064 页。
④ 谢岚等主编:《黑龙江省教育史资料选编》上编,第 1071 页。

始能妥贴易行?

一、各区内宗教、风俗习惯上之特殊情形,于教育上有无障碍及应如何设法融化?

一、关于教师之选用,以及教授科目、语文课程,以何方法支配之?①

对国民政府而言,在边疆民族地区敷学兴教,不仅让儿童学习文化、掌握近代科学知识,更有国防大计存焉。通过教育的引导,使各少数民族子弟逐渐萌生国家、民族的概念,"(学校)尚付缺如,实与进化有碍,今欲根本改进,唯有发款迅添该处学校,俾该处青年咸受适当教育,了解国家种族之真意及人民应有之生活,自能排除旧习,从事于新习俗之营求,而求根本之进化焉"②。最终实现边疆落后少数民族"同被中华文化,而固疆实边"③。

(二)黑龙江少数民族的兴学强边举措

1912 年 7 月 10 日到 8 月 10 日全国临时教育会议在南京召开,大会通过了一系列教育政策、法规,奠定了民国教育的基本规模。黑龙江为贯彻全国临时教育会议精神,发展少数民族新式教育,迅速推行了强化地方官员调查办学状况、加大视学员巡视力度等举措,以期全面了解各少数民族兴学状况,有的放矢兴学建校。

首先,要求地方官对所辖区域的兴学状况,进行实地调查。民国建立后,清末新政所办学校多有停办,恢复清末学校、兴办新的学校成为民初推行教育发展的首要工作。全国教育临时会议甫一结束,黑龙江就下令"应就各长官所辖区域,实地调查",依据调查所得的各项情形,详悉计划,逐项筹议兴学事宜。

黑龙江各少数民族地区官员,多有调查与落实。从现存档案中所

①　谢岚等主编:《黑龙江省教育史资料选编》上编,第 1063 页。
②　谢岚等主编:《黑龙江省教育史资料选编》上编,第 1084 页。
③　谢岚等主编:《黑龙江省教育史资料选编》上编,第 1078 页。

保留的《毕拉尔路遵将筹备教育事项逐条详议清单》中，可窥察到彼时教育事项调查内容的详尽：

毕拉尔路遵将筹备教育事项逐条详议清单

一、各公署及各长官所辖区域内，如何分划作为拟设小学之区域一节。查毕路鄂伦春四佐统共一百九十七户，男女大小计九百七十三名口，向在瑷珲所属下游直至松花江口，沿江深山一带漫散而居。自改民国后，已将瑷珲县界自逊河口迤南，至松花江口止，划拨萝北等县管辖，所有界外游猎未归之户，现在派员分投收笼；仍回瑷珲县界以内屯垦不计外，其瑷珲县界内自干岔子起至逊河口止，仅有鄂伦春小屯六处，计二十五家，连附户核计不过七十户，于去岁八月间，已在车陆适中之地，拟设小学区域一处。

一、上项分划区域，每区内道里若干，丁口若干，约计堪以就学之人数若干一节。查车陆地方设立小学一区，道里约计百里许，丁口捌拾名，现已招集堪以就学者仅三十一名送学肄业，一俟将界外之鄂户收回县界内安插屯垦后，再行拟请添设学校以广教育。

一、各该区内前此有无寺院教读及私塾等类，有无识字及通汉文汉语者一节。查瑷珲界内旧居鄂伦春人户，向无寺院教读，前清时代私设满文学塾，仅识满洲文字，不识汉文，其稍晓汉语者十之二三。

一、各该区内筹设小学，其用人及筹款设校等事，应如何筹备，始能妥贴易行一节。查车陆现设小学所用教习，系经省派。至设校及膳费、操衣等项，由官筹备，尚属妥协，不难易行。

一、各区内宗教、风俗习惯上特殊情形，于教育上有无障碍及应如何设法融化一节。查鄂民虽不识汉语文字，向尊孔教，别无异端。惟归服前清二百余年，皆以游牧狩猎为习惯，于教育上尚无阻碍，现已设学专读汉文，堪以渐就融化。

一、关于教师之选用，以及教授科目、语文课程，以何方法支配之一节。查教师虽难省选，教授汉文语字，而该族等，向以满文为尚,现在该路鄂伦春各佐领等,凡遇详报事件仍用满文,经协领公署译汉转详,如协领饬下公事,亦用满文办理。若望其开通智识,能办公事,非待十年后,弗能达其目的。请于车陆学校中可否暂附满文一科,添派熟悉汉、满文字副教习一员,俾资设法劝导以促进行。

民国四年七月五日①

其次,加大省、县视学的巡视力度。规定从每年的 3 月上旬至 12 月下旬对所辖区域进行巡视,每县视学时间不少于 1 个月,并详细规定视学应视察的事项:教育行政状况、学校行政状况、学校经费状况、学校卫生状况、关系学校各职员职务状况、社会教育及其设施状况、民政长特命视察事项。巡视结束后,视学需向上级主管部门提交巡视报告,阐述对巡视地区教育发展的改进措施。②

1913 年,省视学邹召棠赴第四视学区进行巡视,"经行内兴安岭南北麓",沿途所见达斡尔人已经"渐通汉语,习教科,不久当可同化";相比之下"岭表江滨"的鄂伦春人却"罕通汉语"。他认为出现这一现象的原因在于各级政府对包括鄂伦春族在内的少数民族教育不够重视:库玛尔路至今"未尝设学,且注意在农矿移民,而未注意于山巅水澨之鄂伦春人"。毕拉尔路虽曾在宣统二年(1910)于车陆屯创办学堂一所,"由瑷珲派教员一员,教授学生二十人。蒙省城拨给银一千两,分三年发给,今年用款已罄,学校亦为无形之消灭"。阿里多普库尔路的协领衙署尚未修建,遑论建校兴学。"岭西托河路则已入呼伦地界,更为隔绝。"邹认为既然当局要"慎重国防,维持边局",那么"收笼鄂伦春万不可视为缓图"。因为"边氓外向之患小,强邻内侵之患大",所以"亟当未雨绸缪"。为此,他率先提出在民族地区建立国民小学,以发展少数民族文化教育作为文化强边的基础。在邹召棠的巡视报告中,对巡视中

---

① 谢岚等主编:《黑龙江省教育史资料选编》上编,第 1067 页。

② 孙丽荣编著:《中国近代教育史》,黑龙江人民出版社 2009 年版,第 71 页。

所见的鄂伦春族生存现状深感忧虑,"鄂伦春打牲部落尚未进于游牧,距农业时代已差两级,不但无城镇且无乡里可言,(兴学)不能不由省城全力主持"。"鄂伦春之地,逼近江滨,则兴学益不可缓。"他向省民政长建议"咨行教育部提出国务会议追加经费,以迪边氓。"①

总之,黑龙江发展少数民族新式教育目的在于开发民智,增强国民意识,以固守边疆。这一目的与民国初年推行义务教育、公民教育目标一致。

① 邹召棠,黑龙江海伦人。黑龙江省立师范学堂第一期毕业生。历任黑龙江省城小学正教员、兰西县视学、嫩江府科员、小学校长等职。任黑龙江省第四学区视学员,首先倡议在嫩江、呼玛、瑷珲三城创办黑龙江省立第一、二、三鄂伦春国民小学校,为鄂伦春族小学教育打下了初步基础。曾起草《私立鄂伦春初等小学简章》,经省政府批准下发执行。数次到大小兴安岭林区视察鄂伦春族小学校的情况,撰写视察报告及提出整顿、发展鄂伦春族教育的建议。1919年任省监察鄂伦春学务委员。1919—1930年向鄂伦春的库玛尔路、毕拉尔路的协领筹资建了两所高等小学校。谢岚等主编:《黑龙江省教育史资料选编》上编,第1064页。

附录：

黑龙江省视学视察细则
（民国二年四月）

第一章　总则

第一条　视学应遵照视学规矩，分赴指定区域，切实调查报告。

第二条　定期视察每县，约在一月以上两月以下，但遇特别情形不在此限。

第三条　视学当视察时，得住宿该处学校及与学务有关系之公共会所，但一切费用概由自备，不得受地方官绅或学校之供给。

第二章　研究会

第四条　依视学规程，于每次出发以前应开下列各款之会议：

一、关于视察进行及规画事项应在教育行政会议及省教育会开会时研究之；

二、关于视察上应行准备事项应由各视学自行集会研究之；

三、关于特别事项视学应与主管各科人员特别研究之。

第五条　视察完毕时应在教育司开谈话会，陈述视察概要。

第三章　视察行程

第六条　视学出发前应拟定本区域内各县视察之先后，呈报民政长；至某县应酌定城乡各校视察之先后，呈报民政长。

第七条　前条如有变更时，应呈报教育民政长。

第八条　视学至某县应择定通信地点，报告民政长。

第九条　视学出省，逐日填写日程表，载明每日出发时间与住宿地点，及所用舟车及其里数。

第四章　视察顺序

第十条　视学至某县应先视察城内及著名各镇市学务，以次抽查所属各乡屯县小学，并得于径行各地顺序视察。

第十一条　各区视学如因特别事实未能往查，须随时呈明，请指派他区视学代查。

第五章　报告种类

第十二条　视学之随时报告分三种如下：

甲、普通视学一月或二月报告一次；

乙、特别视察奉到训令、指令时并复随即报告；

丙、发表意见得用书函报告。

第十三条　视学遇有紧要事项得发电报告。

第十四条　每年度总报告应照视学规程第六类分县择要说明。

第十五条　视学报告书应签名盖章。

第六章　附则

第十六条　第一条至第九条、第十二条至第十七条，临时视学皆适用之

第十七条　本细则自公布日施行。①

黑龙江省视学规程
（民国二年六月四日）

第一条　全省视学区城画分为四。

一、龙江、大赉、肇州、四蒙旗、肇东、海伦、拜泉、龙门镇；

二、呼兰、巴彦、兰西、安达、青岗；

三、绥化、余庆、木兰、大通、汤原、铁山包、东兴镇；

四、讷河、嫩江、布西、瑷珲、黑河、呼玛、萝北。

第二条　每区域派视学一人，视察该区域之普通教育及社会教育，并得临时酌派科员协同视察。

第三条　各区视察分定期及临时二种。

一、定期视察每年自三月上旬起至本年十二月下旬止；

二、临时视察依民政长特别命令行之。

第四条　省视学每年视察之区城由民政长临时指定。

----

①　谢岚等主编：《黑龙江省教育史资料选编》上编，第690页。

第五条　有下列资格者得任为视学：

一、在本省师范学校毕业任学务职一年以上者；

二、曾在师范学校、中小学校校长或教员三年以上者；

三、曾任教育行政职务三年以上者。

第六条　视学应视察之事项如下：

一、教育行政状况；

二、学校行政状况；

三、学校经费状况；

四、学校卫生状况；

五、关系学校各职员职务状况；

六、社会教育及其设施状况；

七、民政长特命视察事项。

第七条　前条第一款至六七款事项，视学应于出发之前公同研究，酌拟办法，呈民政长核定。

第八条　视学于下列各事项得就主管者表示意见：

一、与教育法令抵触事项；

二、本省议决公布事项；

三、学校教员管理事项；

四、社会教育设施事项；

五、民政长特令指示事项。

第九条　视学于所至各地方应先与地方官、劝学所、县视学接洽讨论，藉知各地方学务已往之历史、现在之状况及将来之企画。

第十条　视学至各地方视察学校勿庸先期向该校通知。

第十一条　视学遇必要时得变更教授之时间。

第十二条　视学遇必要时得试验学生之成绩。

第十三条　视学遇必要时得调阅各项册简。

第十四条　第十条至第十一条临时视学留适用之。

第十五条　视学应依第六条第一款至第六款切实调查，随时报告，至视察完毕,除而陈概要外,应提出本年度总报告书。

第十六条　视学细则另规定之。

第十七条　本规程自公布日施行,但俟教育部颁有省视规程时,即先其效力。①

黑龙江县视学任用规则
(民国六年十二月十五日)

第一条　各县或各设治区域设县视学一人,由教育厅长委任。

第二条　具有下列资格之一者得任用为县视学:

一、师范学校毕业曾任小学校长、教员一年以上者;

二、中等学校毕业曾任小学校长、教员二年以上者;

三、曾任教育行政职务三年以上者。

第三条　县视学以三年为一任,期满,县知事或设治员出具切实考语保留,呈经教育厅长核准得连任一次。

第四条　县视学以本省人充之,但须回避本籍。

第五条　县视学服务细则另行订定。②

摘自《黑龙江省档案馆教育档》

黑龙江县视学服务细则
(民国六年十二月十五日)

第一条　县视学受地方行政长官之指挥监督,以视察地方教育事项为专责。

第二条　县视学视察区域以本县或本设治局所辖全境为限。

第三条　县视学每两个月须将区域内所有学校及各种社会教育机关视察一周,统计一年内须视察四周。

---

①　谢岚等主编:《黑龙江省教育史资料选编》上编,第 689 页。

②　谢岚等主编:《黑龙江省教育史资料选编》上编,第 695 页。

第四条　县视学每年于年寒假期满后五日为上半年开始出发视察之期，八月十六日为下半年开始出发视察之期，但遇有临时特别事件，须即行调查者不在此限。

第五条　县视学应视察之事项如下：

一、境内县立及城镇乡立、私立之各种学校；

二、境内关于研究或辅助教育之一切团体及凡实施社会教育之各种机关；

三、地方行政长官特命调查事件。

第六条　县视学每视察一校或一机关既毕，须将视察所得分项报告于官厅备核，其报告书内容如下：

甲、关于视察学校者：

一、学校所在之地点；

二、学校种类及名称；

三、学校设备状况；

四、学校编制状况；

五、学校管理状况；

六、学校教授状况；

七、学校训练状况；

八、学校经费状况；

九、学校卫生状况；

十、总批评。

乙、关于视察社会教育机关者：

一、机关所在之地点；

二、机关种类及名称；

三、机关之组织状况；

四、机关之成绩；

五、机关经费之由来及其支用状况；

六、其他应行改良事项。

第七条　县视学于必要时得行使下列之特权：

一、得召集所在地方绅民接洽讨论；

二、得调阅所在学校及其他机关各种文卷及一切表簿；

三、得试验学生之成绩；

四、得变更教授之时间。

第八条　县视学遇下列事项得对主任人员表示意见：

一、与教育法令抵触事项；

二、学校教授管理未尽完善事项；

三、社会教育设施未当事项；

四、地方行政长官特命指示事项。

第九条　县视学视察旅费及办公费用，县知事或设治员得就地方情形，随时酌定数目发给应用。

第十条　县视学当视察时，得住宿该处学校及与学务有关系之公共处所，但费用须自备，不得私受供给。

第十一条　县视学于视察完毕或尚未出发视察，县知事或设治员得命其助理教育行政事务。

第十二条　本细则自呈准公布之日施行。①

黑龙江省代用国民学校暂行规程
（民国十年十二月）

第一条　本规程依据《国民学校令》第九条规定，于各县区立国民学校未遍设以前，得暂以私立国民学校代用之。

第二条　代用国民学校之指定，应由学务委员商承区董，呈由县知事认可，转报教育厅备案，其废止及变更时亦同。

第三条　私立国民学校具有下列各项资格者，得指定为代用国民学校。

---

①　谢岚等主编：《黑龙江省教育史资料选编》上编，第696页。

甲、曾经呈准立案者；

乙、教员曾在师范学校或传习所毕业，或领有教员许可状者；

丙、学童在三十名以上者；

丁、学校地址设在人烟稠密村落，距区立学校四里以外，认为地点适宜者。

第四条　代用国民学校教授科目、教科图书、学级编制，以及校内一切设备，均应遵照《国民学校令》及《国民学校令施行细则》办理。

第五条　代用国民学校学生毕业，须遵照《国民学校令》，以四年为限，毕业时其待遇与区立学校同。

第六条　代用国民学校所有学年学期应行呈报之事项，均与区立学校一律办理。

第七条　代用国民学校学生准男女兼收，但年龄须在十二岁以下，如学生年龄或程度不齐时，得适用单级教授。

第八条　凡代用国民学校得由区款项下，每年酌与补助费，其成绩优良者，并准于学年终酌给奖金，以资鼓励，其数目由各县体察情形酌定之，但须报经教育厅长核准。

第九条　代用国民学校职教员，如不遵章教授或废弛职务，及有违教育法令情事，应由县知事予以相当之惩戒处分，遇必要时并得停止其补助费，但须呈报教育厅长。

第十条　自治区未成立以前，所有区董职务由劝学所长处理之。

第十一条　本规程自呈准之日施行。①

黑龙江省县教育局暂行组织条例
（国民十九年五月）

一、县教育局设局长一人，秉承县长，管全县教育行政事宜。

二、局长以合于下列资格之一者充之。

---

① 谢岚等主编：《黑龙江省教育史资料选编》上编，第816页。

(一)大学教育本科、师范大学或高等师范学校毕业,曾任教育职务一年以上者;

(二)师范学校专修科毕业,曾任教育职务二年以上者;

(三)师范学校本科或高中师范科毕业生,任教育职务三年以上者;

(四)大学校或专门学校毕业,曾任教育职务三年以上者。

三、局长由县长就具有前条资格之一者主荐三人,由教育厅选任,但遇必要时得由厅直接委任,呈报省政府及教育部备案。

四、局长以三年为限,但得连任一次。

五、县教育局设县督学一人至二人,秉承局长,视察并指导全县教育事宜,其暂行规程另订之。

六、局设下列二股,但教育事务较简县份得斟酌归并。

一股:职掌关于文书、编纂、会计、庶务、统计等事项;

二股:职掌关于规划、执行、指导及劳动教育、社会教育等事项。

七、各股股长一人,承本局局长之命,办理各该股务;股员一人,承股长之命,助理各该股事务。

八、全县市乡由教育局酌划学区,每区设教育委员一人,受局长之指挥,办理本学区教育事务。

九、各股长及各学区教育委员以合于下列资格之一者,由局长委任,主报县政府及教育厅备案。

(一)师范本科或高中师范科毕业,曾任教育职务二年以上者;

(二)中等以上学校毕业,曾任小学校长三年以上,或曾任小学正教员四年以上著有成绩者。

十、县教育局因缮写文件及其他事项得酌用雇员。

十一、局长秉承县长,有保管县教育财产之权。

十二、县教育局长每年终应将当年县教育经过情形及翌年教育计划编为教育年报,呈送县政府及教育厅查核。

十三、县教育局长不以本县人为官。

十四、局长不得兼任其他职务。

十五、教育局办事细则由各该局另订,呈请教育厅备案。

十六、本条例由省政府委员会议决通过公布施行。

十七、本条例如有未尽事宜,由教育厅或省政府二人以上之提议修正之。①

黑龙江省各县局改良私塾简章
(民国二十年一月)

第一条　以改良私塾教管各法将各县局所有私塾逐渐改善,先为改良私塾,继则改为代用小学校,最后改为私立小学校为宗旨。

第二条　其师资须由师范传习所及高小毕业,经检定塾师委员会检定合格者,得由教育局发给许可证书,准充改良私塾之塾师(或代用小学校及私立小学校教员)。

第三条　改良各私塾(或代用小学校及私立小学校)经费,均由学生分担其数目,由各该私塾学校自定之,但须学董认可,请教育局备案方为有效。

第四条　各代用小学校(或私立小学校)成立时请由教育局刊发图章以资信守。

第五条　各校既经教育局刊发印信,即认为永久成立,不得因故停办,由该学董负维持经营之全责。

第六条　各校学生如足两级以上者,即遴选较优之教员升充校长。

第七条　各校校具必不可缺者如下:

一讲台、二黑板、三教鞭、四桌凳、五出席簿、六级训、七各项规则。

第八条　课程如下:

一公民、二国语、三三民主义、四常识、五算术、六体操。

第九条　各科教学法均须采用自学辅导主义,其教授标准另表规

---

① 谢岚等主编:《黑龙江省教育史资料选编》上编,第706页。

定之。

第十条　各校学生之姓名、年龄、籍贯,得于每年始业时缮造一览表,报由教育局转呈县政府备案。

第十一条　各校学生如修业期满,准予举行毕业,但须呈请教育局派员监视试验,及格者发给证书,准其升学,不及格者留校补习。

第十二条　各私立小学校与县立小学校得受教育局同等待遇,如有改革事项,须呈请批准方可办理。

第十三条　各私立小学校由教育局、县督学、教育委员认真视查,随时指导,如有教管不合、奉行不力者,即请教育局立予撤换。

第十四条　各私立小学校职教员,教管合法、成绩卓著,教育局得传令嘉奖,或提升县立学校职教各员,以示鼓励。

第十五条　各校假期准照旧例,但植树节、国庆日、祀孔日行典礼时,在县城私立各小学校得与参加,惟须制备操衣,以昭整齐。

第十六条　教育局应由各私立小学校学生家族中选委学董一二人,协助职教员办理校务,有下列之资格者为合格。

一、品行端方素孚众望者;

二、粗通文理明白教育者。

第十七条　各学董热心教育办有成绩者,教育局得奖予匾额。

第十八条　本简章有未尽事宜得随时修改之。

第十九条　本简章自呈准之日施行。①

黑龙江省改良私塾程序
(民国二十年一月)

改良私塾办法依据部章厅令为原则,因地制宜略为变通,拟具逐渐改善办法分为三期。

(1)第一期先就城镇繁富之区,次及四乡偏僻之处,将原有私塾编

---

① 　谢岚等主编:《黑龙江省教育史资料选编》上编,第822页。

列号次,详加检定其塾师,文理通顺,具有教育智识及稍有教育经验者,给予许可证书,定名曰第几改良私塾。同时,觅其承办人,委为学董,责其永久维持,不准中止。该塾师之优劣去留,则由该学董报由教育局随时更换,其薪金经费,概由学生分别担负,亦由学董酌量规定。至一切设备亦须因陋就简,不必扬厉铺张,免生阻力。此第一期之办法也。

(2)第二期应将其课程略为规定,以常识、国文、算术、三民主义为必要科,手工、图画、体操为随意科。初小课程授毕,由教育局考试,能与小学程度相等,亦即发给毕业证书,准予升入高级小学。此时即将改良私塾之名称取消,定名曰第几代用小学校。其塾师改称为校长或教员,其学董名称仍旧,均由教育局加给委任状。如教员成绩昭著者,则传令嘉奖,学董热心尽职者,亦奖给一匾额藉资鼓励。此第二期之办法也。

(3)第三期对于师资详加检定,汰弱留强,并于每年寒暑假期在各县城组织师范传习所,令各教员入所研究,以资深造。各项课程,均照县立小学之课本教授之,从前所读课外杂书一律取消。所有校舍、校具均照小学设备,其教员及学生亦受同等之待遇。此时将代用名义取消,改称为私立第几小学校。其经费仍由学生均担,或由各乡筹集,或由学款补助,临时酌量地方情形变通办理。此第三期之办法也。

以上三期不必拘泥年限,只以改善进步之迟速,为时期之长短。①

---

① 谢岚等主编:《黑龙江省教育史资料选编》上编,第821页。

第四章　民初达斡尔、鄂温克族
中小学教育的建立

民国初年,中央政府多次制定、完善新式教育制度和法规,黑龙江新式教育得以快速发展。在达斡尔、鄂温克族聚居地区,学校教育的发展呈现出起步早、发展快的特点,在西布特哈和嫩江地区尤为突出。

一、达斡尔、鄂温克族初等教育的普及

民国时期,达斡尔、鄂温克族聚居地区的小学教育无论是办学数量,还是入学人数,都远超其他各少数民族。

第一,县立学校可以获得相对稳定的办学经费和师资队伍,办学规模稳步发展。西布特哈高等小学,是西布特哈较早建立的官办学校,在民国初年新式教育推进政策指导下,得以快速发展。具体表现为:一是学生人数逐渐增多。该校初创时学生 40 人,在校生仅 17 人。1915 年,学生人数已增至 60 人①。人数最多时达 100 余人。二是学校规模扩大。最初学校建在西布特哈公署东院,1912 年学校迁至莫力达瓦旗尼尔基镇,1919 年时,全校共有 4 所 16 间房,其中教室 1 所 5 间,教员

---

① 《达斡尔资料集》第九集档案专辑(一),第 938 页。

室 1 所 3 间,学生寝室 2 所 8 间①。学校规模的扩大从侧面反映出学校教育的发展。三是教学内容的调整。民国甫立,为适应教育改革的要求以及民族发展的需要,一改清末新政兴学时教学以满文为主兼有汉文的方式,学校教授汉语文。这对于达斡尔、鄂温克族顺应时代的发展、更好地吸收汉族先进文化有着一定的积极作用。讷河县第三初级小学,创办于 1926 年 6 月,位于鄂温克族聚居的嘎布卡鄂温克村,鄂温克族儿童可就近上学。学校设一至四年级,复式教学,有 1 名教员,26名学生,执行民国初级小学的课表,教授汉语文。由于办学经费和生源较为稳定,学校得以持续发展。

第二,初等小学曲折发展。在西布特哈,达斡尔族官员与地方缙绅高度重视达斡尔、鄂温克族子弟的入学教育,无论是初级小学发展的速度,还是普及程度,在黑龙江少数民族新式教育中都处于领先地位。但由于民国初年政局动荡,教育制度与法规朝令夕改,初等小学呈现着曲折发展状态。

一是有些学校办学时间短。巴彦街初等小学校,建于 1926 年。兴学时官员卓布尔动员社会捐资盖房,虽然只有草房三间,但可以使附近镶黄旗鄂温克官兵子弟就学,招收学生 30 余名,然而办学时间只维持3 年,于 1929 年停办。

二是为节省办学经费,常有学校间的归并。1915 年 1 月初等小学改称为国民小学。1917 年,因学款不继,一些学校进行了归并。因此,1919 年西布特哈境内所有学校统计表中,我们只看到了 7 所公立学校,即布西高等小学校,和礼、特科、谟鼎、卓尔、乌珠、阿伦国民学校。学生总计 141 人②。与清末相比,1919 年官办学校的数量和学生人数都有所减少,主要是因为政权更替、社会动荡导致经费短缺,无力维持原有的办学规模。但随着东北黑龙江地区政局逐渐稳定,学校数量和

---

① 《达斡尔资料集》第九集档案专辑(二),第 491 页。
② 《达斡尔资料集》第九集档案专辑(二),第 533 页。

学生人数总体又呈上升趋势。据布西设治局统计,1923 年西布特哈境内的公立和私立小学共 12 所,其中公立小学 7 所,私立小学 5 所。1925 年,布西"已设各小学校学生名数十三年度比十二年增 41 名,十四年度比十三年度增 19 名"[1]。7 所公立小学在校生增至 362 名。

第三,教学安排符合国民教育要求,课程设置注重学生的全面发展。布西县立第一高等小学校学生的主要学习科目有修身、国文、算术、历史、地理、理科、图画、唱歌、体操、手工等[2]。和礼初等小学开设修身、国文、算数、图画、唱歌、体操六门课程。课程设置较为全面、合理,为少数民族文化素质的提高奠定了良好的基础。课时安排上侧重汉语文学习。民国初年,政府制定了以推广小学教育,普及汉语言文化为主的教育改革方针,布西地区学校的课程设置正体现了这一方针。如布西第一高等小学第一级每周国文教授 10 钟点,第二级每周国文教授 20 钟点,其他科目 2—4 钟点不等,每星期授课 32—38 钟点。和礼初小国文教授 14 钟点,算数 6 钟点,体操 3 钟点,图画、修身各 2 钟点,唱歌 1 钟点,每星期授课 28 钟点。比较而言,国文授课钟点数明显多于其他科目。这对于普及汉语文,推动教育改革具有积极意义。1921年时,西布特哈地区 6 岁到 16 岁儿童共 393 人,其中已就学儿童 126人,约占学龄儿童总数的 32%[3],这些学生大部分是达斡尔、鄂温克族子弟。

第四,注重树立民国学校风气,带动区域民族地区子弟向学。1914年嫩江县立初等高等两级小学校和绥和、甘霖、双峰、科罗初等小学校,"学生颇有成绩,体操时同着蓝色操衣,步伐整齐,唱歌亦好,颇见精神,较之上年大有进步","该属风气渐开,人民同知读书之益,故本学年学

---

①　《达斡尔资料集》第九集档案专辑(二),第 674 页。
②　《达斡尔资料集》第九集档案专辑(二),第 495 页。
③　《达斡尔资料集》第九集档案专辑(二),第 531 页。

额极形踊跃"①。至 1921 年,嫩江县学校教育整体亦有所发展。官立科罗初等小学升为官立科罗高初两等小学校,又增设了官立塔西初等小学堂、官立东奇初等小学校。

1920 年嫩江学校一览表

学校	校长/教员	班级(班)	学生人数	备注
官立嫩江高初两等小学校	一员/二员	甲/乙	三十名/五十名	
官立科罗高初两等小学校	一员/一员	甲/乙	三十名	初改高
官立塔西初等小学堂	教员两员	甲/乙	二十五名/二十五名	
官立东奇初等小学校	教员一员	甲	三十名	
官立甘霖初等小学校	教员一员	甲班	三十名	
官立绥和初等小学校	教员一员	甲班	三十名	
官立双峰初等小学校	教员一员	甲班	三十名	

资料来源:《民国嫩江县志》,《中国地方志集成·黑龙江府县志辑》(十),第293 页。

第五,教师的教学水平明显提高,教学效果显著提升。视学员的视学报告记载:西布特哈县立第一初等高等小学校校长潘云台系仕学馆修业、奉天法政学堂毕业,"教授高等班国文、文学史、修身等课,颇能尽心教授,改作亦能引人入胜",教员刘喜雨系省城师范卒业,"教授初等国文、修身及高等班历史,讲授详明,所授初等算学,心思细密,教法纯熟"②。刘喜雨还曾担任省立第一鄂伦春高小校长,对鄂伦春族教育事业做出巨大贡献。教学水平的提高直接关系着教学效果。1915 年嫩江县视学周晋春夏季视学并亲自检验学生学习情况,县立第一初等高

---

① 《达斡尔资料集》第九集档案专辑(一),第 870 页。
② 《达斡尔资料集》第九集档案专辑(二),第 11 页。

等小学校"试验各生功课，能答者尤多"，县立第二初等小学校（即绥和学校）"该屯系达呼里种族，开化较难，该员日日勤授汉语，故学生于各科进步亦速"，县立第三初等小学校（即甘霖学校）"——试验各生功课能，答者十分之六"①。

第六，教学条件得以改善。嫩江县立第一初等高等小学校学生136 名，"校舍八间，教室四间，光线合宜。……高等班四十一名，分甲、乙两级教授，初等班九十六名，分甲、乙、丙、丁四级教授"②。随着学务的日益发展，该地达斡尔、鄂温克人对于学校的需求愈益迫切。"查各校年长学生极多，将来可与讷河县、西布特哈厅合办中学一所。"③初等教育的发展，势必为中等教育的发展提供持续增长的生源。

第七，私学进一步发展。除官办小学外，达斡尔、鄂温克族地区的私立小学也有相应发展。1910 年，在达斡尔人成吉的动员下，莫和尔图屯（今内蒙古自治区鄂温克族自治旗巴彦查岗苏木莫和尔图屯）的达斡尔、鄂温克村民共同集资创办了莫和尔图小学，当时该校有学生 20多人，聘请教师贵福和贵德布来讲授满文、汉文。1918 年停办。1919年，郭道甫、福明泰回到家乡，在荣禄（郭道甫之父）的资助下，恢复建立了学校，学生有百余名，教学以汉文为主，另外请来教师教授俄语、蒙语④。1920 年改为官办蒙旗学校。1910 年，西布特哈地区也建立一所私立学校，即凯河屯（开阔浅）小学，当时该校有教员 1 人，学生 15 人，常年经费由该屯公众筹给⑤。该校后改称为西布特哈第一私立国民学校。这两所学校，是达斡尔地区最早的私立小学。此后，在众多热心民族教育事业的有识之士的推动下，许多地区陆续办起私立学校。如 20

---

① 《达斡尔资料集》第九集档案专辑（二），第 12 页。
② 《达斡尔资料集》第九集档案专辑（二），第 14 页。
③ 《达斡尔资料集》第九集档案专辑（二），第 18 页。
④ 满都尔图主编：《达斡尔族百科词典》，内蒙古文化出版社 2007 年版，第385 页。
⑤ 《达斡尔资料集》第九集档案专辑（二），第 532 页。

世纪 20 年代的布特哈地区，在郭道甫、福明泰等人的倡导以及集资下，曾先后建立 5 所私立小学。齐齐哈尔地区的私立小学有全和台屯私立小学和敖宝屯女子学校两所。其中全和台屯私立小学是由师范毕业回乡的卜成林于 1927 年创办，校舍 3 间土房，共有学生十余人，学生上课需自带桌凳，分两班讲课，学制四年。1932 年，改为官办小学①。敖宝屯女子学校是敖宝屯的何秀岫于 1930 年借用乔家地主的大仓房办起的女子识字小学，专门招收 13—16 岁达斡尔族女子上学，参加学习的女生共三十余人，打破了女性不得进入校门的旧习②。除此之外，讷莫尔的霍其、莫尔登，纳文的奎力浅、库热浅、开阔浅、霍日里、怪勒、尼尔基、绰尔哈、嘎布卡等屯也都建立了私立小学③。

民国初年，达斡尔、鄂温克族小学教育的普及化，不仅是民国教育新气象的体现，更是达斡尔、鄂温克族教育近代化的重要标志。

二、达斡尔、鄂温克族中等教育的有限发展

（一）初等中学

达斡尔、鄂温克族子弟中等教育兴起的初期，因黑龙江小学不甚发达，仅有黑龙江省立第一中学可以接纳高小毕业生。达斡尔族政治家、教育家、民族革命家郭道甫，便是 1914 年毕业于该校。随着初等教育渐趋普及，黑龙江对中等教育的需求日趋迫切。"嫩江府两等小学高等班即为中学预科，如果按年添班四年，添足四班，第五年即可升中学，是以……将嫩江中学列于宣统六年开办。"④嗣后，各旗县开始创办中学。

1917 年，黑龙江蒙旗中学在省城齐齐哈尔成立，该校以省内的蒙古族和达斡尔、鄂温克、鄂伦春族小学毕业生作为主要招收对象。学校

---

① 满都尔图主编：《达斡尔族百科词典》，第 381 页。
② 满都尔图主编：《达斡尔族百科词典》，第 382 页。
③ 刘金明：《黑龙江达斡尔族》，哈尔滨出版社 2003 年版，第 142 页。
④ 《达斡尔资料集》第九集档案专辑(一)，第 615 页。

除设中学以外，还兼设高小、初小。中学每年招收蒙旗高等小学毕业学生 30 人，办学经费由省督军署和杜尔伯特、扎赉特、郭尔罗斯、依克明安四旗资助。中学学习年限 4 年。设修身、语文、英文、历史、地理、数学、博物、理化、法制（第四学年讲授）、图画、手工、乐歌、体操、蒙文、农业知识等课程。1919 年有中学生 16 人，高等小学生 24 人。毕业学生多被各旗扎萨克衙门留用为文书，或在各旗和赋局充任委员。1924 年停办。除此而外，还有 1925 年创办的呼伦贝尔蒙旗中学、1926 年创办的瑷珲中学等。这些中学的创办，为更多的达斡尔族、鄂温克族子弟继续接受学校教育提供了可能。

（二）师范学校

教师素质决定着教育的发展质量。清末东三省总督徐世昌便呼吁："江省教才缺乏，培植师范尤急。"①民国年间，随着新式教育的兴起，黑龙江地区便开始兴建各类师范学堂。1914 年，为加速培养适应少数民族新式教育发展的师资，将创办于光绪三十四年（1908）的黑龙江满蒙师范学堂，改为省立第一师范学校，实行民国新学制，塑造具有国民思想的师范生，以更好地适应民国教育的新发展②。1915 年，改称为师范讲习所，后以初级师范和中级师范为名。这为达斡尔、鄂温克族以及其他少数民族子弟一道接受师范教育提供便利。

1928 年，在蒙旗办事站③倡导下，扎赉特旗、郭尔罗斯后旗、杜尔伯特旗、依克明安旗和蒙旗办事站共同出资筹建了齐齐哈尔蒙旗师范学校④。该校主要以蒙古、达斡尔、鄂温克族青年为招生对象。达斡尔族教育家沃子书、金耀州分任教育主任、训育主任，从扎赉特旗、杜尔伯特、东西布特哈与齐齐哈尔地区招收约九十余名蒙古、达斡尔、鄂温克

① 徐世昌等编纂：《东三省政略》卷九《学务·黑龙江省》，第 1426 页。
② 谢岚等主编：《黑龙江省教育史资料选编》上编，第 902 页。
③ 蒙旗办事站是设在齐齐哈尔负责齐齐哈尔地区和布特哈地区蒙古、达斡尔等族事务的机构。
④ 满都尔图主编：《达斡尔族百科词典》，第 390—391 页。

族学生,编为师范一班,高小一年级、高小二年级三个班。按规定,师范生修业年限为 4 年,有鉴于本地区蒙、达、鄂三个民族缺少高小毕业生,又设小学部,有的学生在该校读书 6 年。

1929 年,郭道甫、达斡尔教育家金鹤年等人在沈阳创办东北蒙旗师范学校,虽然校址在沈阳,但主要招收来自东蒙各旗的蒙古族学生和呼伦贝尔、布特哈、齐齐哈尔一带的蒙古、达斡尔和鄂温克族学生入学,当时布特哈、齐齐哈尔地区的达斡尔和鄂温克族入校学生有七十余人,首批入学的达斡尔族学生就有 18 名[1]。郭道甫任校长,在他的倡议下,明确了办学宗旨:造就蒙古民族教育人才、促进蒙古民族文化。他注重引导学生关注民族问题、民族教育、蒙汉团结、爱国主义、道德修养、学术研究等。

1929 年,金耀州在金鹤年等前辈支持下,在齐齐哈尔创办黑龙江蒙旗私立师范学校。校长由蒙古族图门满都呼担任,金耀州、沃子书继任职齐齐哈尔蒙旗师范学校训育主任、教育主任后,在该校继续任职。黑龙江蒙旗私立师范学校隶属于黑龙江蒙古族教育委员会,"以启发蒙民知识,造就师美,振广教育为宗旨"[2]。学校属于私办公助,办学经费主要来自黑龙江省政府、省教育厅和蒙旗教育委员会,学生多半为蒙古、达斡尔族、鄂温克族 20 岁左右男生。

这些初等中学、师范学校的创办背景各有不同,但办学注重传授文化知识的同时,也重视爱国主义教育。学生毕业后基本都投身于教育事业,他们中的一些人不仅成为达斡尔、鄂温克族教育事业的中坚力量,更为黑龙江近代少数民族文化教育事业的发展做出了卓越的贡献。据 1915 年《西布特哈全境学校教员一览表》记载,西布特哈和礼、特科、

---

① 青克尔:《民国时期东北蒙古族师范教育述略》,《民族教育研究》2014 年第 2 期。

② 黑龙江蒙旗师范学校:《黑龙江蒙旗师范学校章程》,1930 年 4 月 18 日颁(内部),转自青克尔:《民国时期东北蒙古族师范教育述略》,《民族教育研究》2014 年第 2 期。

谟鼎、博能、卓尔、履新、乌珠、阿伦初等小学校教师全部是西布特哈达斡尔或鄂温克族人，8 名教员中，除一人是黑龙江省满蒙师范学校毕业外，其余 7 人全部毕业于齐齐哈尔蒙旗师范学校①。尤为值得一提的是，诸多经受新式学校教育洗礼的优秀学生，学成之后，为国家、民族发展贡献着自己的力量。

满蒙师范学堂毕业的巴金保，在兼任布特哈青年促进会会长期间，曾发动达斡尔族官员和知识界人士，筹集民族教育基金，从八旗筹办处拨出部分款项用于发展民族教育事业，曾开设博尔多民族小学和尼尔基民族小学，腾出私人房屋供外地学生住宿，并推荐优秀学生到省满蒙学堂、北京蒙藏专门学校深造，选送学生到日本读书，为布特哈地区培养造就了一批达斡尔、鄂温克族人才，深受本民族人民的爱戴②。布西师范讲习所毕业的钦同普，1916 年用斯拉夫字母创制达斡尔文字，在部分人中试学试用，还创作多篇以满文字母拼写的达斡尔族传统诗《乌钦》（或称《乌春》），并撰写《达斡尔民族志稿》③，为继承和发展达斡尔族文学、语言和民族历史起到重要推动作用。有的达斡尔、鄂温克族子弟升入大学或出国留学，成为本民族新一代知识分子的重要组成部分，从民国建立至"九一八"事变前达斡尔族中有近 10 名大专毕业生或在读生④，更有学习成绩优异者，自主或被保送出国，继续深造，而受客观条件制约，前往苏联和日本留学是早期达斡尔族学子主要选择。1925 年赴苏联留学深造的第一批达斡尔族留学生为海瑞、桂瑞等 5 位女青年。归国后，她们有的投身于民族发展事业。有的投身东北的抗日斗争。齐齐哈尔蒙旗师范学校毕业的何布台，利用多年积累的资料撰写《达古尔（达斡尔）蒙古嫩流志》，具体分析达斡尔语与蒙古语的亲缘关

---

①　黑龙江省档案馆、黑龙江省民族研究所编：《黑龙江少数民族（1903—1931）》，第 490 页。

②　满都尔图主编：《达斡尔族百科词典》，第 649 页。

③　满都尔图主编：《达斡尔族百科词典》，第 658 页。

④　刘金明：《黑龙江达斡尔族》，第 142 页。

系,指出："达斡尔族之语言与《元朝秘史》之语,实相吻合。"①他同情和支持共产党领导的抗日武装,东北抗联第三支队队长几次秘密进入扎兰屯,都以他家为掩护。

三、达斡尔、鄂温克族中小学教育的不足

民国初年,黑龙江各地区已初步建立起以小学、中学为核心的基础教育体系,达斡尔、鄂温克族地区近代学校教育因之飞速发展,但由于政权更迭频繁,政局不稳,这一时期的少数民族新式教育存在许多难以克服的问题。

第一,疆域僻远,敷教难兴。黑龙江地处边疆,各少数民族文化原始、落后,推行新式教育举步维艰。1918年,嫩江县立第二国民小学各生"均系达呼尔人,对于管教上自汉人为难"②。加之,黑龙江地区少数民族众多,语言不通,学校教育推行颇难。"瑷珲全境语言文字向不一致,从前多习满、蒙文,鲜通汉文者。自光绪三十二年,难民先后归业,彼时城市为墟,副都统尚居三家子屯,乃就三家子设宣讲所,又创立初级学堂多方劝导,相率不肯就学。及瑷珲收回,副都统复亲集屯民,殷殷诚劝,仍视为不急之务,且有以宣讲体操为姗笑者,乃下强迫之令,责成其父兄、屯长送其童蒙子弟就学,并传乡村学子来堂观摩。提倡年余,瑷珲成立两等小学堂,并设劝学所。又派劝学员分赴各屯劝诱,派视学员考查各塾课程,于是私塾改良者十六区因于小学堂内附设师范传习所,风气始渐开通。"③1916年,视学员在嫩江视学时,更是从兴学对于身家、地方、国家三个层面进行开导,"中国地大物博,惜读书人少,故国势衰微。西国则男女皆学,故国运蒸蒸日上。此次中国新条约受

---

① 满都尔图主编:《达斡尔族百科词典》,第652页。
② 《达斡尔资料集》第九集档案专辑(二),第359页。
③ 徐世昌等编纂:《东三省政略》卷一《边务·瑷珲篇》,第324页。

侮已极,故当卧薪尝胆,蓄二十年生聚教训,以复此名誉也"[1]。视学员以中西方教育、文化发展的差距为前提,劝导少数民族子弟接受教育,以期推进近代学校教育的普及。

第二,师资匮乏,掌握汉语与少数民族语言的教师难觅。师资匮乏,一直是黑龙江少数民族新式教育发展中的难题。首先,各级各类学校,教师数量不足,教学质量难以保证。1914年,西布特哈全境共9所小学,教员总共10人,只有布西高小有校长和教员各1名,其余8所初小学校全都仅有教员1名[2]。初小一般是6—7门课程,高小一般是9门课程,这就意味着除布西高小以外,其余8所学校的教员必须承担所有的课程讲授。在嫩江县立初等高等小学校,校长苏继武担任初高等修身,高小算学、英语课;理科教员刘喜雨担任初高等国文、高小图画课;教员梁殿宗担任初高等音乐、体操,高小地理、历史,初小算数、图画课[3]。1915年,嫩江县立第一初等高等小学校校长潘云一教授高等班国文、文学、历史、修身等课;教员包永卿教授高等班理科、地理、体操等课;教员崔瑞恩教授高等算学、农学、手工等课[4]。1919年,布西县立第一高等小学校校长韩恒达担任第一级修身、地理、图画、体操课程;教员全德芳教授第一、第二两级国文、历史课程;教员杜春堂教授第一、第二两级算数、音乐、手工、理科课程[5]。师资的匮乏必然影响学校的教学效果,而教师素质更是直接影响学生的学习甚至是新式教育的推广和普及。1915年,嫩江县立第三高小和第一、第二、第三国民学校教员,毕业于嫩江师范传习所或省师范,教授尚多合法,颇能勤于职务。但也有一些教员因循溺职。1914年,甘霖初等小学校教员刘会成"管

---

① 《达斡尔资料集》第九集档案专辑(二),第17页。
② 《达斡尔资料集》第九集档案专辑(一),第937页。
③ 《达斡尔资料集》第九集档案专辑(一),第870页。
④ 《达斡尔资料集》第九集档案专辑(二),第11页。
⑤ 《达斡尔资料集》第九集档案专辑(二),第493页。

教诸多不合，安望进步"①。"第十、第十二、第十四小学甚形腐败，均责令照章整顿，第九、第十二白教员、崔教员已蒙记过，同高等之李教员、包教员等，复由知事严加申斥。"②1915年，黑龙江巡按使朱庆澜对任用教师的标准以及教学质量的考核提出了意见。为保证教师素质，他建议："将各乡小学教员调城考验，务以汉文较深，熟通汉语，洞悉教育方法暨学务情形者方准留充"③，另外，还要通过对学生学习成果的考核来检验教学质量，"学生能以汉文汉语答述者为限"④，如不符考核要求，则对教师、学生进行惩处。

其次，掌握汉语与少数民族语言的教师难觅。"达呼尔投诚清皇二百年来，种族语言沿用未革"⑤，至民国初年，嫩江县绥和初等小学"学生均达呼哩人，汉语未能尽晓"⑥。嫩江县立第四初小即双峰学校所在的双峰乡，"该屯系达呼里人，言语颇形困难"⑦。既通汉语又讲少数民族语言的教师较少，这种情况掣肘该地区教育的普及与发展。如1914年视学员邹召棠视察龙江县达斡尔、鄂温克族学校时发现，海清初等小学校、甘南乡初等小学校、齐台乡第一初等小学校、齐台乡第二初等小学校的汉语教学效果喜忧参半。甘南乡初等小学校、齐台乡第一初等小学校、齐台乡第二初等小学校达斡尔族教员通汉语，"学生尚通汉语"，"考问修身、国文，讲解明晰者讲解居多"⑧。然而，教员初通汉语或不通汉语的海清初等小学校，有学生30人，"考问功课，能讲解者四

---

① 《达斡尔资料集》第九集档案专辑（二），第875页。

② 《达斡尔资料集》第九集档案专辑（二），第360页。

③ 《达斡尔资料集》第九集档案专辑（二），第2页；《鄂温克族自治旗文史资料》第1辑，1988年版，第52页。

④ 《达斡尔资料集》第九集档案专辑（二），第3页。

⑤ 《达斡尔资料集》第九集档案专辑（二），第60页。

⑥ 《达斡尔资料集》第九集档案专辑（一），第975页。

⑦ 《达斡尔资料集》第九集档案专辑（二），第14页。

⑧ 黑龙江省档案馆、黑龙江省民族研究所编：《黑龙江少数民族（1903—1931）》，第490页。

五人。粗通汉语,说话不清"①。1922 年,和礼学校的新教员吴崇忱不通少数民族语言,专用汉语上课,达斡尔、鄂温克族学生学习十分吃力,学习兴趣难以提高,很多学生中途退学②。基于民族地区的办学特点,接受过师范教育的少数民族师范毕业生更适合做民族学校的教师。一旦教授汉语,学生接受困难时,可以辅助本民族语言进行讲解。和礼小学校一位达斡尔族教师,毕业于布西县立师范讲习所,既会汉语,又讲达斡尔语,加之教学和管理认真负责,教学成绩突出③。然而,这样的教师在民国初年少数民族教师群体中较为少见。省视学员胡玉衡视察布西学务情形报告中提到:学校在职教员"均系本籍人,教授纯操达呼尔言语,以致设学七年,成绩绝少"④。因此,如何处理跨越少数民族教育语言障碍,推进近代学校教育,成为当时少数民族学校教育发展的难题。

第三,学校设施差。新式学校,多是利用官房、寺庙、民房作为校舍。如布西高小设于衙门内⑤,宣统元年(1909),西布特哈总管常庆为添修讲堂等事给黑龙江巡抚周树模的呈文提到,"近有学生五十余名……由衙门房内腾给一所三间以资安居,其应需讲堂公所实系无房,可改现住迁就庙宇借占"⑥。嫩江县的绥和初小和甘霖初小,校舍各三间均是租赁民房⑦。这些校舍普遍存在下列问题。一是校舍陈旧。甘霖初小"校舍三间……极形卑陋,校内无桌凳……教室阴雨渗漏,修缮无

---

① 黑龙江省档案馆、黑龙江省民族研究所编:《黑龙江少数民族(1903—1931)》,第 489 页。

② 《中国少数民族教育史》第一卷,第 1019 页。

③ 《中国少数民族教育史》第一卷,第 1019 页。

④ 《达斡尔资料集》第九集档案专辑(二),第 1 页。

⑤ 《达斡尔资料集》第九集档案专辑(一),第 949 页。

⑥ 《达斡尔资料集》第九集档案专辑(一),第 605 页。

⑦ 《达斡尔资料集》第九集档案专辑(一),第 976 页。

款……院内……狭隘,无体操场"①。双峰初小"校舍两间系租赁民房,狭隘不堪,教室无桌凳……校内甚形狭隘"②。"第一、第二女子各校房舍渗漏不堪,讲堂亦不甚合法……窗户亦另行安置以通光线。"③二是教室不足。嫩江县立初等高等小学校"初小一级七十名,逾于两级学额,室内拥挤不堪……桌凳不敷用"④。"第一高等学校因教室不敷,故三年生与二年生同一教室。"⑤这既不利于学生的学习,也阻碍着新式教育的扩展。嫩江县立初等高等小学校校长本打算于民国三年秋季由"四乡小学挑选学额一级升入高等乙级……以资扩充,因该校校舍不敷,未能办到"。三是环境恶劣。甘霖初小"眷口牛圈设于窗下,臭气熏天,令人难耐"⑥。1915 年,嫩江县立第二初小即绥和学校,"四围民房,湫隘嚣尘"⑦。达斡尔、鄂温克族地区的其他学校也普遍存在上述问题。

第四,办学经费筹措困难,学堂不易设立。民国初建,政府财政捉襟见肘,办学经费无法保障,甚至成为民族学校教育发展的窒碍。甘霖初等小学校"教室阴雨渗漏,修缮无款,膳费难继,上年租赁校舍钱尚未偿清"⑧。1912 年,黑龙江民政使司、提学使司呈文:西布特哈"学堂八所,学费以前六百九十六两,向来自筹自办,现因山货皮张杂税一律停免,此外并无大宗款项可筹,若由穷民难户所收亦属不易,拟请暂停,俟秋成款足之时再办或由省暂筹款项接济"。黑龙江省都督宋小濂回复:"省城辅助一层已不能行,第念该处地瘠民贫,杂税而外并无他项可筹,

---

① 《达斡尔资料集》第九集档案专辑(一),第 875 页。
② 《达斡尔资料集》第九集档案专辑(一),第 876 页。
③ 《达斡尔资料集》第九集档案专辑(二),第 358 页。
④ 《达斡尔资料集》第九集档案专辑(一),第 871 页。
⑤ 《达斡尔资料集》第九集档案专辑(二),第 359 页。
⑥ 《达斡尔资料集》第九集档案专辑(一),第 875 页。
⑦ 《达斡尔资料集》第九集档案专辑(二),第 12 页。
⑧ 《达斡尔资料集》第九集档案专辑(二),第 875 页。

亦属实在情形,查杂捐一项从前原为民力困穷,暂行停收,现在民国初
建,教育极应进行,既不能无米而炊,复不能因噎废食,惟有仍饬该总
管,照旧抽收杂捐,以办理地方之款办理地方学务,较易为力,维持现状
莫过于此。"①1915 年,龙江道道尹张寿增认为"嫩江地瘠民贫甲于他
处,学款之艰为各县所未有,历任一再亏累,致学务日趋于腐败",欲将
女子学校学款详加酌减,以减少开支。而嫩江县知事朱福庚认为"劝学
所、女子学校两处,每月仅支两千吊有零,若再事从减,委有难支之
势"②。西布哈总管呈请整顿学务时提到,"本属原设初高两等小学校
一所,继设四乡初等小学校八所,年需学费江钱二万余吊,而四乡小学
办公杂费各月支江钱三十五吊,近来百货暴涨,所拟之数不敷,历年亏
欠甚巨,追加筹拨不徂,布西边隅之地,人民贫穷,比较他处异常参差",
"各学校学生均不足班额,而拟定预算之学费,山货一捐渐减不抵半数,
推原其故,本属人民历年被灾,牲畜倒毙,捕打猎获者亦致废弃,筹集学
费不易,实在情形也。且裋而哈屯今春已被火灾,无力支持,致因呈请
已准停办,兼之本年各旗屯乡,耕种地亩,春被天旱继受虫害,秋获仅有
一分至三分有奇,贫民不足衣食,艰难糊口,不言而可知,虽系教育重
大,而救济贫民时尤急迫,若不为因时制宜筹划变通,则贫民何堪担负
……其原设四乡初等小学校八所内仍截去四校,以明年一月起统归四
校,每班三十名为定额,所有八校教员内择其学优者留充之。至停办四
校,节出薪工办公等费,尽数加拨四校,补助办公之不足,以重教育而符
名实"③。省行政公署以"该处地广人稀,村落星散,八校小学均散在各
乡,彼此相距数百里,儿童往返不便"④为由,并未批准学校归并事宜,
但从中仍可以看出办学经费上的捉襟见肘,缓解民困与发展教育竟成

---

① 《达斡尔资料集》第九集档案专辑(二),第 780 页。
② 《达斡尔资料集》第九集档案专辑(二),第 356 页。
③ 《达斡尔资料集》第九集档案专辑(一),第 846 页。
④ 《达斡尔资料集》第九集档案专辑(一),第 868 页。

了两难的抉择。

为解决教育经费不足的问题,地方政府采取了多种措施。首先,划拨专款。"光绪三十三年领到三十年陈欠奉饷合钱十二万四千九百七十五吊八百二十四文,本应按照官兵分发支领,但是因为朝廷奋起维新,地方困苦筹款艰难,因此将此款发商生息,永作东西两路衙门各旗办理巡警、学堂专款。"①其次,直接划留学田,以补充教育经费的不足。如在布特哈地区,一直沿用清末所划留学田4000垧以供教育开支②。"辛亥革命前夕,清政府作为历年阵亡八旗官兵的抚恤金,给布特哈八旗一笔专款,与此同时,从东布特哈地区放荒招垦的收入中提成一部分留归东布特哈总管衙门及其后来的善后机构——八旗筹办处。东布特哈八旗筹办处用上述经费的一部分购置熟地和房产,以其每年所收的租金资助在外地上学的困难学生。"③此外,地方还抽收各种捐税补充学款。"西布特哈创设小学堂,就地筹款,按捕猎、砍伐所得各物变价利益内分别抽捐,以资学堂。""高等小学校全年支出一万三千二百四十八吊,小学校八处,每校全年支出一千九百二十吊,共一万五千三百六十吊,统共二万八千六百零八吊,其收入之钱系垧捐、粮捐、货捐、木捐及自治费项下补助等项。"④

以上举措,只能缓解一些学校办学中的经费困难,但无法根本解决地方教育经费的严重不足问题,民国时期部分小学不得不合并甚至停办。西布特哈总管公署1915年的一份咨文载:"布西学校统有九处,高等一处,国民小学校八处,计学生三百余名,延请教员召集学生已穷极牛虎之力,始具规模,乃各学生多因家贫不能自备膳食,虽经严催到堂者,不过十之四五,而四乡八校教员文理通顺者甚少,每月薪水八元,均

---

① 《达斡尔资料集》第九集档案专辑(一),第555页。
② 《莫力达瓦达斡尔族自治旗旗志》,第19页。
③ 《达斡尔资料集》编辑委员会、全国少数民族古籍整理研究室编:《达斡尔资料集》第三集,民族出版社2002年版,第270页。
④ 《达斡尔资料集》第九集档案专辑(一),第948页。

以过薄又皆纷纷求去,乃仍照旧办理,直是有名无实,拟请将博能学校学生归并于谟鼎学校为一处,履新学校学生归于乌珠学校为一处,将所截两校薪公每月二十九元六角二分添各校稍示补助,除原有教员尚可留用者斟酌留用外,其余均请由省另派俾资整顿,至于学生其家若非极贫尚能供给食米者,务催到堂不准旷学。"①以停办或并校的方式减少开支也是不得已的选择。

民初,达斡尔、鄂温克族新式教育发展,虽然步履维艰,但对达、鄂族子弟一定程度上接受近代文明的洗礼,并使他们走出封闭、落后的环境,功不可没。

---

①　《达斡尔资料集》第九集档案专辑(二),第90页。

第五章 民初鄂伦春族小学教育的曲折发展

一、鄂伦春族新式学校的兴办

南京临时政府成立后，高度重视新式教育的发展。1912年召开的全国临时教育会议，提出发展边疆民族教育议题[①]。为更好贯彻教育会议精神，黑龙江省行政公署全面落实少数民族兴学事宜。

如前所述，1913年视学员邹召棠巡视瑷珲、黑河、呼玛等鄂伦春族聚居区时发现，"岭表江滨"的鄂伦春人"罕通汉语"。邹召棠认为出现这种情况的重要原因之一就是当局对鄂伦春人教育不够重视：库玛尔路至今"未尝设学，且注意在农矿移民，而未注意于山巅水滨之鄂伦春人"。毕拉尔路虽曾在宣统二年（1910）于车陆屯创办学堂一所，"由瑷珲派教员一员，教授学生二十人。蒙省城拨给银一千两，分三年发给，今年用款已罄，学校亦为无形之消灭"。阿里多普库尔路的协领衙署尚未修建，遑论建校兴学。"岭西托河路则已入呼伦地界，更为隔绝。"邹召棠认为既然当局要"慎重国防，维持边局"，就应将创办鄂伦春族学校提上日程。邹召棠根据自己的考察，认为"呼玛、瑷珲、嫩江之处均为适中地点"，建议在三处分别设立初等小学一所。每校学生定额30人，年

---

① 孙丽荣编著：《中国近代教育史》，第71页。

龄在 10 岁以上 20 岁以下,"责成该协领等各于所属各佐挑选"。每校设教员一人,因三校均处边瘠寒苦地方,必须拣用"富有忍耐心,能任劳持久者,酌定年功加俸,责以训育鄂伦春"①。三校开办费均拟用银 100 两,常年经费每校每年用银 2160 两,共计 6780 两。1912 年教育部公布的《小学校令》规定:"初等小学校由城、镇、乡设立之。"②但邹召棠认为鄂伦春各路协领不谙教育,而"地方官又困于经费",办理城乡小学"尚虞不逮,岂有余力以办理鄂伦春学校",况且"鄂伦春打牲部落尚未进于游牧,距农业时代已差两级,不但无城镇,且无乡里可言",因此,他主张此三所小学应"由省城全力主持"且"由国家费补助"③。

除邹召棠的呈文外,呼玛设治局官员张兴和穆克德春认为鄂伦春人"向读满文、满语",如欲对其进行收抚,"必须仿照内地办法,设立简易习字学堂数处……以便开通风气而资化民成俗"④。

在各方面的呼吁下,黑龙江省军政长官朱庆澜将发展鄂伦春族教育提上议事日程。据时任教育司科长林传甲日记所记,1913 年 11 月 22 日,朱庆澜向林"见询教育事件",其中一项就是要"筹办鄂伦春小学"⑤,12 月 10 日,朱庆澜下定决心要创办三所鄂伦春小学,定于 1914 年 1 月 1 日开学⑥。之后,省行政公署拟出《私立鄂伦春初等小学校简章》十条,其中经费一项拟由都督府筹蒙费项下担任,随即函商都督府询问是否可行。后者认为创设鄂伦春学校"实系为收笼蒙旗,慎重国防起见",经费由筹蒙费项下支取属"正当办法",对此表示赞同。收到都督府的咨文后,省行政公署于 12 月 16 日令黑河观察使转饬呼、瑷、嫩

---

① 谢岚等主编:《黑龙江省教育史资料选编》上编,第 1063—1065 页。
② 《小学校令》,《政府公报》第 152 号,1912 年 9 月 29 日。
③ 谢岚等主编:《黑龙江省教育史资料选编》上编,第 1063—1065 页。
④ 黑龙江省档案馆、黑龙江省民族研究所编:《黑龙江少数民族(1903—1931)》,第 137 页。
⑤ 况正兵、解旬灵整理:《林传甲日记》,第 577 页。
⑥ 况正兵、解旬灵整理:《林传甲日记》,第 613 页。

三县知事及鄂伦春协领按期开办学校,同时咨文教育部征求意见①。

1914 年 1 月 11 日,省行政公署收到教育部的咨文。教育部认为创立鄂伦春小学"于教育边防,两有裨益";所拟定的简章及清单亦"大致妥适,应予备案",唯一不妥的是学校名称,教育部认为应该"删去'私立'二字,以免混淆",并建议将呼玛、瑷珲、嫩江三校"分别冠以第一、第二、第三等名称,庶将来考核较易了然"②。按教育部的意思,1 月 13 日,省行政公署指令教育司将鄂伦春三校正式定名,呼玛县鄂校定名为省立第一鄂伦春初等小学校,瑷珲县鄂校为省立第二鄂伦春初等小学校,嫩江县鄂校为省立第三鄂伦春初等小学校③。

二、鄂伦春族小学教育的波折

(一)鄂伦春族的初小教育

三所鄂伦春族初等小学校中,第三鄂伦春初等小学校开办较为顺利。1913 年 12 月,朱庆澜下令各路鄂伦春协领按照定额人数招集学生,"就近径送各该县知事",务须按期成立。接到命令后,阿里多普库尔路协领业铿额"即行差人分路招劝",然而进展并不顺利:一是鄂伦春人"生长山谷,久惯野宿,向不种痘,每至镇市人烟辐辏之地,多有自出天花,倘一不测,人各为戒"④;二是鄂伦春儿童畏惧"师尊法严",不敢入校。业铿额等人"陆续相继,数起催迫",直到 3 月底才将名额招满,但学童家长仍不放心,"均随行来观望"。为消除疑虑,校长王述曾亲自主持为学生种痘,"饮食起居诸端调剂,卫生方法在在无不周",遇有学生患病,则"调药进食,诚如褓姆至于婴儿"。家长们参观旬月有余才返回山中,临别之时他们向业铿额坦言自己养育婴儿也未像学校那样细

---

①　谢岚等主编:《黑龙江省教育史资料选编》上编,第 1065 页。
②　谢岚等主编:《黑龙江省教育史资料选编》上编,第 1066 页。
③　况正兵、解旬灵整理:《林传甲日记》,第 589 页。
④　《详复鄂伦春性质并设学各要点议》,《瑷珲县志》卷十三,李兴盛主编:《会勘中俄水陆边界图说(外十一种)》上,黑龙江人民出版社 2006 年版,第 1891 页。

致周到,并表示"此去决不挂念"。业铿额本人亦曾亲往该校参观,发现"所有校具之设备,教授管理上之尽心,注意内容外观,堪为嫩江各校之最优也",因此业铿额恳请朱庆澜对该校校长和教员从优嘉奖,此要求亦得到允准①。

第二鄂校原本拟设于瑷珲县城,但因学生不齐,迟迟未能开学。1914年3月9日,"瑷珲电毕拉尔学生未到"②。3月16日,瑷珲再次致电省公署,希望能催促毕拉尔路协领尽快将学生招齐并送校开学,省公署当即委派视学员邹召棠前往办理此事③。学生迟迟未到齐,原因与前文所述嫩江鄂校的情况类似。之后几经周折,终于按照鄂伦春人的意愿,将学校设于车陆屯。8月20日,第二鄂校举行开学典礼。"凡本屯有学生之家及鄂伦春人素孚众望者,皆邀校内参观。翻译员极力款待,诚为车陆屯未有之奇观。"为防止学生感染天花,学校聘请俄国医生为学生种痘④。

第一鄂校的成立进程颇为曲折。该校原本拟设于呼玛。1914年1月31日,呼玛设治局设治员孙绳武致电省公署,称"呼玛左近鄂伦春甚少",而且四处游猎,居无定所,导致"学生难得";即使招到学生,也必须先为其种痘,因为鄂伦春人一向将天花"视为疬疫",因此他建议省公署饬令库玛尔路协领、佐领"速选通达蒙语之痘医,分途勒令引痘",于5月份完成,7月必须招集学生入学,"始免后患,不致中辍,徒耗国帑。所派校长、教员应请缓行"⑤。为了让学校早日开学,5月26日,黑河观察使电请省公署,将学校设于瑷珲西山宏户图屯,但未获允准⑥。鄂伦春人也不愿意将学校设于呼玛县城。佐领来忠等人曾多次呈文给协领

① 谢岚等主编:《黑龙江省教育史资料选编》上编,第1066页。
② 况正兵、解旬灵整理:《林传甲日记》,第650页。
③ 况正兵、解旬灵整理:《林传甲日记》,第655页。
④ 况正兵、解旬灵整理:《林传甲日记》,第802页。
⑤ 况正兵、解旬灵整理:《林传甲日记》,第626页。
⑥ 况正兵、解旬灵整理:《林传甲日记》,第703—704页。

徐希廉，希望能将学校设于依溪罕屯，但均被徐所驳。在得知车陆鄂校开学之后，来忠等人又联名呈文给徐希廉，认为"前蒙饬在呼玛县设学教课鄂童，实出上峰逾格之恩，从来未有"，但"教员非通语言，万难教授，如此设学，地点不宜，亦难招集。况城有劝学之员，月有薪金，野无关饷之兵，使出数百里之外，彼虽不言，我心何忍……今闻毕路应设瑷珲县之学校，业经改设下游车陆屯，早经开学"，能否援第二鄂校例设学于依溪罕屯。在车陆鄂校开学授课的事实下，徐希廉转而支持众佐领，10 月 15 日，他在给省行政公署的呈文中说："该佐领等所陈较之毕路苦难各情，均属确实……如仍不准库路设学于依溪罕屯，显不一视，则嗣后遇事恐多掣肘之虞。"①直到 1915 年 6 月"始奉省示"，同意在乡间设学，只不过地址改为距依溪罕屯 9 公里的宏户图屯，于 1915 年 7 月 1 日开学②。

　　20 世纪初，归黑龙江省管辖的鄂伦春人有 4 万人左右，学龄儿童"不下千余人"③，而三所省立国民学校④仅能容纳 90 人就学，彼时的鄂伦春族学校无法满足国民教育发展的需求。1919 年 12 月 9 日，黑龙江督军孙烈臣任命邹召棠为监察鄂伦春学务委员，令其赴"毕拉尔路、

---

　　①　《瑷珲县志》卷十四，李兴盛主编：《会勘中俄水陆边界图说（外十一种）》上，第 1897 页。

　　②　《详复鄂伦春性质并设学各要点议》，《瑷珲县志》卷十三，李兴盛主编：《会勘中俄水陆边界图说（外十一种）》上，第 1891 页。

　　③　《呈为筹设阿多路公立第三鄂伦春国民学校情形会衔呈请鉴核示遵事》，《有关鄂伦春教育问题》，黑龙江省档案馆藏档案，编号：70—1—653。

　　④　1912 年 1 月 19 日，教育部颁发的《普通教育办法》规定："从前各项学堂均改称学校。"同年 9 月 3 日，教育部公布的《学校系统令》中，小学分为"初等小学校"和"高等小学校"。1915 年 1 月 22 日，《特定教育纲要》将"初等小学"改为"国民学校"，高等小学校名称不变。1922 年的《学校系统改革令》又将小学分为"初级小学校"和"高级小学校"。

库玛尔路暨阿里、多普库尔路两路督率各路协、佐，兴办鄂学"①。邹召棠同库玛尔路及阿里多普库尔路的协领、佐领共同商议、筹划后，在1920年创办了三所公立鄂伦春国民学校。库玛尔路公立第一鄂伦春国民学校设于嫩江县东北80多公里的喀尔通屯，"傍山近水，空气清新"，于卫生大有裨益，开办经费由镶白旗二佐佐领保忠"先行垫办"。学生一级，定额25名②。库玛尔路公立第二鄂伦春国民学校设于嫩江县正东100多公里的迈海屯。公立第一、二鄂校均于1920年5月开办。阿里多普库尔路公立第三鄂伦春国民学校设于嫩江县西北的拔彦街屯。1920年4月1日开学，学生一级，定额30人。开办经费江钱6000吊，由阿里多普库尔路鄂伦春族猎户"按枪摊纳"③。除以上三校外，1928年在呼玛县以南约30公里的湖通镇又办起一所"湖通镇满汉国民小学校"，虽名如此，却是一所为鄂伦春人开办的初小。该校经费来源是从湖通镇所住32户鄂伦春人每户摊派大洋19.5元而来④。

（二）鄂伦春族高等小学的设立

嫩江县省立第三鄂伦春国民学校是最早开办的鄂伦春族小学，该校学生因入学时间不同，分为甲、乙、丙三组授课。1918年下半年，甲组18人已经完成了国民学校课程，面临着升入高小的问题，但此时黑龙江省却没有专门为鄂伦春族开设的高小。嫩江鄂校校长刘喜雨设想让省立蒙旗中学的高小年级为鄂伦春族学生单独开设一个班级。1918

---

① 《黑龙江省长公署为筹办鄂伦春国民教育给教育厅训令》，《有关鄂伦春教育问题》，黑龙江省档案馆藏档案，编号：70—1—653。阿里多普库尔路为阿里、多普库尔合设，故此处称两路。

② 《呈为视察库路公立第一鄂校情形谨请鉴核事》，《瑷珲县鄂伦春各校筹办管理教学诸情况以及督学视察学务管理报告事件》，黑龙江省档案馆藏档案，编号：70—1—494。

③ 《呈为筹设阿多路公立第三鄂伦春国民学校情形会衔呈请鉴核示遵事》，《有关鄂伦春教育问题》，黑龙江省档案馆藏档案，编号：70—1—653。

④ 《省教育厅关于创办民办小学问题》，内蒙东北少数民族社会历史调查组编写：《库玛尔路鄂伦春族档案材料》第2册，1958年版，第74页。

年秋,他呈文给教育厅,称"第三鄂伦春国民学校甲组学生景元等十八人修业四年,将届毕业,拟请将来送省升入省立蒙旗中学校高等级肄业"。教育厅将之转呈省长公署。省长公署表示:"蒙旗中学开办之初,拟由高等级学生不足额时,由四旗学生儿童及鄂伦春各校毕业生招收插入,以为扩充学额之计划。"将景元等人送蒙旗中学读高小"与原定计划相符",本应照准,但蒙旗中学已经开办年余,其高等级目前能否容纳景元等人以及对该校的预算经费有无影响,应让蒙旗中学查复,再行定夺,且此事亦须征求督军署的意见。

督军署认为在蒙旗中学内专门为鄂伦春族学生筹款添设一个高小班级,固为补救之一法,但所需经费过多,目前"实无此项余款可资拨助",且"为此少数之学生费兹多数之款项,亦近虚糜"。督军署给出的办法是等到1919年底蒙旗中学高小级学生毕业之后,在相应的师资、设备不再紧张的情况下,再将景元等18人招入该校读书,虽然让景元等人等待一年,但"该生等亦不至因斯废学,似此办理,较无滞碍"。财政紧张的督军署不愿为这18人支出一笔不菲的资金,而蒙旗中学表示该校的高小毕业生明年升入中学后,遗留的学额暂时不再招收新生。这样一来,送景元等人入省立蒙旗中学高小年级肄习的希望就落空了。

送省升学无望令刘喜雨颇感无奈,但他又不忍心鄂伦春族学生在四年辛苦学习之后散归山野。为此,刘喜雨请邹召棠商议办法,热心学务的邹召棠也不忍第一批鄂伦春族国民级毕业生就这样荒废学业。邹召棠在同嫩江县知事吴棣棻、库玛尔路镶白旗二佐佐领忠、正白旗头佐佐领察尔吉善等人再三商议之后,终于拟出了一个变通方法,即嫩江第三鄂校从国民学校改组为高等小学,让景元等18名甲组毕业生"就地升学",直接教授高小课程。至于7名乙组学生,邹召棠等人认为其已经即将毕业,且"成绩多有可观",因此拟将"甲、乙两组合编高等小学一级"。丙组的5名学生因为入校过晚,国民学校课程尚未讲授完毕,"暂拟附于高等级教授初等课程,俟授毕时再插入高等级"。经费方面,虽然嫩江鄂校与省立蒙旗学校均为官费,但蒙旗学校学生的膳费以及衣履、笔墨、纸张等项都有明确的开支金额,而嫩江鄂校只是供给学生膳费,至于其他费用,均"由校中公费暨学生膳费项内支配购用,通融办理","在物价廉贱之时,恒患不足,一遇百货腾贵,即无法筹措",而今将嫩江鄂校升为高小,需用颇多,考虑到省里财政困难,邹召棠等人表示升办高小"一切用项均都从简",但嫩江鄂校每月经费只有大洋 30 元,每名学生每月的膳费也只有 5.5 元,再怎么节衣缩食,也无法"以之支配购备衣履等项",况且学校只有一名校长和一名教员,此前办理国民学校"每月教授管理尚无余暇",而今升办高小,势必要填报表册,拟定出入计算书,"实难兼顾,若非增加款项,殊不足以济其艰",因此,邹召棠等人希望从 1920 年 1 月起,每月能加给嫩江鄂校大洋 20 元,"以八元充作该校添用雇员薪金之用,以十二元补助学生衣履等费之用。如此办理,庶款不虚糜,事亦有济"。邹等人将自己的请求分别呈文给督军署和教育厅①。

　　1920 年 2 月 6 日,督军署饬令邹召棠,称嫩江鄂校甲组 18 人"已于七年年终毕业,自应升入高小";而乙组 7 人成绩虽有可观,但国民级课程尚未授完,令其与甲组合组高小,"终涉躐等之弊";至于丙组的 5 名学生,"入学过晚,初等课程既未授毕,则时与月增,亦不及插入高小班次",因此,督军署认为嫩江鄂校"拟将甲、乙两组合编高小一级,丙组附授初等课程,所拟殊属不合"。为因地制宜,变通办理起见,督军署给出的办法是"暂将该校改为平级教授,计高小一级,国民两级,则人数可以成班,经费亦可藉减",至于每月加给经费 20 元大洋,督军署则同意②。就这样,经过一番曲折之后,1920 年 3 月 1 日,嫩江鄂校的高小年级正式开学授课。

　　① 《呈为筹议省立第三鄂校改组高等小学校办法会衔呈请鉴核示遵事》,《有关鄂伦春教育问题》,黑龙江省档案馆藏档案,编号:70—1—653。
　　② 《黑龙江督军署令监察鄂伦春学务委员邹召棠等呈为会拟第三鄂校改组高小办法并拟加款项由》,《有关鄂伦春教育问题》,黑龙江省档案馆藏档案,编号:70—1—653。

在嫩江鄂校申办高小的同时,瑷珲的两所鄂伦春国民学校学生也相继毕业,同样面临着升入高小的问题。车陆鄂校 1914 年 8 月开学,首批学生于 1918 年 12 月毕业,宏户图鄂校的 30 名学生,因为汉语基础薄弱,展期一年,将于 1919 年底毕业。时任瑷珲县劝学所所长的王纯乐在 1919 年 10 月向瑷珲县知事孙蓉图递交了一份呈文,称如果让两所鄂校毕业生散归山野畋猎,则"数年之学均非所用,而国家徒为虚糜巨款";如果令其从事实业,则"所学知识仍复有限,又难操胜于开化社会中"。面对这种进退两难的处境,王纯乐认为"非增添鄂伦春高等一级,不足以期深造而裕将来之生计",建议在瑷珲县高等小学校中"附设高等鄂校一级,招生四十人,俾两国民鄂校毕业者拔优肄业"。至于经费,王纯乐认为:"鄂民初化,来城肄习者,一切膳宿各费,均得由官供给,方能办理无碍。应请省署援照鄂校成案,再由筹蒙费项下拨给建筑校舍及开办费大洋三千元,每年提拨常年经费大洋四千元,由县监督办理,倘有成效,再行按年添级。"孙蓉图认为王纯乐的提议"系为开通知识,循循善诱,共同登进起见",瑷珲两鄂校毕业生"均应次第升学,免废前功"①。10 月 30 日,孙蓉图将王纯乐的呈文转呈给教育厅,希望能获允准。教育厅转报省长公署,省长孙烈臣表示事属可行,但要瑷珲县造报预算书,说明修筑校舍需用款项及常年经费数目。后瑷珲县奉令呈递预算书,但省公署认为所费过多,饬令瑷珲县"切实核减",孙蓉图接令后重新拟具预算上报,称已经"实属减无可减"。不久,库玛尔路协领徐希廉咨文给孙蓉图,称:"第一鄂伦春小学校头班学生三十名,均于去岁年终毕业,正候升入高等上课,现闻仍在宏户图聚候,且闻县署前报估工修校尚未奉省核复,势必推延无期。如任该毕业鄂生荒废一年,即加两年功课,亦恐教育不及,所关甚重。协领目击艰窘,设法无从,如果听其自散,复招亦必万难,倘能由县维持,或赁校先施开办,或附瑷高等

---

① 《呈为劝学所所长王纯乐请添高等鄂校拨发开办常年经费据情核转请鉴核转请示》,《有关鄂伦春教育问题》,黑龙江省档案馆藏档案,编号:70—1—653。

学校教育,庶不致有旷四年之苦功,则鄂民子弟感恩戴德,亦非浅鲜。"孙蓉图认为徐希廉的建议确是一种"权宜办理"的办法,但"赁校开办,或附设瑷校教授",同样需要支出款项,将来再修建学校又需要用钱,这样更加浪费资金,因此,孙蓉图仍坚持己见,"与其临时敷衍,何如完气办理"①。他于 1920 年 5 月 25 日呈文给教育厅,希望省里能速拨资金,修建鄂伦春族高小。8 月,省里终于同意为瑷珲两所鄂校的毕业生修筑校舍,但地点在县立高等小学校内,并让邹召棠会同孙蓉图及众佐领拟具预算书。孙蓉图等人拟定"建筑洋式校舍五间,设正副教员各一员,学生一级,定额四十人,常年经费大洋三千二百九十六元",开办费约 3000 大洋②,但这笔资金一直未得下发。到 1921 年 8 月,瑷珲两鄂校学生为升高小已经等待了一年多的时间,因时势所迫,孙蓉图改变初衷,呈请"高等鄂校未筑以前,借用官房开学,定自本年秋季始业"③。在获督军署允准之后,孙蓉图一面筹备开办事宜,一面于 8 月 10 日函请库玛尔路及毕拉尔路协领送学生到校。后两路相继送到 40 名学生,瑷珲鄂伦春高小于 9 月 14 日开学授课④。

（三）鄂伦春族学生小升初所面临的难题

1922 年春季,嫩江鄂校的滕布善等 16 人即将高小毕业,保忠和察尔吉善两位佐领希望本族的第一批高小毕业生能继续升入中学学习,二人于 1922 年 3 月 4 日为此事呈文给协领徐希廉。察、保二人称滕布

① 《呈为鄂校学生毕业亟应升学以资造就请鉴核转请示遵事》,《有关鄂伦春教育问题》,黑龙江省档案馆藏档案,编号:70—1—653。

② 《呈为查报瑷珲县筹设省立第二鄂伦春高等小学情形谨请鉴核事》,《瑷珲县鄂伦春各校筹办管理教学诸情况以及督学视察学务管理报告等件》,黑龙江省档案馆藏档案,编号:70—1—494。

③ 《瑷珲县公署致库玛尔路协领徐希廉咨文》,内蒙东北少数民族社会历史调查组编写:《库玛尔路鄂伦春族档案材料》第 1 册,1957 年版,第 141—143 页。

④ 《呈为具报高等鄂校开办日期检同学生姓名年岁清册请鉴核备案事》,《瑷珲县鄂伦春各校筹办管理教学诸情况以及督学视察学务管理报告等件》,黑龙江省档案馆藏档案,编号:70—1—494。

善等人"虽具深造之志，而家道赤贫，无力供给远出求学。况我鄂伦春民族又无绅衿富户，欲求集资培养，又非空口所能办到，即佐领等亦是寒家，同抱无力之忧，所谓心有余而力不足也"，因此"不得不求助官府以遂其望"。两佐领的意愿是在滕布善等人高小毕业后，"拣其程度较优者分别送入省立蒙旗中学及省立第一师范学校，肄习中、师课程"，至于费用，二人认为"送入中、师两校，所用衣食、书籍、笔墨及各项杂费为数不赀，若责令该生等家属自行筹备，实在不能措置。拟请援照蒙旗中校学生之例，一切用费，请由中、师两校额支经费内分别供给，抑或请由省署另筹一款，去作该生等衣食等项之用。倘能如此办理，在官家所费有限而在我鄂民受惠无疆"①。徐希廉接到保、察两佐领的呈文后，深以为然，随即将这一请求转报给黑河道尹，认为："该佐领等所陈情形，均属实在……现该佐领等以高等毕业在即，求乞预开高等升学之阶，自是分应提议。查其以高等学生毕业后恳请送入省立蒙旗中学暨师范学校肄业各情，均有可原，似不致蒙、鄂歧视，致启慈顾之意有始无终。"②

　　徐希廉的呈文递交上去后，半年多没有得到回音。9月24日，保、察二人再次为此事呈文库路协领公署，新任协领于多三认同二人请求，将呈文上报。省长公署接到呈文后，发给教育厅核议。保、察二人意向是将鄂伦春高小毕业生送入省立蒙旗中学或省立第一师范学校学习，因此，教育厅向二校征求意见。蒙旗中学答复称："本校中学级，现尚未届毕业年限，本年暑假当然不能另招新生，且原有各级学生，因限于年度预算，即所需一切操衣、书籍等费，颇感拮据，至膳费一项，向系各旗担任协助，而各旗之款又多不能如期解缴，以致请由督军公署借垫之款为数已巨，将来各旗协款不到，而原垫之款又将催缴，似此情形不第无力另招新生，即旧有学生断炊堪虞。"省立第一师范学校称："鄂旗高等小学毕业学生既愿入校肄业，本校为开化边氓，推广教育起见，固堪乐

---

① 李瑛：《鄂伦春族教育史稿》，第153—154页。
② 李瑛：《鄂伦春族教育史稿》，第156—157页。

为提倡。惟学生待遇向系只供食宿，其余书籍、文具、制服等项，一切概归自备，职校不乏蒙、回各旗学生，其间率多贫家子弟，待遇一端未便稍有歧异。况近年以来，物贵钱毛，影响所及，校款异常支绌，如原呈所称该生等所用衣服、书籍、笔墨及各项杂费均由校内额支经费分别发给，实属款无所出，力难供给。"教育厅长于驷兴认为二校所陈"尚属实在情形"并转呈给省长公署，最后，鄂伦春族高小毕业生升入中学一事只能暂时搁浅①。

1924 年初，时任中东铁路总司令兼东省特别区行政长官朱庆澜得知此事，他咨文给黑龙江省长公署，对鄂伦春族高小毕业生升入中学表示支持。朱庆澜认为："江省鄂伦春学校比年成绩颇佳，闻已有荐升省中学校者，惟若辈求学尚非自动，学膳各费担任颇以为难，若因此区区，便阻上进，未免可惜，拟请凡鄂伦春子弟就学省中者，自本年春季始一律免费，边氓幸甚。"朱庆澜身为东省特别区行政长官，并无权过问黑龙江省的教育事宜，但其"在东北宦游多年，人望素孚"②，因此，吴俊升对其亦不敢轻视。接到咨文后，吴俊升再令教育厅转饬省立第一师范学校和省立第一中学妥拟优待办法。省立第一师范学校在答复中称"职校系属官费，学生一切食宿向由校供给，今鄂族学生既有升学，本校自当视同一体"，今后每次招考新生的时候，每级为鄂伦春族学生留出两个名额，可免交入学保证金，但是书籍、文具需自备，"俾免他生引为口实"。省立第一中学校开出了两条优待办法："一，凡鄂伦春学生年在十三岁以上、十八岁以下，高小毕业或与高级小学具有同等学力，志愿入本校肄业者，得免入学试验，其额数不拘。二，前项入校之学生除图书、体育、校友会各费应缴纳外，得免收入学之费；但入本校补习级者不在此限。"教育厅将两校所拟办法呈给省长公署，后者表示认可，并以

---

① 李瑛：《鄂伦春族教育史稿》，第 159—160 页。

② 陈志新、邵桂花、王玉玲：《中东路风云》，吉林人民出版社 2000 年版，第 290 页。

4808 号训令批示："呈悉，准如所拟办理，仰即令行嫩江县转饬各鄂伦春学校知照。"之后层层转达，最终发到了嫩江第一鄂伦春高等小学校。为实现鄂伦春族高小毕业生升入中等学校学习，省立师范学校和第一中学已为其作出政策调整，但对经济困难、家庭贫困的鄂伦春人而言，依然存有难以克服的困难，最终未有鄂伦春子弟入省城学习，民国时期的鄂伦春族教育止步于高小阶段。

清末新政，推行并发展少数民族新式教育，然而，纵观这一时期少数民族教育的发展，只有宣统二年（1910）创办的车陆学堂是专为鄂伦春人而设，而从民国建立到"九一八"事变前，黑龙江省先后出现过 8 所为鄂伦春人开办的学校。这 8 所学校培养了数百名学生，大多数人毕业后从事与鄂伦春族发展相关工作：如 1919 年从宏户图鄂校毕业的吴景禄曾任库玛尔路镶白旗二佐山林游击队士兵、骁骑校[1]；1921 年从嫩江鄂校毕业的吴孟玉任队长[2]。相较于清末，民国时期的鄂伦春族学校教育确实取得一定发展，究其原因，首先是各级政府的重视。最初三所省立鄂伦春小学的创办，初衷就是黑龙江省要收笼鄂伦春人，通过教育增强其国家观念，以达到"慎重国防，维持边局"的目的[3]。教育部也认为"鄂伦春人伏处边鄙，久昧文化，苟非急谋挽救，以文字为沟通之方，则种族无同化之日"，对创办鄂伦春小学表示支持[4]。1916 年四五月间，黑龙江省督军署绘图员孙国栋提出收笼鄂伦春办法九条，其中有

① 张伯英总纂、崔重庆等整理：《黑龙江志稿》卷四十四，《职官志》，第 1863 页；《教育部咨复设立鄂伦春小学》，谢岚等主编：《黑龙江省教育史资料选编》上编，第 1065 页。
② 黑龙江省档案馆、黑龙江省民族研究所编：《黑龙江少数民族（1903—1931）》，第 158 页。
③ 谢岚等主编：《黑龙江省教育史资料选编》上编，第 1063—1065 页。
④ 谢岚等主编：《黑龙江省教育史资料选编》上编，第 1065 页。

包括"广设学堂以振兴教育"①。1920 年 1 月呼玛县分驻倭西门县佐张兴在其拟出的安抚鄂伦春人办法中提到要"设置学校以开智识"。张兴认为鄂伦春人"既鲜国家观念，复无建设技能"，"欲期渐归同化，增进学识，惟有创设鄂伦春学校"②。从中央到地方各级政府官员的大力提倡为鄂伦春族教育提供了强大推动力量，尽管其中有同化鄂伦春人的动机，但从效果上来说确是殊途同归。其次，教育的发展得益于鄂伦春人自己对教育重要性的认识及为教育的发展所付出的不懈努力。1920年创办的公立第一鄂伦春国民学校，其"创设学校需用各款"均为镶白旗二佐佐领保忠个人垫付③。鄂伦春族的佐领虽亦是官，但并非衿绅富户，他们跟普通的鄂伦春民众一样，"住居深山，均无恒产，家道贫寒"，常无隔宿之粮④。1928 年创办湖通镇小学校，当地 32 户鄂伦春人每户摊派大洋 19.5 元，这在当时是笔不小的数目，时任教育厅长的高家骧也感叹鄂伦春人"热心学务，询堪嘉尚"⑤。

三、鄂伦春族小学教育的困境

民国时期的鄂伦春族学校教育尽管较以往有所突破，但其中仍存有很多不足。

首先，学校的数量有限且只停留在初、高小学阶段，没有为鄂伦春

---

① 黑龙江省档案馆、黑龙江省民族研究所编：《黑龙江少数民族（1903—1931）》，第 246 页。

② 黑龙江省档案馆、黑龙江省民族研究所编：《黑龙江少数民族（1903—1931）》，第 262 页。

③ 《呈为视察库路公立第一鄂校情形谨请鉴核事》，《瑷珲县鄂伦春各校筹办管理教学诸情况以及督学视察学务管理报告事件》，黑龙江省档案馆藏档案，编号：70—1—494。

④ 《库玛尔路鄂伦春协领署给教育厅的咨文》，《为各路佐领兼充鄂校劝学员之委任奖励履历等指令》，黑龙江省档案馆藏档案，编号：70—2—891。

⑤ 《省教育厅关于创办民办小学问题》，内蒙东北少数民族社会历史调查组编写：《库玛尔路鄂伦春族档案材料》第 2 册，第 74 页。

人专门创立的中学。民国时期的 8 所鄂伦春学校,总共能容纳的学生不超过 300 人。对于上千鄂伦春族学龄儿童来说,8 所学校是远不能满足国民义务教育的需求。民国时期,鄂伦春地区兴学敷教制约因素主要在于资金短缺。鄂伦春办学经费,理论上有三种来源:一是由黑龙江省出资;二是由鄂伦春人聚居的地方政府出资;三是从鄂伦春民户中抽捐摊派。黑龙江省"地处边荒,财力素绌"[①],财政状况一直不理想。1915 年黑龙江省的年财政收入为 2806098 元,在全国有统计数据的 23 个省(区)中,仅高于京兆、察哈尔、归绥和贵州。1916 年,在有统计数据的 20 个省(区)中,黑龙江省的财政收入排在第 13 位[②]。1917 年下半年,黑龙江省财政厅欠广信公司债务已达一千余万元,欠中国银行八十余万元。军政两费积压数月未能发放,各机关纷纷赴厅催索,无奈之下,都督鲍贵卿只能电请北京拨款两万元以求解燃眉之急[③]。黑龙江省的财政状况由此可见一斑。而民国时期黑龙江省的教育经费平均每年支出只占地方财政支出总额的 2.2%[④],并且这是整个黑龙江省的教育经费,鄂伦春人想从中"分一杯羹"确实有些困难。1914、1915 年间开办的三所鄂伦春初小,经费来源是省督军署的筹蒙费。在当时办理小学本应由城乡负责,与省无干,只是由于鄂伦春人未有城乡,且地方经费困难,邹召棠才建议由省主持第一批鄂伦春初小的创办。"省立"与"小学"捏合在一起,本身就是矛盾的,是一种非常态的处理方式。库玛尔路镶白旗二佐佐领保忠曾于 1917 年向协领徐希廉呈文转请上级在喀尔通屯创办省立第四鄂伦春国民小学,使本佐孩童能就近入学,免受跋涉之苦,至于开办及常年经费,保忠希望能援瑷珲及嫩江鄂校例,

①　程德全:《设立广信公司折》,李兴盛、马秀娟主编《程德全守江奏稿(外十九种)》上,第 121 页。

②　焦建华:《中华民国财政史》上,湖南人民出版社 2015 年版,第 225 页。

③　陈志新、邵桂花、王玉玲:《中东路风云》,第 290 页。

④　黑龙江省地方志编纂委员会编:《黑龙江省志·财政志》,黑龙江人民出版社 1991 年版,第 282 页。

由筹蒙费项下支出。省督军署虽同意在喀尔通创办学校,但不愿意再出经费,主张从省里补助给瑷珲县的学款中拿出一部分作为"添设鄂伦春学校之用"①,最终"省立第四鄂伦春初等小学校"因经费问题没能办成。鄂伦春人聚居的呼玛、瑷珲、漠河、嫩江等地,在黑龙江省中属于经济较为落后的地区。呼玛县与俄为邻,经济上深受其害。一战爆发后,呼玛"通用羌洋一落千丈,生活程度日益增高,以致地方萧条愈甚,非但地方捐款无从筹措,即国家捐税亦日形短少"②。瑷珲县教育经费的主要来源为"地亩、学田、粮石、舻艟等捐",中苏断交之后,"沿江舻艟捐陡减,历年约亏几达万元,加以本年瑷县水灾奇重,租税一概尚请停免,而教育各项捐款收入当然尤所不能,由此以推瑷县教育经费,困难状况可达极点矣"③。嫩江县的教育经费状况亦不理想。1912 年"因学款不足,将乙种农业学校停办,学生归并第一高等小学肄业","1916 年因学款不充,将科、塔两乡初高两等小学高等取消,改为初等小学,学生归并第一高等肄业"。1925 年 10 月,"因地方灾歉,学款无从收入,各校裁员减薪",直至 1926 年 7 月才"恢复原状"。可见,鄂伦春人聚居地的地方政府在财政上亦常处于捉襟见肘的状态。鄂伦春族的教育只是地方教育的一部分,民国时期没有一所由地方政府出资支持创办的鄂伦春学校。由鄂伦春人自己出资建校亦是一种办法,且在实际上得以贯彻施行,民初 8 所鄂伦春小学中有 4 所是由鄂伦春人自己出资创办的。

---

① 《省长公署指令一件为遵令议覆添设第四鄂伦春学校请仍由补助瑷珲县教育经费项下移拨备用应准如拟移拨仰黑河道尹遵照前令妥筹办理由》《为添设鄂伦春第四鄂伦春学校移拨经费及绥楞县初选监督挪用义务教育经费道师校苗圃经费收入支出事由》,黑龙江省档案馆藏档案,编号:70—2—136。

② 《呼玛县呈一件为呈通俗教育无力恢复情形由》《黑龙江省教育厅关于林甸、呼玛呈复通俗教育进行为难情形事宜》,黑龙江省档案馆藏档案,编号:70—1—277。

③ 《黑龙江省瑷珲县十七年秋季教育详情报告书》,黑龙江省档案馆藏档案,编号:70—1—572。

但处于狩猎向农耕过渡阶段的鄂伦春人经济能力毕竟有限,如前文所述,当嫩江鄂伦春高小毕业生面临升中学时,省立师范学校和省立第一中学都已尽力为鄂伦春学子开出了优待条件,只需自备书籍、文具或者缴纳部分费用,但即使这样,依然没有人肯去省城读中学,资金问题成了限制鄂伦春学子继续深造的最大障碍。

　　其次,学生缺席情况严重。在省视学和县视学定期巡查鄂伦春新式教育发展状况的报告中,关于学生出勤一项,据不完全统计,没有全额出勤。以瑷珲县为例,1922 年秋季视察时,第二高小定额 40 人,缺席 20 人;宏户图鄂校定额 30 人,缺席 4 人;车陆鄂校定额 30 人,缺席 9 人①。1924 年春视察时,第二高小学缺席 24 人,宏户图鄂校缺席 15 人,车陆鄂校缺席 14 人②;秋季,第二高小因暑假以后学生"来去无定,即未正式授课",导致无法视察③。1925 年秋季视察,第二高小缺席 24 人,宏户图鄂校缺席 15 人,车陆鄂校缺席 14 人④。1926 年春,第二高小缺席 28 人,两所初小均缺席 21 人⑤;秋季视察,第二高小竟只有 3 人到校,第一初小缺席 15 名,第二初小缺席 14 名⑥。1928 年秋季视察,第二高小缺席 32 人,宏户图鄂校缺席 12 人,车陆鄂校缺席 14 人。

---

　　① 《民国十一年秋季视察全县教育报告书》,《为造送民国十一年上期视察报告书》,黑龙江省档案馆藏档案,编号:70—1—471。

　　② 《视察本年春季瑷珲县教育报告书》,《为造送本年春季视察各学校学务状况报告请鉴核由》,黑龙江省档案馆藏档案,编号:70—1—472。

　　③ 《中华民国十三年度秋季视察全县教育报告书》,《为造送本年春季视察各学校学务状况报告请鉴核由》,黑龙江省档案馆藏档案,编号:70—1—472。

　　④ 《民国十四年下半期视察瑷珲教育报告书》,《全省各县学务视察报告》,黑龙江省档案馆藏档案,编号:70—1—503。

　　⑤ 《民国十五年下期视察瑷珲教育报告书》,《黑龙江省教育厅视察各县教育情形报告书 1926 年》,黑龙江省档案馆藏档案,编号:70—1—504。

　　⑥ 《民国十五年下期视察瑷珲教育报告书》,《黑龙江省教育厅视察各县教育情形报告书 1926 年》,黑龙江省档案馆藏档案,编号:70—1—504。

县视学冯胜斌感叹"殊属非是"①。普遍缺席人数如此之多原因在于，民国时期，鄂伦春人的生产方式仍以狩猎为主，"并非家有储金，廪有蓄粟"，因此鄂伦春儿童很早就要充当劳动力来从事生产。"凡男至十三以上，均娴习枪法，每日出猎。女则制造革服，或编笼取鱼，以充饥寒而已。由是，彼族之一童，关其一家之冻馁，犹安肯求学于数百之外哉？"②对于少数从事农耕的鄂伦春家庭来说，青壮年劳动力亦极重要。清末只有车陆一所鄂伦春学堂，民国时期的几所鄂伦春学校又是先后成立，故而导致历次入校学生年龄不一，有的甚至已经超出了规定学龄。1918年，嫩江鄂校招收的新生中，奇理善17岁，积善18岁③。宏户图鄂校第一批学生共30人，其中15岁4人，14岁6人，13岁3人，12岁7人，11岁2人，10岁7人，8岁1人④。1921年9月鄂伦春第二高小招收的40名新生中，23岁2人，21岁1人，20岁7人，19岁5人，18岁11人，17岁8人，16岁4人，15岁1人，14岁1人⑤。对鄂伦春青少年来说，入学接受教育同在家从事生产就成为一种难以调和的矛盾，且随着年龄的增长，这种矛盾就愈发明显，这也是初小的出勤率总是略高于高小的原因之一。

　　尽管如此，民国初年鄂伦春族新式教育的发展仍应在我国近代教

　　① 《黑龙江省瑷珲县十七年秋季教育详情报告书》，黑龙江省档案馆藏档案，编号：70—1—572。

　　② 《黑龙江巡按使公署准咨转发督军署绘图员孙国栋禀陈收笼鄂伦春办法仰各抒己见议复饬》，黑龙江省档案馆、黑龙江省民族研究所编：《黑龙江少数民族（1903—1931）》，第247页。

　　③ 《呈为转送第三鄂伦春国民学校收录新生名册请鉴核事》，《有关鄂伦春教育问题》，黑龙江省档案馆藏档案，编号：70—1—653。

　　④ 《黑龙江省立第一鄂伦春国民学校学生毕业姓名清册》，《有关鄂伦春教育问题》，黑龙江省档案馆藏档案，编号：70—1—653。

　　⑤ 《黑龙江省立第二鄂伦春高级小学校学生姓名及年岁清册》，《瑷珲县鄂伦春各校筹办管理教学诸情况以及督学视察学务管理报告》，黑龙江省档案馆藏档案，编号：70—1—494

育史上占有重要的地位,因为它是在国难当头的危殆时刻诸多关心边疆少数民族发展的各级官员所推行的教育举措,不仅使深处封闭而艰苦地区的鄂伦春族子弟可以读书识字,更重要的是在条件许可的范围内为开拓落后的边疆地区作出了艰苦努力。

第六章　民初赫哲族新式教育的艰难转型

民国初年,赫哲族主要分布在黑龙江以南、乌苏里江以西、松花江下游两岸的依兰、同江、富锦、桦川、饶河、抚远等县①。东北开禁前,这些地区一直是赫哲族人渔猎之地。他们沿江零散居住,不成乡村,保持着夏天捕鱼冬天狩猎的渔猎生活。由于长年被清政府征调抗击沙俄侵略、驻防东北和西北,赫哲人或战殁疆场,或融于外族,或亡于疾病,人口锐减。从咸丰十一年(1861)东北开禁清政府招民垦荒到"九一八"事变前,70年间,伴随着大量移民的涌入与占地垦荒,赫哲族世代赖以生存的渔猎生活环境遭受破坏与冲击,赫哲族人的生计受到极大影响。在民初新式教育的影响下,黑龙江境内赫哲族部分子弟有了接受近代教育的机会。由此,赫哲族与中原地区先进文化交流的壁垒被逐渐打破。

一、近代赫哲族生活环境的改变

东北开禁后,随着大量移民的涌入与垦殖,昔日封闭、荒凉、生产方式单一的赫哲族聚居区域,逐渐出现了渔猎生产方式之外的农业耕作、手工业和商业贸易。

光绪二十年(1894),赫哲族生活的同江出现了粮油加工业。民国

---

① 黑龙江地方志编纂委员会编:《黑龙江省志・教育志》,第337页。

初年，又出现刻字、绘画、玻璃铺，成衣、砖瓦、铁匠铺，以及皮革加工、木器加工、酿酒、酱醋等行业①。1921 年，同江县城已出现小型机械粮食加工业。张景福磨坊，就是一家拥有资金 3000 元的比较先进的小型机械加工制粉厂。1923 年，同江县城已有三家较大的油房，即郑允祯兴办的"裕昌号"、孙润乡开设的"同巨福"、王国宾经营的"又胜和"。据统计：每年油房产油 4.1 万斤，大部分内销，有少量豆油销往富锦和抚远。②

赫哲族人居住较为集中的富锦县，在 1912 年"大火磨（面粉制造厂）引进由英国马舍尔有限公司（MARSHALL SONS）制造的功率为 250 马力的蒸汽锅驼机，用其动力磨制面粉"③。另有二三家，仍然是旧式手工作坊。1909 年抚远设治时，境内有村屯 8 个，全境有居民 101 户，1003 人。1911 年，人口增至 1207 人。这片区域两年中人口增长 204 人，动态机械式的移民依然存在。这一时期，赫哲族人只有 87 户 395 人④，其余人口多属流民，居无定所，主要来自"直、鲁两省流落于此。凡贫民和极少数商户，占本县人口多数，且一般多为男性"⑤。

三江地区开禁后，"开荒引佃，汉民渐聚"，世居于此的赫哲族生存空间逐渐被挤压，他们赖以生存的渔猎生活遭受前所未有的挑战，政府虽然为赫哲族能够继续保持其原有的生活方式而划定生计地，但四十余年间持续不断地移民建屯垦殖，致使赫哲族较为原始而封闭的渔猎环境已不复存在。伴随民国初年更大规模移民的涌入，三江流域赫哲族人口出现大幅下降的同时，昔日赫哲族分布较为集中的区域，赫哲人

---

① 同江县志编纂委员会编：《同江县志》，第 133 页。
② 同江县志编纂委员会编：《同江县志》，第 133 页。
③ 黑龙江省富锦市志办公室编：《富锦县志》，中国·三环出版社 1991 年版，第 197 页。
④ 抚远县地方志编纂委员会编：《抚远县志》，中华书局 1998 年版，第 632 页。
⑤ 抚远县地方志编纂委员会编：《抚远县志》，第 632 页

户数也大为减少。主要原因在于：

首先，汉族移民接踵而至，赫哲族原有的捕鱼、狩猎的公共区域逐渐转变为私有，赫哲人的收获变得很不稳定。移民垦荒的形式由原来人力、畜力结合，发展至民国初年出现机械开垦，垦荒农耕的速度有所加快。初期垦荒"大部用畜力开垦，使用燕尾犁开荒，套 6 匹马，2 个人 1 天可开一小垧地；亦有用自制大木犁，备上 25 公斤重铁铧，名为'撞山倒'，套 10 匹马，1 天可开八九亩地；无畜力者用镐刨，即所谓'镐头地'，1 人 1 天可刨 6 分地。1911 年，(富锦)有人使用早期蒸汽拖拉机(俗称"火犁头"或"大爪子")在现西安乡北部和悦陆沿江一带垦荒"①。为保留赫哲族的生计地，政府规定移民只能在沿松花江两岸、黑龙江南岸 5 里以外建屯垦殖，但相比于东北开禁前的渔猎区域而言，赫哲族的生活空间已被严重挤压。随着汉族移民的增多和长期捕捞与猎取，鱼类和兽类资源日趋减少，赫哲族的食物严重不足。有的赫哲人为了生计，迁至其他较为适合的渔猎环境，在赫哲人聚居的区域，以家庭为单位的赫哲人分布的密度大幅降低。

其次，赫哲族深处榛莽丛生、尚未开辟的边境地带，经济落后，医疗设施几近空白，加之土匪盛行、战争频仍，非正常死亡人口数量上升。这一时期赫哲族人惨遭土匪杀害和战争伤亡的人口较多，1921 年富锦县赫哲族猎民四十余人遭土匪杀害；1928 年春，同江县图斯科赫哲族猎民 9 人、富锦县霍悦路的赫哲族十余人惨遭土匪杀害。据不完全统计，从 1921—1930 年遭土匪杀害的赫哲族有百余人。当局征调赫哲人当兵，青年人口伤亡较多，许多赫哲人家失去主要劳动力，生活贫困，家破人亡。

第三，流行病盛行。民国初年，东北地区疫病猖獗，造成人口大量死亡。由于赫哲人生活贫困，缺医少药，许多人又染有吸食鸦片的恶习，体质衰弱，无力抵御疾病的侵袭，染疫后，大量死亡。1912—1930

---

① 黑龙江省富锦市志办公室编：《富锦县志》，第 154 页。

年,赫哲族居住区域发生的传染病就有 3 次,一些赫哲族居民点竟成无
人村。1915 年,四排村发生天花,全村十余户赫哲族就死亡二十余人,
仅剩两家;1919 年,霍乱流行,居民大批死亡,有的全家死去;1921 年天
花流行,后又暴发麻疹、斑疹和伤寒,造成乡村萧条冷落,大屯赫哲人一
个月内就死亡百余人。

据 1912 年统计,黑龙江境内赫哲族人口尚有 2100 人,而至 1930
年,凌纯声调查,松花江下游、混同江南岸和乌苏里江西岸的赫哲族还
剩约 1200 人。其中松花江下游、黑龙江南岸赫哲族约 780 人,乌苏里
江西岸赫哲族约 400 人①。在富锦县,光绪八年(1882),富克锦嘎尔当
协领衙门属下赫哲族人,分居五十余屯,520 户,八百余人②。而到
1931 年,赫哲族人口仅剩二十余户(约 100 人左右),主要分布在大屯、
嘎尔当,其余村屯,为数寥寥③。桦川县在清兵入关后,逐渐成为赫哲
族居住地。在移民到来前,桦川有赫哲族三百余户,1560 多人。到
1914 年人口调查时,只是万里河通(即瓦里霍吞)有赫哲族 22 户,
102 人④。

赫哲族人口下降,区域家庭人口密度降低,以致在民国初年兴学
中,赫哲族子弟由于人数不足,无法单独成班,他们只能与移民学生共
处一校,接受新式文化教育。

二、难成体系的赫哲族新式教育

民国初年,依兰、同江、富锦、桦川、饶河、抚远等地的赫哲族与以汉
族为主体的各民族,逐渐形成移民大范围下的杂居和小范围内的赫哲
族聚居的民族分布形式。民国初年上述地区没有以赫哲族为主体的民

---

① 凌纯声:《松花江下游的赫哲族》,民族出版社 2011 年版,第 69 页。
② 黑龙江省富锦市志办公室编:《富锦县志》,第 676 页。
③ 黑龙江省富锦市志办公室编:《富锦县志》,第 676 页。
④ 桦川县志编纂委员会办公室编:《桦川县志》,黑龙江人民出版社 1991 年
版,第 525 页。

族学校,上学读书的赫哲族子弟,大都就近入学。截至目前,在作者所及的文献中,没有相对完整的赫哲族子弟入学的统计数据,对于赫哲族新式教育发展的历史考察,只能从全部的学校数据中做一般性推测与分析。

(一)以初等教育为主体的新式学校教育

大力发展初等教育是民国初年黑龙江省教育的主导方针,旨在通过先普及后提高的教育发展方式,改变黑龙江少数民族文化教育落后现状,在民国建立的最初 20 年间,赫哲族分布地区的小学教育,有着不同程度的发展。

1. 依兰县的新式学校

依兰①是历史时期赫哲族聚居地,1913 年改为依兰县。行政的级别呈现着由高到低、由清朝八旗驻防重地到民国初年民人县治的改变。

清末新政时期,依兰是黑龙江省兴办新学数量较多的地区,光绪三十三年(1907)成立劝学所的同时即建立学校,至宣统三年(1911)已建有 5 所学校。为鼓励旗人子弟(含赫哲族)入学,"一切官费、食宿、书籍、服装由学校供给"②。

民国初年,政府继续兴办新式教育,实施国民学校方案,鼓励少数民族子弟入学,依兰县公私立学校相继成立。1921 年,依兰县建立二等国民小学 3 所、国民小学 5 所、中学 1 所、师范传习所 1 班,总计学校

---

① 依兰原名三姓,满语为"依兰哈喇"。据《三姓志》载:清初,松花江中游胡尔哈河(今牡丹江)口、汤旺河口、汤旺河口顺流而下玛那哈地方及胡尔哈河正东倭和地方分别有赫哲人数十户或百余户居住。天聪年间,挑选胡尔哈河一带赫哲1000 人,前往山东征剿。顺治二年(1645),将未出"天花"的赫哲人等由军营全行撤回,"因为出力,将此赫哲人等一并作为新满洲,国语依册(伊彻)满洲,随将卢业勒、葛依克勒、胡什哈哩、舒穆鲁等四族长编为世管佐领"。又据伪满《依兰纪略》记载,"嗣以胡氏徙居宁古塔,只余卢、葛、舒三姓,遂呼斯地为三姓",简称"依兰"。

② 黑龙江省依兰县志办公室编:《依兰县志》,黑龙江人民出版社 1990 年版,第 769 页。

10 所,至 1930 年,小学发展到 33 所。

1921 年依兰县各种学校调查表

学校名称	班级(个)	人数(人)	毕业生数(人)
第一高小国民学校	高小 1,国民 2	高等 29,国民 76	高等 67,国民 95
第二国民学校	高小 1,国民 3	高等 51,国民 217	高小 101,国民 136
女子高小国民学校	高小 1,国民 3	高小 30,国民 230	高小 17,国民 120
第三高小国民学校	国民 2	90	61
模范国民学校	国民 2	58	37
吉星镇国民学校	国民 2	91	38
东乡国民学校	国民 2	81	10
南乡国民学校	国民 1	31	16
道立中学校	三年级 1,二年级 1	62	62
吉林省立师范传习所	1 班	20	

资料来源:杨步埘纂修:《民国吉林依兰县志》,《中国地方志集成·黑龙江府县志辑》(七),第 169—170 页。

1930 年依兰县小学情况统计表

学校	学级(个)	学生数(人)	教员数(人)	所在地	备注
模范小学	8	341	8	县城内	
女子小学	6	218	7	县城内	
第一小学	6	209	6	县城内	
第二小学	4	182	6	县城内	
第三小学	8	349	9	县城内	
第四小学	6	212	7	太平镇	今属桦南
第五小学	5	208	6	二道河子	今属勃利
第六小学	2	67	2	来财河	今属桦南

学校	学级（个）	学生数（人）	教员数（人）	所在地	备注
第七小学	2	75	2	三道岗	
第八小学	2	69	2	大八浪	今属桦南
第九小学	6	235	6	县城内	
第十小学	5	224	6	刁翎	今属林口
第十一小学	2	71	2	愚公村	
第十二小学	3	142	3	团山子	
第十三小学	2	87	2	小八浪	今属桦南
第十四小学	2	82	2	湖南营	今属桦南
第十五小学	2	71	2	草帽顶子	今属勃利
第十六小学	1	43	1	长发屯	
第十七小学	2	96	2	罗圈河	
第十八小学	1	47	1	刁翎	今属林口
第十九小学	1	28	1	三道岗	
第二十小学	1	41	1	苇子沟	今属林口
第二十一小学	1	40	1	道台桥	
第二十二小学	1	35	1	梨树园子	今属桦南
第二十三小学	1	42	1	荣家屯	今属桦南
第二十四小学	1	51	1	邢家沟	今属桦南
第二十五小学	1	40	1	五道岗	今属桦南
第二十六小学	1	32	1	宏克力	
第二十七小学	1	30	1	寡拉	
第二十八小学	1	43	1	三家子	
第二十九小学	1	38	1	田家屯	
第三十小学	1	35	1	勾心鸡	今属桦南

学校	学级(个)	学生数(人)	教员数(人)	所在地	备注
依兰商埠局小学	2	30	3	三姓商埠地	
合计	89	3513	97		

资料来源：黑龙江省依兰县志办公室编：《依兰县志》，第 774 页。

2. 同江县的新式学校

同江①，自古以来就是黑龙江赫哲族聚居之地。它位于黑龙江、松花江的右岸，地势平坦，水草丰茂。这里是松花江下游赫哲人的渔业、贸易中心地之一。民国初年，同江有记载的赫哲族主要分布在临近水系的传统村落，聚居人口从几户、十几户到二三十户不等。清末民初，山东省巡抚与吉林省联系，建议于此建开荒移民点，吉林省府同意在临江府境内划给荒地给移民，以致该地除沿江的赫哲旗地外，其他地区均为移民地段，形成了赫哲族"大杂居、小聚居"的人口分布。具体如下：

图斯克，赫哲语意为山咀子伸到江水中的地形，是清代的赫哲部落地，民国初年，有赫哲民二三十户，半渔半耕。街津口，清末的赫哲渔村，传说居住一个名叫街津的赫哲老人，因此而得名，有赫哲人于此居住的记载，无民国初年人口数据。八岔，清末的赫哲渔村，赫哲语是江夹芯子，低注地之意，有赫哲人于此居住的记载，无民国初年人口数据。勤得利，清末的赫哲部落地，其头人羌图里曾拜见过清朝廷，故名之，民国初年，有赫哲人十几户。额图，是古代的赫哲渔村，民国初年有赫哲人 20 户。莫日红阔，位于三江口东岸附近，赫哲语牧马场之意，清末赫哲人村寨，民国初年，有赫哲人 15 户。奇奇卡，赫哲语嘎牙鱼的意思，

---

① 设治前，此地名为拉哈苏苏，赫哲语"废墟""老屋"之意。1906 年建临江州时隶属吉林省；三年后，升格为临江府；1913 年，改为为临江县；1914 年，更名同江县，得名原因是松花江、黑龙江于此同汇一流。

是清末赫哲渔村,民国初年,有赫哲人 5 户。得勒气,赫哲语是小死河湾子之意,位于街津口东黑龙江岸附近,民国初年,有赫哲人 30 户。尼尔固,又名女儿固、尼叶尔伯,赫哲语是水漫河床的意思,位于同江镇西南 15 公里的松花江右岸,有赫哲人于此居住的记载,无民国初年人口数据①。

同江地区赫哲族人口少,且居住分散,民初没有建立犹如清末拉哈苏苏官办小学堂、街津口官办小学堂一样的赫哲族民族学校。为解决同江赫哲族和大量移民子弟的入学难题,在 1913 年建立官立学校 2 所,一所在县城,为初高两等小学校,校长 1 人,教员 2 人,学生五十余人;另一所在街津口,为初等小学校,原有学生二十余人,后减至十余人。1912—1915 年,经费较充裕,教育有所发展。1920 年 3 月,按照国民教育的要求,同江县划分学区,每个学区推选 1 名学董管理校务事宜,至 1921 年全县分为十个学区,有国民学校 10 所,学生 263 人,教员 11 人②。至 1931 年,全县已有 15 所小学,其中有 2 所完全小学(含初小、高小)和 1 所女子学校,在校学生已达 824 人。

1921 年同江县学区学校一览表

行政区	学区	校名	地址
一区	第一学区	县立高小附第一国民学校	县城西北隅
	第二学区	县立第九国民学校	东莲花泡
	第三学区	县立第四国民学校	向阳屯
二区	第四学区	县立第七国民学校	向阳川
	第五学区	县立第六国民学校	二龙山
	第六学区	县立第八国民学校	富临屯

①　同江县志编纂委员会编:《同江县志》,第 370 页。
②　同江县志编纂委员会编:《同江县志》,第 370 页。

行政区	学区	校名	地址
三区	第七学区	县立第二国民学校	街津口
	第八学区	县立第三国民学校	启元屯
	第九学区	县立第五国民学校	元二屯
	第十学区	县立第十国民学校	元三屯

资料来源:同江县志编纂委员会编:《同江县志》,第372页。

1931 年同江县各校数字统计表

校名	学生人数	教员人数	班数(个)	设备
县立第一完全小学校	148	6	4	桌凳完备
县立第二完全小学校	125	6	4	桌凳完备
县立第三小学校	41	1	1	桌凳完备
县立第四小学校	55	1	1	桌凳完备
县立第五小学校	71	2	2	桌凳完备
县立第六小学校	38	1	1	桌凳完备
县立第七小学校	34	1	1	桌凳完备
县立第八小学校	37	1	1	桌凳完备
县立第九小学校	39	1	1	桌凳完备
县立第十小学校	30	1	1	桌凳完备
县立第十一小学校	32	1	1	桌凳完备
县立第十二小学校	35	1	1	桌凳完备
县立第十三小学校	36	1	1	桌凳完备
县立第十四小学校	34	1	1	桌凳完备
县立第一女子小学校	69	2	2	桌凳完备
合计	824	27	23	

资料来源:同江县志编纂委员会编:《同江县志》,第373页。

民国初年同江县的教育发展,深受政治影响。1923年,因地方财政拮据,教育经费枯竭,国民学校时办时停,难以维持。1928—1929年,受"中东铁路"事件的影响,地方财政困难,办学经费不足,教育发展陷于低迷状态,除县城2校为官办外,各乡村所设公立学校全部改为私立学校,但修业年限、教授课程、学级编制、毕业生待遇等均与公立学校相同。1929年,南京国民政府适时调整新式教育发展方向,颁发《中华民国教育宗旨及其实施方针》,加强学校教育管理的同时,也增加了教育经费的投入,并大力推行"党化教育",开设党义、公民、军训等课程。教学方法以讲解为重要,并注意"谆谆善诱"之法,纠正死记硬背的方法,废除了体罚制。在此政策指导下,黑龙江自1930年开始,加大了对边疆地区教育经费的投入与教育行政的管理,同江县及时整顿民国初年以来的学校属性,将全县公、私立学校一律改为公立,把经费列入普通地方开支,同江县初等教育出现继续发展的可能。

3. 富锦县的新式学校

富锦县[①],位于松花江下游南岸的三江平原,是松花江下游沿岸重要的内河港口,也是赫哲族聚居之地。民国初年,富锦移民经济发展迅速,赫哲族人口锐减。到1931年,赫哲族人口仅剩二十余户(约100人),主要分布在大屯、嘎尔当,其余村屯,为数寥寥[②]。

1915年,富锦县设立16所小学。其中,城内还有孙耀廷创办一所女子小学,学生1班。翌年,县长吴士澂为消减教育经费,只留城内1

---

　　①　富锦,原名"富克锦",清代称"富提新",赫哲语意为"高岗"。清属三姓副都统辖区。光绪八年(1882),于戛尔当屯(今富锦市区西3公里)添设富克锦协领,归三姓副都统领属。光绪三十四年(1908),临江州于富克锦县城设置分防巡检。宣统元年四月十五日(1909年6月2日),吉林巡抚奏准,以富克锦巡检升改富锦县,驻富克锦城,隶属临江府;同时,裁撤协领。同年九月,改隶东北路道。中华民国成立后,1914年6月,东北路道改为依兰道,由依兰道管辖。1929年2月,裁撤依兰道,由吉林省直辖。
　　②　黑龙江省富锦市志办公室编:《富锦县志》,第676页。

所学校,其余全部撤销。1919 年又恢复,城内又增设小学 1 所。1921 年,成立官办第一女子小学。1923 年,成立模范两级学校,接收第一校初、高级各 1 班,第十校学生 1 班。1924 年将孙耀廷创办的女子小学改为县立,学生两班,百余人。赫哲族子弟按就近入学的原则,进入位于嘎尔当屯的县立第二校、大屯的县立第三校学习的可能性更大一些。

1924 年富锦县县立小学一览表

校名	校址	开办时间	学生		职教总数	常年经费(元)			
			班数	人数		薪工	办公	杂支	合计
县立第一校	北二道街	1915	高级 3 初级 4	319	校长 1 教员 7	3000	300	1904	5204
县立第二校	嘎尔当屯	1912		35	1	330	20	99	449
县立第三校 男女合校	大屯	1919		25	1	330	20	70	420
县立第四校	东南门里	1918		58	1	330	20	79	429
县立第五校	长发屯	1917		23	1	330	20	87	437
县立第六校	赵家屯	1914		36	1	120	8	313	441
县立第七校	集贤镇	1917		28	1	330	20	654	1004
县立第八校	兴隆镇	1921		42	1	330	20	78	428
县立第九校	集贤镇	1921		27	1	120	8	377	505
县立第十校	东门垦	1921		43	1	120	8	196	324
县立第十一校	向阳屯	1922		36	1	330	20	10	360
县立第十二校	乔家屯	1923		38	1	240			
县立第一女子小学	城区	1921		48	1	330			
县立第十校	夏家屯	1923		37	1	225			

校名	校址	开办时间	学生		职教总数	常年经费（元）			
			班数	人数		薪工	办公	杂支	合计
14 处				795	21				

资料来源：黑龙江省富锦市志办公室编：《富锦县志》，第 585 页。

4. 桦川县的新式学校

桦川县位于黑龙江省东北部，三江平原腹地，松花江下游南岸。宣统元年（1909），东三省总督锡良因依兰府所辖地域过广而人烟稀少，"不预为措置，终难逐渐振兴"，奏请于依兰府南部的桦皮川增设县治，名为"桦川县"，获得朝廷批准。桦川是赫哲族居住地，宣统元年建治前，这里有赫哲族 300 余户，1560 余人。至 1914 年，仅存万里河通赫哲族 22 户，102 人。主要分布于乌苏里江口附近，后迁至街津口，再迁至富克锦，最后至苏苏屯。赫哲族人口的锐减与移民流入有关。桦川建县后，关内人口大量流入，人口处于机械式增长时期，据统计，宣统元年至"九一八"事变前，每年纯流入人口不少于七八千，有时多至万人。赫哲族赖以生存的区域逐渐被移民所占领，受贫病所迫，他们或迁移或死亡①。

自 1907 年设立苏苏屯初级小学以来，至 1931 年，全县总计有 27 所小学。其中完全小学 15 所（含女子小学 3 所，私立小学 1 所），学生 540 人；初级小学 12 所，学生 2670 人。全县共有小学学生 3210 人②。赫哲族人口锐减，入学人数很少，缺乏赫哲族子弟入学数据，只能从相关文献记载中，了解赫哲族子弟读书入学情况，如获得剑桥大学公共卫生和热带病学双博士学位的赫哲族人士毕天民，便出生在桦川县苏苏屯，在苏苏屯小学毕业后继续读书深造。

---

① 桦川县志编纂委员会办公室编：《桦川县志》，第 506 页。
② 数据原文如此。桦川县志编纂委员会办公室编：《桦川县志》，第 578 页。

1931 年桦川县公、私立小学调查表

校名	设立时间	地址	学校类别	初级班数	初级人数	高级班数	高级人数
县立第一小学校	1910 年	佳木斯镇城里西南门路东	完全小学	3	99	1	26
县立第二小学校	1919 年	县城里县署后身	完全小学	3	134	2	48
县立第三小学校	1924 年	县城南门里	完全小学	1	40	1	25
县立第四小学校	1910 年	兴利区四合屯	完全小学	2	92	1	15
县立第五小学校	1919 年	佳木斯镇城里东北门	完全小学	2	82	1	30
县立第六小学校	1924 年	安业区大来岗	初级小学	2	72		
县立第七小学校	1922 年	佳木斯镇西关门外	完全小学	2	90	1	25
县立第八小学校	1923 年	佳木斯镇城里大昌当后身	完全小学	3	128	2	58
县立第九小学校	1907 年	粒民区苏苏屯	初级小学	1	36		
县立第十小学校	1925 年	佳木斯镇东南隅	完全小学	2	94	2	50
县立第十一小学校	1925 年	向化区三家子	初级小学	2	73		
县立第十二小学校	1925 年	安业区火龙沟	初级小学	2	83		
县立第十三小学校	1925 年	兴利区太平镇	完全小学	3	133	1	30
县立第十四小学校	1925 年	粒民区苏家店	初级小学	2	73		
县立第十五小学校	1925 年	粒民区营子岗	初级小学	2	111		

续表

校名	设立时间	地址	学校类别	初级班数	初级人数	高级班数	高级人数
县立第十六小学校	1925年	永丰镇孟家岗	初级小学	2	45		
县立第十七小学校	1927年	向化区双合屯	初级小学	2	123		
县立第十八小学校	1927年	富田区蒙古力	初级小学	1	46		
县立第十九小学校	1931年	向化区张茂屯	初级小学	1	59		
县立第二十小学校	1931年	阜财区三合屯	初级小学	2	92		
县立第一模范小学	1924年	佳木斯里城里营部后身	完全小学	3	182	2	61
县立第二模范小学	1926年	县城东门里	完全小学	3	168	2	62
县立第一女子小学	1918年	佳木斯镇城里西大街	完全小学	3	149	1	25
县立第二女子小学	1918年	县城里县署后身	完全小学	2	95	1	25
县立第三女子小学	1926年	佳木斯里城里东北门里	完全小学	3	166	1	29
县立第四女子小学	1926年7月	县城里南二道街	初级小学	3	130		
私立志同小学	1928年8月	佳木斯城里市场路路西	完全小学	2	75	1	31

资料来源：桦川县志编纂委员会办公室编：《桦川县志》，第578—579页。

其中，粒民区苏苏屯、富田区蒙古力的两所学校，都位于赫哲族聚居的地方。

5. 饶河县的新式学校

饶河县位于黑龙江省东部，乌苏里江西岸，挠力河下游，这里曾是赫哲族聚居地区。道光二十年(1840)，总人数约在 1100 人左右，多为瓦尔喀人①及赫哲人，汉族居民不过十分之二三。其时人口主要分布点为沿乌苏里江、挠力河、别拉音山、毕尔窦河(即今别拉洪河)及那丹哈达拉岭山区一带。居住形式，多为小聚居，每一居民点不过十户八户，最多不过 20－30 户人家。亦有靠山滨水之独居户，但为数甚少。以渔猎为主，极少数从事农耕。即或少有耕植者，所耕种品种多属玉米、黍、瓜菜之类。汉民族来此除商贾、采参之外，也效仿土著人以捕鱼狩猎为业。

自宣统元年(1909)始设饶河县后，当地的赫哲族人和瓦尔喀人共有 269 人；1931 年，赫哲族人和瓦尔喀人减少至 245 人②。

清代前期，赫哲族民风古朴粗俗，教育无从谈起。至光绪末，汉民渐次增多，教育事业随兹肇始，主要为私塾，在县城(小佳河)及挠力口(东安镇)各办私塾一所。无固定教师，校舍临时措就，收以二三十蒙童授以《三字经》《百家姓》《千字文》等启蒙读物，一年后开始读诵四书五经。由于本地人烟稀少，荒塞未开，萃俊文士，足迹多所不及，虽有师教亦"不过仅识字无而已"(饶河知事赵邦泽《条陈政见呈》)，教学业绩，自不待言。1913 年，全县仍办有私塾二处，学生 50 余人③。1919 年，饶河县城(东安镇)才办起一所县立小学校，共有学生 32 人，教师 3 人。

----

① 瓦尔喀人，属于明末清初东海女真之一瓦尔喀部，居图们江流域及乌苏里江以东滨海地区，属于古肃慎族的分支，和赫哲人血缘相近。清朝、民国人口统计时，瓦尔喀人和赫哲人一并统计。

② 饶河县地方志编纂办公室编：《饶河县志》，黑龙江人民出版社 1992 年版，第 61 页。

③ 桦川县志编纂委员会办公室编：《桦川县志》，第 525 页。

翌年,于小佳河建立第二区里小学,学生 35 人,教师 3 名。1925 年,县城迁至团山子(饶河)。1926 年,创办县立第一小学,学生 50 人,教师 4 人。合计全县共有小学校 3 处,学生 117 人,教师 10 人。1930 年县内小学校增至 8 处[①]:

1930 年饶河县学校分布情况表

所在地	学校名称	学生数	教师数
县城	县立第一小学	75	4
东安镇	县立第二小学	35	2
三义屯	第一区立第一小学	65	3
大别拉炕	第一区立第二小学	71	4
小南河	第一区立第三小学	35	2
小佳河	第二区立第一小学	50	3
西风沟	第三区立第一小学	25	1
大和镇	第四区立第一小学	30	2
合计		386	21

6. 抚远县的新式学校

抚远县位于黑龙江省东北部,黑龙江与乌苏里江汇流的三角地带。南与饶河县毗邻,西与同江市接壤,北、东以黑龙江、乌苏里江与俄罗斯分界。1909 年,抚远设治,最初称绥远州。设治之初,有人口 1207 人。历史上,这里是赫哲族及其祖先生活繁衍的地方。虽然受其生产、生活方式(逐水草而居,以渔猎为生)的制约,他们难以在一地长期定居,但其迁徙距离一般不大,所以到设治时辖区内赫哲人共 87 户 395 人。1911 年,有赫哲族 395 人,而到 1933 年,只剩下 130 人[②]。

---

① 饶河县地方志编纂办公室编:《饶河县志》,第 381 页。
② 抚远县地方志编纂委员会编:《抚远县志》,第 632—633 页。

1914年,抚远县在县署西侧建立1所国民小学,招收16名儿童入学。至1931年,抚远县也只有这一所学校,其间,曾两次停办。当年在校学生17人,其中16名男学生、1名女学生;教员1人①。赫哲族子弟入学状况不详。

(三)严重不足的中学教育

民国初年赫哲族分布地区的新式教育以初等教育的发展较为普遍,而中学教育总体发展不足。相较于初等教育的发展,中学教育对于师资、校舍规模、必备的教学设施、教学经费都有更高的要求。民国时中学所开设课程已达12门,对于教师的知识储备有更高的要求,从下面所附民国初中课表,可以直观了解对中学师资的需求。

民国中学授课时数及教科书名表

学科目	每周授课时数			采用教科书名
	一年	二年	三年	
国文	六	六	六	中华书局初中国文教科书
历史	二	二	二	中华书局初中历史教科书
地理	二		二	中华书局初中地理教科书
数学	六		六	现代初中数学教科书
英文	七	七	七	英语模范读本
博物	二		二	现代初中博物教科书
公民	二	二	二	商务印书馆公民教科书
理化	四	四	四	现代初中物理教科书
图画	一		一	商务印书馆教科书
工艺	一		一	商务印书馆教科书
音乐	一	一	一	商务印书馆教科书
体育	二	二	二	商务印书馆体育指导教科书

资料来源:黑龙江省富锦市志办公室编:《富锦县志》,第542页。

---

① 抚远县地方志编纂委员会编:《抚远县志》,第472页。

因此,赫哲族分布地区的中学不仅数量少,而且维持其发展也很艰难。在教育发展较好的依兰县,除依兰道立中学之外,也曾在 1926 年建立依兰女子师范传习所(依兰女子中学),1928 年建立私立育英中学和依兰初级中学,但均由于经费紧张和师资不足,办学难以为继,1930 年将两所学校合并为依兰初级中学①。

为缓解兴办中学教育中师资、教育经费的压力,富锦、桦川县,先后采取培训师资、捐资助学等措施。具体做法为:

一是富锦县采用"培养""聘用""考试""奖励"等方法,培养中学师资。

(1)培养

由富锦县推送人员至师范讲习所或师范学校,以资培养成为教育人才。截至 1926 年,富锦县推送学习师范的人员有,省立第一师范讲习科 2 名,省立第五师范学校 9 名;将同年县立第一校(小学)高级本年毕业生 25 名,拟送入省立第五师范学校学习。

(2)聘用

各校均利用各种渠道,聘用外县中学、师范各校毕业生,其中,聘用外县女子高级校长 1 人,助教员 1 人。

(3)考核

为提高教师业务水平,利用寒假月余时间安排业务学习,地点在县立第一小学,有时也吸收塾师参加,学习科目有国语文法、注音字母、各科教学法、心理学、教育学等。学习结束时进行考试。

(4)奖励

1925—1926 年,参加讲习会学习的人数分别为 22 人、30 人。通过各区教育委员视察,对不胜任教学者一律辞退;对较好的小学教师,呈报县给予奖励。第八校教员关怀慎、第二校教员李登科及塾师闫仲美均能"克尽厥职,管教合法,殊堪嘉许"(引自富锦县教育委员《视察日

---

① 黑龙江省依兰县志办公室编:《依兰县志》,第 774 页。

记》)。1927 年 2 月小学教师霍玉亭、阚九宫、陈景阳分别获得一、二、三等奖金。一等吉钱 2800 吊,二等吉钱 2000 吊,三等吉钱 800 吊。1928 年,教育局长赵文祥、王世昌分别获得二等银色奖章、二等金色奖章各 1 枚。

二是捐资建校。

为实现富锦县高小毕业学生可以在本县上中学的愿望,1927 年 1 月,富锦县地方官绅孙桂岩、钟子文、卢云卿、姜祝堂、刘凤田、赵玺堂、刘瑞尧、赵履谦、张耀宣等在教育局开筹设初级中学会议。会议决定购买草房 20 间作为校舍,并以孙桂岩为校长。10 月,富锦中学开始授课。1929 年,商、农捐款建楼房 30 间。当时的富锦县《视学日记》中记载:"查所绘建筑图尚适合,虽于中间应加添设楼梯,俾便升降。关于图书、标本、模型、仪器等均尚缺如,亦应筹款购置以教学。校长孙桂岩干练有毅力兼授史地等科,功课亦娴熟,学生三班,内一班为预备班,第一班实出二十七人,关桂山教代数,解析甚详,第三班实出四十二人,林简齐教英文,说明文法甚细,发音亦平妥,刘逢春、王万英批改作文均周到;学监于精一管理亦尽心,学生精神尚好。各科均有笔记本、练习本,但不甚整洁。学生课外组织有自治会,每周开会一次。会议、讲演均有记录,殊可嘉。目下学生宿舍、膳、盥漱,均在一室,对于卫生方面极应注意,又该室与厨房联接尤须注意烟火以防虞。"[①]1930 年,第一届毕业生 23 人。1931 年 8 月 4 日将中学改为中等师范学校,添招男师范生一班;借第一女校教室招女中一班,统受中等师范学校管理。

1926 年 7 月,为便利县内高小毕业生升学起见,县教育局长张宝树提请建立初级中学。县知事唐纯礼甚表支持,公推县前教育局长高隆栋负责募集开办经费。全县形成捐款办学的热潮,人们以"为子积财,则损其志,为子兴学,则益其能"为宗旨,争以多捐为荣,是为桦川全

---

① 黑龙江省富锦市志办公室编:《富锦县志》,第 542 页。

民性自发捐款办学之创举。当年 9 月校舍建成,10 月 10 日正式开学授课。由高隆栋任校长。招学生一班,计 43 名。1927 年 8 月增招第二班学生 36 名。1928 年续招第三班新生 35 名[①]。于是桦川县高小毕业生可以就近入中学深造,也节省了一笔负笈远行求学的费用。

劝募桦川中学开办费义捐启事

径启者,窃维急公好义为希世之荣名,为国树人及百年之大计。查我县高小学校已有二十余处,其高级毕业者,亦不下百人,惟中等教育尚付缺如。负笈远方,殊感困难,此所以毕业者多而升学者少也。同人等有鉴于此,于七月二十七日,由教育局招集会议,佥称中学为高小升学之阶梯,有成立之必要。以佳镇地点适中,学校较多,应设其地。其常年经费拟请由学款项下支销,其开办各费则由发起人分担劝募。当经表决签字在案,凤仰各界诸公见义勇为,对于培植青年,尤抱热心。

我桦人皆有子弟留学远方,岁需洋四五百元。留学本县,不过书籍及膳宿费而已。其距家近者,并可不出膳宿费,毕业后即可受同等待遇。所捐之数,究不逮所省之数,此以经济上比较之所宜承认者一也。

常年经费无论如何减办,终须数万元,则由公家任之;开办费尚不及十分之一,则由众力成之。孰难孰易,智者目明,此以轻重上比较之所宜承认者二也。

放生惜字,犹费千金,舍饭施衣,犹需百贯,不过日作善降祥为子孙计耳。然终归渺冥不可知之数,何如捐我之金钱,诲我之子弟。即我无求学之子弟,亦实能成人之子弟,而善则终归于我,此以虚实上比较之所承认者三也。

为子积财,则损其志,为子兴学,则益其能。学业者,精神之财产也,一生吃苦者不尽,此以利害上比较之所宜承认者四也。

---

①　桦川县志编纂委员会办公室编:《桦川县志》,第 584 页。

　　捐资兴学,褒奖有典。一百元至五百元,均给银色各等褒奖章;一千元至五千元,均给金色各等褒奖章。其捐资愈多者,其褒奖亦愈重,载诸条例,彰彰可考。请看姜永发一农人耳,捐资一千五百元,除由县呈请准奖给金色三等褒章外,又颁赏"加惠士林"匾额,乡里荣之。同一捐助,而荣宠有加,夫亦可谓善于用财者矣。此次捐助,事同一体,此又以名誉上比较之所宜承认者五也。

　　一举而五善备,实惟热心兴学为然。谨布区区,先生其有意乎,倘蒙慨诺,请著冰衔。

　　发起人:

曲子明	陈集生	张晓伦	王兴五	吴翼廷	刘魁元	曹芬亭
陈瑞五	李成化	侯宠三	景吉臣	王虎忱	冯寿芝	阎惠堂
申瑞麟	赵登瀛	袁奉之	吴耀廷	高云衢	朱静岩	孙锦堂
刘郁周	张勃言	武殿元	刘甲三	孙子荣	吕焕章	于　廷
申玉安	杨殿卿	曹　银	尹洪德	武国臣	马玉堂	赵雅轩
张希贤	何毅卿	桂一山	吕敬伯	孙新民	孔祝三	王鲁遗
孙守三	李玉珊	袁雪峤	同　启①			

(三)私塾和改良私塾的社会需求

　　民国初年,大力兴办近代义务教育、公立学校,相对普遍存在的私塾也被列于取缔或改良的教育发展措施之中。1927年,教育部和黑龙江省教育厅先后颁发《修正私塾考察规程》《重行修正私塾考察规程》《取缔私塾暂行办法》,具体做法为:"凡距学校较近暨塾师非经师范毕业者均不准成立私塾。同时由县教育委员夏树声到各区整顿私塾,先口试讲书,次笔试国文、算术,对考试不合格的塾师劝其另谋职业。"②尽管政府三令五申,但由于当时教育落后,师资缺乏,官办学校经费不足,学校无法全部采取官办,于是私塾,特别是改良私塾依然较为普遍。

---

①　桦川县志编纂委员会办公室编:《桦川县志》,第584页。
②　桦川县志编纂委员会办公室编:《桦川县志》,第575页。

在赫哲族聚居地区匪患猖獗，特别是在街津口，盗匪出没，许多学校毁于匪乱。如果学校较远，儿童随时都有遭遇匪徒伤害的可能。学生家长认为私塾近家，且能读书识字。

1924年，各地县级教育局受省教育厅指示整顿私塾，整顿后的私塾成为私立小学，办学经费自筹，统一使用教材。截至1931年，在赫哲族居住的各地，改良私塾多有存在和发展。例如：

1914年，饶河县有私塾2处，学生50余人①。

1916年，桦川县劝学所调查，全县共有私塾35所，学生473名。②

1929年，富锦县共有私塾有52处，学生1110人③。

1931年，同江县共有私立男女小学校12处④。

各地私塾或私立学校，缺少学生的信息数据，赫哲子弟入学人数，已无据可查，只能从当时较为普遍的私塾分布以及街津口等地赫哲族人傅国英、尤长林的私塾学习经历等不完整信息，推测赫哲族子弟入私塾学习的情况。

民国初年，相比于达斡尔、鄂温克和鄂伦春等少数民族，黑龙江省赫哲族新式教育发展，十分艰难，不仅就学儿童居住分散，而且没有建立针对赫哲族的专门学校。

民国初年，赫哲族居住分散，人口数量少，即便在苏苏屯、街津口、八岔乡等地，赫哲族人可以相对集中居住，但也是形成几户或十几户的聚居与更多移民的杂居特点（"小聚居，大杂居"）。在民初兴学敷教中，赫哲族聚居地区没能建立类似鄂伦春族国民学校这样的专门民族学校。

在赫哲族较为集中地区，虽然相继成立了初等小学校，如1912年，

① 饶河县地方志编纂办公室编：《饶河县志》，第381页。
② 王鸿宾、向南、孙孝恩主编：《东北教育通史》，第390页。
③ 同江县志编纂委员会编：《同江县志》，第369页。
④ 黑龙江省富锦市志办公室编：《富锦县志》，第535页。

苏苏屯小学改为桦川县第九小学;1913年,街津口设立同江县立第二初等学校。但上述学校的学生并非以赫哲族子弟为主。又如同江县立第二初等学校首届二十七八名学生中,赫哲族学生只有地方官吏杨哈番的一子一女入学读书①。其后,赫哲族聚居区学校数量有所增加,但以赫哲族为主体的民族学校一直未有建立,赫哲子弟入校学习人数或比例无从查找。赫哲族子弟入学多半融入各普通学校。如上文所述的赫哲族博士毕天民,在苏苏屯小学毕业后,考入依兰道立中学,毕业后又考入奉天医科大学,1930年赴英国剑桥大学留学,成为著名的流行病学专家②。

虽然,民国初年赫哲族子弟入学人数少,学校发展难成规模,但在新式教育的影响下,一部分赫哲子弟获得了经受新式教育洗礼的机会。据1921年所撰修的《民国吉林依兰县志·依兰士绅表》记载的赫哲族人有③:

朗荣山,民国县议会会长、劝学所所长、省立师范讲习所所长、道立中学校校长、省立第五师范学校校长;

朗定远,北京农业专门学校毕业;

葛荣璿,吉林武备学堂毕业;

傅恩寿,吉林师范毕业;

傅庆安,吉林师范第二部毕业;

傅庆昌,吉林甲种农业学校毕业;

葛志良、葛志励,北京农业教员艺成所毕业;

傅庆安、郎讷敏、葛凤鸣、胡士元、胡巨源、卢国梁、傅春旗,依兰道立中学校毕业。

---

① 桦川县志编纂委员会办公室编:《桦川县志》,第754页。

② 桦川县志编纂委员会办公室编:《桦川县志》,第755页。

③ 杨步墀纂修:《民国吉林依兰县志》,《中国地方志集成·黑龙江府县志辑》(七),第227—229页。载于该县志中的《依兰士绅表》,总计列有55人,以上所列举15人依据依兰赫哲人姓氏所判断。

　　长期保有渔猎生产方式的赫哲族,受清末民初移民实边和新式教育的影响,一部分族子弟走出单一而封闭的生活环境,接受并学习近代文化和科学知识,其传统文化形式也在近代文化影响下发生着不同程度的改变。

第七章　近代黑龙江世居人口较少民族的新式教育与文化变迁

清末民初,黑龙江少数民族持续 20 余年的近代新式教育,使散居于边疆地区的鄂伦春、达斡尔、鄂温克和赫哲族子弟有机会接受近代文化教育和科学知识的洗礼,不仅为闭塞、原始的各民族生活地区带来近代教育形式,更为其后的民族发展与文化变迁带来巨大影响。

一、近代黑龙江世居人口较少民族的人才培养

(一)兴学校以育人才

黑龙江地区少数民族新式教育的兴起和发展宣告了黑龙江最后一块新式教育空白区已不复存在。其意义不仅在于各少数民族中有人可以读书识字以接受最基础的文化知识,更在于通过新学教育,为黑龙江地区各少数民族走出原始、封闭的落后社会状态提供了文化准备,为他们从此能够真正与全国在政治、经济、文化特别是人文领域和民族心理方面走向一致注入了必要的文化营养。当时一些忧国忧民之士痛感黑龙江少数民族地区文化的落后,所以殷切期望此地能够"人文蔚起",期望"以敷文教而固边圉"①。

---

① 张伯英总纂、崔重庆等整理:《黑龙江志稿》卷二十四《学校·学制》,第 1091 页。

在达斡尔、鄂温克族较为集中的布特哈地区,1921 年前后,有 54 人在东、西布特哈任职,46 人经历过各级各类新式学校的培养,其中 4 人留学日本,8 人有笔帖式或领催经历后,转任其他职务。综合列表如下:

1921 年布特哈地区从政人员表

姓名	出生地	毕业学校	职务
额勒春	东布特哈正白旗温察拉屯	笔帖式	布特哈副都统衙门笔帖式、骁骑校佐领、总管黑龙江军务善后督办公署谘议
额尔德蒙格	东布特哈开阔沁屯	东布特哈官立师范简易科	东布特哈镶白旗骁骑校佐领、讷河厅议会代表、讷河八旗筹办处筹办
额勒松	东布特哈正黄旗奎勒沁屯	黑龙江满蒙师范学校	小学教员、讷河警察第四区巡记长
额尔登布	西布特哈正白旗小莫丁	西布特哈高级小学校	西布特哈总管衙门笔帖式、骁骑校佐领、科员
文卿札布	西布特哈镶黄旗和礼屯	东北蒙旗师范学校	西布特哈总管衙门书记员
巴图	东布特哈正蓝旗嘎布嘎屯	北平蒙藏学校	江省卫队团上尉团附
巴金保	东布特哈正黄旗达哈沁屯	江省满蒙师范学校	东布特哈镶黄旗佐领、青年教育促进会长、八旗筹办处总办
吉尔嘎朗	东布塔哈正白旗温查拉屯	日本东京长崎高等商业学校	蒙古自治军军法处长
吴常德	西布特哈正红旗西拉金屯	黑龙江满蒙师范学校	教员、教育委员
阿罕台	东布特哈正黄旗库勒沁屯	南京中央政治学校	东布特哈佐领、筹办处办事员、教育促进会员、讷河县署科员

续表

姓名	出生地	毕业学校	职务
阿锡塔	东布特哈正蓝旗嘎布喀屯	领催笔帖式	骁骑校佐领、游击队管带、省防军营长、警备军营长
阿勒巴	西布特哈正黄旗宜卧奇屯	西布特哈高级小学校	西布特哈总管署科员、骁骑校佐领
阿勇巴图	东布特哈正黄旗都西沁屯	奉天东北蒙旗师范学校	呼伦贝尔小学教员
志达图	东布特哈镶红旗阿拉哈产屯	南京政治学校	东布特哈旗务处笔帖式、在江苏省政府各厅实习六个月
卓仁托布	西布特哈正白旗尼尔基屯	黑龙江省立师范学校	布西农务会长、江省蒙旗教育委员会委员
卓仁台	西布特哈正蓝旗杜拉尔屯	布西高级小学校毕业	布西设治局荒务科员
哈春富	东布特哈镶黄旗多金屯	江省满蒙师范学校	正黄旗骁骑校、讷河第四区巡官
胡格金台	东布特哈正黄旗奎勒沁屯	奉天东北蒙旗师范学校	东布特哈八旗筹办处书记、呼伦贝尔小学教员
耐渤橐	东布特哈镶白旗开阔沁屯	日本东京美术学校	胪滨县公署科员
阿克敦	东布特哈正黄旗拉力沁屯	江省满蒙师范学校	东布特哈八旗筹办处翻译、讷河四区区官
郭兴元	东布特哈正蓝旗莫力屯	日本士官学校	
郭兴德	东布特哈正红旗满乃伯尔科屯人	北平蒙藏学校	
敖福瑞	东布特哈正黄旗奎勒沁屯	北平蒙藏学校	

续表

姓名	出生地	毕业学校	职务
敖瑞明	东布特哈正黄旗库勒沁屯	北平蒙藏学校	
索宝	东布特哈正黄旗洪霍尔济屯	笔帖式	东布特哈骁骑校佐领
索米子宏	西布特哈正白旗大墨尔丁屯	黑龙江满蒙师范学校	历充西布特哈骁骑校佐领、总管署笔帖式、科员、科长、布西教育局长
常德布	东布特哈正白旗都拉斯屯	黑龙江满蒙师范学校	骁骑校、小学教员、垦务局稽查
常海	东布特哈正红旗满乃伯尔科屯	北平蒙藏学校	
鄂腾格	东布特哈镶黄旗花马台屯	江省满蒙师范学校	历充讷河县署翻译、第四区巡官、区官、骁骑校、省防军营军需长,游击队长、警备连长
舍英	东布特哈正蓝旗洪霍尔济屯	东布特哈师范讲习科	小学教员
尔恒巴图	西布特哈镶蓝旗双明屯	领催	历充骁骑校佐领、游击队队长、区官
富增格	东布特哈正红旗满乃伯尔科屯	北平蒙藏学校	
图穆尔	东布特哈镶红旗阿拉哈产屯	北平蒙藏学校	
马尔嘎	东布特哈正红旗满乃伯尔科屯	江省第一师范学校	呼伦贝尔中学校教员、呼伦镇守使署谘议、道署翻译、黑龙江警备司令官署蒙文秘书
嘎尔地	东布特哈正红旗满乃伯尔科屯	笔帖式	骁骑校佐领、东布特哈总管署文案处总办、劝学所长
霍图日藏	西布特哈正黄旗宜卧奇屯	奉天蒙旗师范学校	西布特哈总管署书记、布西财务局事务员

续表

姓名	出生地	毕业学校	职务
明升	西布特哈正黄旗登特科屯	布西师范讲习所	小学教员、总管署笔帖式、骁骑校
孟希舜	西布特哈正白旗小墨尔丁屯	布西师范讲习所	笔帖式、骁骑校佐领、总管署科员、劝学员、教育委员
巴彦克西格	西布特哈正白旗登特科屯	布西师范讲习所	小学教员、领催、笔帖式
乌尔恭博的	西布特哈正黄旗西瓦尔土屯	笔帖式	骁骑校佐领、总管署科员
朱尔纲	西布特哈镶白旗绰尔哈屯	江省满蒙师范学校	小学教员、教育委员、笔帖式
绰克巴图尔	东布特哈正白旗文查拉屯	日本补习日语大学校	蒙古自治军宣传处长
绰若奇	东布特哈镶蓝旗嘎布喀屯	江省第一中学	小学校教员、骁骑校、讷河警备营部书记
穆克德	东布特哈正黄旗库勒沁屯	笔帖式	领催、骁骑校、总管署司员
图穆尔托	东布特哈正黄旗博库尔沁屯	笔帖式	西布特哈总管署科员、劝学员
海顺巴图	东布特哈正红旗他本沁屯	江省满蒙师范学校	小学教员，讷河五区巡官，布西三区保董、区董
萨音托布	东布特哈正黄旗博库尔沁屯	北平蒙藏学校中学班	小学教员
孟有格	东布特哈镶红旗阿拉哈产屯	讷河县立高级小学校	小学教员
孟定海	西布特哈正白旗大墨尔丁屯	布西高级小学校	西布特哈总管署笔帖式、布西财政局收捐委员
纯善	西布特哈镶黄旗特莫呼朱屯	布西高级小学校	布西劝学所雇员、总管署笔帖式

续表

姓名	出生地	毕业学校	职务
增保	东布特哈正红旗哈力屯	讷河高级小学校	布西四区学务委员
嘎特布库	西布特哈镶黄旗和礼屯	布西高级小学校	小学教员
珠尔甘图	西布特哈镶红旗哈力沁屯	江省满蒙师范学校	历充西布特哈总管署笔帖式、扎兰屯警察局警佐
索尔塔图	西布特哈镶白旗绰尔哈屯	江省蒙旗中学校	小学教员
德富贵	东布特哈正白旗德都拉屯	奉天蒙旗师范学校	历充小学教员、扎兰屯警察局警佐
图庆额	西布特哈镶红旗哈力沁屯	笔帖式	领催、骁骑校、县农会副会长、总管署科长
孟敦祥	东布特哈镶红旗阿拉哈产屯	讷河高级学校	小学教员、扎兰屯警察局警佐

资料来源:孟定恭撰《布特哈志略》,《中国地方志集成·黑龙江府县志辑》(十),第325—328页。本表照录原文。

在上述统计中,出生于布特哈地区达斡尔、鄂温克族青年,经历新式教育后,又回到家乡,其中,有22人从事与新式教育有关的工作,如担任教员、劝学员、教育委员等职;有32人从事布特哈地区的行政、警卫、防御等职。

在鄂伦春族中,库玛尔路记名副都统协领于多三记录了1914—1931年间该地区鄂伦春族人经历新式教育的变化:办学前,鄂伦春人散处山林,世代从事游猎生活,"浑噩无知,生计艰难","幸自民国三年设有省立第一、二、三各校以来,渐知读书为人生之首务。一般鄂民遣子弟入学日见增多,就以省第三鄂校论,先后有高、初毕业者共计百五十名,充当库玛尔路、阿里路佐领、骁骑校暨在金厂或陆军充差者二十余名,此皆教育之效也"①。

　　办学中,黑龙江省官员重视对少数民族学生的培养,以期为各民族储备人才,"今年嫩江第三鄂伦春学校学生毕业十八名,已升入蒙旗学校肄业。明年呼玛第一、瑗珲第二两校,每校又能得毕业学生二十余人,应俟该两校学生毕业时即合并一处,就嫩江第三校增建校舍,酌加经费,添设高等小学一级,迨高等生毕业,再升为简易师范或师范传习所,以储鄂民教材,毕业后则以本族人办本族学校,教育本族子弟,人地相宜,收效自属易易。如此办法,庶鄂伦春数千年之野蛮,可渐进于文化,人人具有国家思想,则边境可无患矣"②。为培养师资,办学较好的省立第三鄂伦春学校,将学习成绩优异的毕业学生景元、托拉哈二人留在学校充当教员,"权用景元为第一校教员,托拉哈为第二校教员。并将该二生改为师范讲习生,按暑、寒两假期间回母校讲习师范课程,以资长进。计每年讲习三个月,以四年为满,届期考试合格,发给师范讲习科毕业证书,俾该生等具有国民学校教员资格"③。相较于传统各民族生存教育而言,新式教育使学生获得近代文化知识的同时,也使他们有机会走出封闭单一的生活环境,融入近代教育体系中。如《小学公民课程纲要》和《初级中学公民学课程纲要》贯穿初级小学、高级小学和初级中学三个阶段,各阶段都涉及家庭、学校、社团、地方、国家和国际等方面常识和道德责任。使用较为广泛的中华书局版新学制适用新小学教科书《公民课本》,涉及个人、家庭、学校、社会、国家、国际等方面,颠覆了以往修身教科书内容上侧重个人和家庭私人领域的状况,大量关注公共领域的问题,某种程度强化了各少数民族国家认同观念。在赫哲族新式教育发展中,由于赫哲族人口少、居住分散,难以形成以赫哲

---

①　谢岚等主编:《黑龙江省教育史资料汇编》上编,第 1068 页。
②　谢岚等主编:《黑龙江省教育史资料汇编》上编,第 1087 页。
③　谢岚等主编:《黑龙江省教育史资料汇编》上编,第 1077 页。

族为主的民族学校，赫哲子弟求学，只能分散于各级各类学校中，不过新式教育仍对赫哲族所处的地区有很大影响。如前所述，赫哲族流行病专家毕天民，便是新式教育的受益者，他在赫哲族苏苏屯小学毕业后继续深造，最后留学英国剑桥大学，并获医学博士学位，回国辗转内地，先是在沈阳的医院做医生，后又担任山东齐鲁大学教授、成都三大联合医学院教授、兰州西北防疫处卫生人员训练所所长、宁夏卫生处副处长、东北救济总署卫生专员、南京中央大学医学院主任教授等职，服务于全社会。

接受新式教育的许多少数民族学生，又成为新式教育的传播者，"俟(学生)小学毕业后，可升入小学教员讲习所，由小学教员讲习所毕业后，则可回旗设学施教，以期汉、蒙同化较易为力"①。

1906—1931 年，新式教育培养出诸多少数民族人才，但更具有战略意义的是推动了边疆民族地区近代文化知识的普及，提高了民族素质，强化了国家意识和民族认同。当一批批少数民族学生，经历小学、初中或师范教育的洗礼后，成为本民族第一代新文化人，其文化影响难以估量。清末民初，新式教育体制下共计培养了多少少数民族学生虽无确切统计，但从目前所检索整理的各类档案、文件的记录中可以看到，这些毕业学生有的担任了佐领、骁骑校、警察，有的到漠河金矿从事技术、管理工作，有的参加了军队，有的回到学校做教师②。倘若没有这些新式教育培养出来的基层人才参与民族地区的建设，黑龙江地区各少数民族恐怕与现代文明的距离将会更大。

（二）打破旗、民壁垒

新式教育打破了以往视为禁区的旗、民界限，学校的管理体制被纳入了一体同管的近代教育的轨道。

---

① 谢岚等主编：《黑龙江省教育史资料汇编》上编，第 1068 页。

② 参见拙著：《清末民初的边疆危机与鄂伦春民族教育》，《北方文物》1997年第 1 期。

　　黑龙江少数民族新式教育是在旗学瓦解近代教育创立、推行中所实施的,学校的管理与教学的进行,使昔日旗、民被人为划定的界限不复存在。如嫩江县立第一初等高等小学校,校长与教员按照统一教学计划安排课程,"校长潘云台,系仕学馆修业,奉天政法学堂毕业,教授高等班国文、文学史、修身等课,颇能尽心教授,改作亦能引人入胜。教员包永卿系卜奎师范毕业,教授高等理科班地理,尚能明了,所教体操步伐整齐。教员刘喜雨系省城师范卒业,教授初等国文、修身及高等班历史,讲授详明,所授初等算学,心思细密,教法纯熟。教员崔瑞恩系卜奎师范毕业,教授高等算学、农学、手工,均能尽心授课"①。

　　为使鄂伦春族子弟接受近代文化,黑龙江省特制定《优待鄂伦春学生规则》,保障并鼓励其读书学习。

　　第一条　为开通鄂伦春文化起见,在甘魁镇小学或其他小学内,规定学额,一律免收学费。每月津贴膳费,并发给书籍费,以示优待,但以游猎之鄂族学生为限。

　　第二条　鄂族学生志愿入学肄业者,除免收学费外,每月每名津贴膳费大洋六元及每学期发给书籍费大洋二元。

　　第三条　县教育局就游猎鄂族学龄儿童多寡酌定学额若干名,在甘魁镇小学或其他指定之小学照额招收。

　　第四条　甘魁镇小学及指定小学当遵照教育局规定,鄂族学额按级配分,以便随时招收。

　　第五条　学校每届学年开始前,按照各级分配学额,呈请教育局转咨鄂伦春主管协领或佐领,如额选送游猎鄂族年在七岁以上、十五岁以下学生,入学肄业。

　　第六条　学生入学后,仍由该管佐领加其志愿求学之保证书及确系游猎部落之身份证书,以杜冒滥。

　　第七条　教育局酌定学额若干名,应将所需费用数目按十个

<hr/>

　　①　《达斡尔资料集》第九集档案专辑(二),第131页。

月计算，自三月起至十二月止，编入地方教育年度岁出预算，以便按月发给。

第八条　学生应领津贴各费，由学校造具单据，向教育局分别支领转发。

第九条　学校招收鄂族学生若干，于每学年开始后一个月内，造具清册，呈报教育局，转报教育厅备案。

第十条　学生应领津贴各费，由入学之时起至毕业之时止。

第十一条　学生在肄业期间不得自由退学，如有特别事故，须由该管佐领证明，经校长查核属实，准其退学，并随时呈报教育局转报教育厅备案。

第十二条　本规则自呈请省政府核准日施行。①

为保证学校教学活动的正常进行，有些民族学校也招收汉族学生。在"车陆镇本街仅有栖林住户四家，并无校学生，外有汉族学生十一名，均系车陆附近住户，自备宿膳。统计该校现有鄂、汉两族学生共十八名。而宿舍生，则仅鄂族学生七名开支膳宿费而已"②。

截至1931年位于黑河市省立第二鄂伦春初级小学，"共计鄂生十七名，又为造就人才起见，权收汉族学生十八名，概未在校食宿，统计共有鄂、汉两族学生三十五名。现仅有鄂生十名在校食宿，汉族儿童十八名在家食宿，书籍等由校发给"③。

新式教育中，少数民族学生已初步掌握汉语、国文，黑龙江省立第三鄂伦春小学校长王述春"夙夜兢惧，已历一年。学生汉语略有半通，国文已读二册，该族因子弟之牵系，均感戴之未遑，国家有用之金钱，不致虚糜。鄂伦春同化之目的必能达到"④。

---

① 谢岚等主编：《黑龙江省教育史资料选编》上编，第1077页。
② 谢岚等主编：《黑龙江省教育史资料选编》上编，第1072页。
③ 谢岚等主编：《黑龙江省教育史资料选编》上编，第1072页。
④ 谢岚等主编：《黑龙江省教育史资料选编》上编，第1088页。

在教学执行中,黑龙江统一执行教育部颁布的《国民学校令施行细则》,对各级各类学校的课程,特别是对义务教育实施的教学内容与科目,做出详细安排。虽然在新式教育初期,需辅之以满语或其他民族语言,但汉语做为教学中的主体语言是新式教育发展的前提与基础。

初小设国文算术、常识、美术、工艺、音乐等科目,高小增设英文、历史、地理、公民、卫生等科目。从初小四年级起增设珠算课。1930 年,注音符号推行委员会,推广国语拼音。此外,在原定男女学生制服样式的基础上,规定学生制服一律改用国货。

这些改革不应仅视作是方便学务上的管理,它意味着清代 200余年旗、民分治文化政策的破产终结。历经清末政府、南京临时政府、北京政府、南京国民政府的变革,新式教育虽然远非尽善尽美,但却体现了黑龙江少数民族新式教育与世界近代化潮流接轨的新思想、新观念,因此从开始就具有极其顽强的生命力。这一特点为彼时的少数民族新式教育增添了更高层次意义:一方面通过新式教育改变各少数民族经济文化原始、落后的状态;另一方面,将守土之责、共御外侮的爱国主义思想自觉地贯彻到教育实践中,这无疑是一种值得肯定的做法。

(三)敷文教以固边围

兴学之初,正是黑龙江边疆危机愈演愈烈之时,教育各民族学生掌握近代的文化与知识的同时,更有开启民智固守边疆的寓意存焉。

1913 年,负责第四视学区的视学邹召棠发现沿黑龙江一线的鄂伦春族人无论从日常生产生活到文化教育,都已经完全俄国化,更有甚者,与俄人亲与国人远,没有国家概念。面对民国初年,危机迭显状况频出的边疆问题,鄂伦春族的现状令人忧心。"今欲慎重国防,维持边局,则收笼鄂伦春万不可视为缓图。"①因此,黑龙江少数民族所接受的新式教育,处处渗透着浓重的忧患意识和爱国主义思想,所谓"时局艰

---

① 　谢岚等主编:《黑龙江省教育史资料选编》上编,第 1064 页。

难，亟当广教育以造普通人才，量国程以徐图文明进步"即言此①。

　　孙烈臣履任黑龙江省省长时，"外观时局，内察边情，深以远地边
氓，不被教化为隐忧，亟思所以开通挽救之方"②，对于黑龙江流域鄂伦
春族的教育现状深为忧虑，"查省北黑河沿岸暨内兴安岭一带，鄂伦春
族人甚多，世居山林，以打猎为生，别无职业。且逼近俄境，多通俄语，
不通汉语，日与俄人交通，所得皮张悉售之俄人，换其枪械子弹，以致与
俄人亲，与国人日疏。俄人亦……多方诱惑，致令我国之边氓，甘作邻
邦之侦谍，殊为可惜。近时国防日急，对该族尤当注意教育，俾知内向。
前清末造，政府固尝注意及此，设鄂伦春五路协领，有官而无衙署，呼伦
地界，更为隔绝。今欲慎重国防，维持边局，则收笼鄂伦春，万不可视为
缓图。"③

　　对此，视学邹召棠认为，鄂伦春族人的现状是生计所迫文化缺失所
致，"二十六年以后，江北土地概属俄人，江南荒地逐渐放尽。现在仅余
内兴安岭一带，岭上树木年年斫伐，林中野兽益形减少，不数年，山穷兽
尽，族衣食日用何由给焉？当此山产未罄，糊口有资之时，急应从事农
耕，以为将来生活之计，否则恐将随狍、鹿而俱灭。此等情势，识者恒引
为深忧；而一般无知鄂民反处之晏，如若非由本管长官时常开导，不足
以醒其愚昧"④。

　　值得注意的现象是，文化较为发达的内地在推行新式教育中，处处
有顽固派从中作梗，而在黑龙江，几乎所有官员对设学兴教，尤其对各
少数民族推行新式教育都体现出高度的紧迫感、责任感、使命感。原因
何在？就因为身处东北边陲的人们对深重的民族危机更有切肤之痛，
对黑龙江各少数民族原始、落后的现状更有切身体会，所以必须"内外

　　①　吉林师范学院古籍研究所主编、李澍田等编注：《徐鼒霖集》，吉林文史出
版社 1989 年版，第 271 页。
　　②　谢岚等主编：《黑龙江省教育史资料选编》上编，第 1064 页。
　　③　谢岚等主编：《黑龙江省教育史资料选编》上编，第 1078 页。
　　④　谢岚等主编：《黑龙江省教育史资料选编》上编，第 1078 页。

一心,上下一气,官民一力,急起直追"①。这不能不说是清末民初黑龙江少数民族新式教育的一个亮点。

二、黑龙江世居人口较少民族新式教育的特点

对于黑龙江世居人口较少民族来说,清末民初兴起的新式教育从本质上说是有别于传统旗学封建教育的新事物,是一次规模较大的教育改革尝试。经过清末民初社会各方的不懈努力,至伪满洲国成立前夕,新式学校教育已成为世居人口较少民族中最主要的教育形式,并最终取代了落后的旗学教育。不过,我们必须看到,尽管新式教育制度及新的时代精神正日益展示其强劲的生命力,然而旧势力、旧习俗对于经济、文化、观念相对落后的达斡尔、鄂温克、鄂伦春和赫哲族来说仍有相当顽固的影响;加之当时内外交困的政局,无不掣肘着新式教育的发展。也正因如此,黑龙江世居人口较少数民族的新式教育除具有同时期全国新式教育的某些共性外,不可避免地显现出其自身的某些特殊性。

(一)新学中残留着旗学

黑龙江世居人口较少民族的新式教育在一定程度上仍残存着昔日旗学教育的影响,新式学校中仍以满语为教学用语,兼以满汉双语教学。这种局面主要由有清一代统治者推行民族文化隔离政策所造成的。200余年来,清政府从未放弃过同化黑龙江流域各少数民族的意图,规定所有官学一律学习满语文,采用满文翻译的儒家经典为教材,结果满语文成为各民族间交流的通用工具。鉴于这种实际情况,致力于倡办新式教育的人们不得不探寻更适合各少数民族的办学方式。他们在最初推行新式教育的过程中被迫采取了满、汉语文并授的特殊教学形式,即在使各族学生粗通满文的基础上,再教授学生识习汉字,阅读汉语教材。1906 年,陈福龄在讷河创办鄂温克蒙养学堂时,便采用

---

① 谢岚等主编:《黑龙江省教育史资料选编》上编,第 1078 页。

这种方式①。

此外，在毕拉尔路鄂伦春聚居区创立鄂伦春国民小学时也遇到类似的情况。由于学生"仅识满洲文字，不识汉文"，创办者在教师的选聘上颇费周折，不得已在学校中附设满文一科，恳请黑龙江教育厅"添派熟悉汉、满文字副教习一员"②，以完成由满语教学向汉语教学的过渡。这种教学形式在当时不能不说是一个创举。作为新旧教育体制更替的工具，它有可取的一面，至少为各少数民族的教育与近代教育接轨，做了不可或缺的铺垫。然而，这种教学方式不仅耗时费力，事倍功半，而且不可避免地使清末民初少数民族的新式教育难以彻底摆脱传统旗学的影响，不能使之迅速走向正规化、标准化，从而在最短的时间内赶上文化发达地区的教育水平。1907 年视学员视察达斡尔、鄂温克等族聚居的东布特哈新学时痛斥其"学务腐败不堪，废弛已极"③。此评语虽不无偏激之嫌，但也道出了当时少数民族新式教育存在的严重缺陷。

（二）新式教育发展不均衡

黑龙江地处边陲，各民族居住分散，交通不便，消息闭塞，这些不利因素自然成为制约黑龙江少数民族教育均衡发展的重大障碍。其中一些地处平原、与汉族交往密切的地区领风气之先，新式教育得以较为顺畅地推行，而那些长期以深山密林为伴的各渔猎民族在实施新式教育时则举步维艰。具体情况大致如下：

主要聚居在黑龙江省讷河县境内的达斡尔族，随着清末汉人的大量涌入，形成了与汉族杂处的局面，颇受汉族文化的影响。从 1906 年起，当局在那里陆续创办了 4 所达斡尔族小学和 1 所达斡尔族初级师范（博尔多站初等师范预备科）以及阿哈浅、多金、奎勒浅和莫力初等小

---

① 参见《黑龙江史志》1995 年第 2 期。

② 谢岚等主编：《黑龙江省教育史资料选编》上编，第 1078、1068 页。

③ 黑龙江省档案馆、黑龙江省民族研究所编：《黑龙江少数民族（1903—1931）》，第 177 页。

学校。民国初年,讷河县境内的汉人日益增多,少数民族学校中出现了汉族学生。由于当局对边疆少数民族教育的进一步重视,达斡尔族小学教育日渐普及,继嫩江左岸清和屯、博库浅、博尔多建立初等小学后,又于 1922 年,在敖宝屯、全和台、梅里斯、杜尔门沁、音沁、文图达等村也相继建立初等小学,达斡尔族民族教育已颇具规模。其中一些达斡尔族小学毕业生曾先后被保送或考入黑龙江省蒙旗中学、黑龙江省第一师范学校、齐齐哈尔蒙旗师范学校、东北蒙旗师范学校、北平师范大学、北平蒙藏学校、北平俄文法文学校、南京中央政治学校、上海美术专科学校等国内中高等学校,有的还出国留学,进入日本士官学校、莫斯科大学、广岛高等师范学校。达斡尔族在清末民初少数民族新式教育中的成绩,令人瞩目。

在 1906 年新政的推动下,布特哈的开明绅士陈福龄,先后创建了布特哈初等小学堂,即蒙养学堂。然后在他的倡议下,又相继设立占育、拉哈、喀木尼喀及石屋学堂。从此,达斡尔、鄂温克族聚居地区兴办新学蔚然成风。民国建立后,兴办新学的势头仍然不减,又接连创办了吉木伦屯阿伦、墨尔丁屯谟鼎、绰哈尔屯卓尔、乌尔科屯乌珠、霍日里屯和礼、登特科屯特科、博伦屯博能、哈力沁屯履新等 8 所初等小学校。鄂伦春国民小学设立后,也曾吸收鄂温克儿童入学。1926 年 6 月,讷河县在嘎布卡建立了鄂温克第三初级小学校,学制 3 年,采用复式教学,教学内容基本与汉族学校相同,共有学生 26 名。该校优秀毕业生先后升入省立第一师范学校(黑龙江满蒙师范学堂)、齐齐哈尔蒙旗师范学校等。从此,达斡尔、鄂温克族新式教育便开始步入一个新的发展阶段。

鄂伦春族世代生活在黑龙江与大兴安岭、小兴安岭之间,即今塔河、呼玛、黑河、逊克、嘉荫等市县,地处中俄边界。他们长期以渔猎、采集为主要生活方式,有语言无文字,文化比较落后。清末民初,在沙俄侵占中国领土时,鄂伦春问题引起人们广泛关注。很多人将振兴鄂伦春民族教育与国防大计联系在一起。1912 年,黑龙江省决定在库玛尔路、毕拉尔路、阿里多普尔路各创立一所省立鄂伦春小学。经过广泛的调查和反复论证之后,1915 年 7 月,省立第一鄂伦春学校在瑷珲县西山宏户图屯成立,隶属于库玛尔路鄂伦春协领公署,从 207 名 8—15 岁的适龄儿童中招收 30 名学生。1914 年 7 月,省立第二鄂伦春学校在瑷珲城成立,为便利学生入学,此后改设于鄂伦春聚居区毕拉尔路的车陆,隶属毕拉路鄂伦春协领公署,共招收 32 名学生。不久省立第三鄂伦春学校在嫩江成立,隶属于阿里多普尔路,招收 30 名学生。1920 年 1 月在原省立第三鄂伦春学校基础上改建高、初级完全小学,即省立第一鄂伦春高等小学。1921 年将省立第一、二校毕业生合组,组建第二鄂伦春高等小学。1920 年在筹集了一部分教育经费后,又成立 4 所公立国民小学。其中库玛尔路公立第一鄂伦春国民学校,校址在喀尔通屯西,有学生 25 名;库玛尔路公立第二鄂伦春国民学校,校址在迈海屯,有学生 15 名;阿里多普尔路公立第三鄂伦春国民学校,校址在布西所属的拨彦街,有学生 25 名;毕拉尔路公立第三鄂伦春国民学校,校址在车陆屯,额定学生 25 名。经过几年的努力,至 1921 年,省立鄂伦春学校已有 8 所,学生共 200 余名。1922 年底,第一批高小学生毕业。这对于一个发展极其缓慢的渔猎民族来说,具有划时代的深远意义,但与达斡尔族相比,鄂伦春族仍属后进者。

赫哲族是我国人数最少的民族之一,历史上主要分布在黑龙江、松花江和乌苏里江交汇处,以渔猎为主。赫哲族教育起始学满文,光绪年间始学汉文。1907 年,在松花江沿岸的苏苏台,创办了赫哲族第一所新式小学。民国时期,在赫哲族聚居的苏苏屯、大屯、嘎尔当、富提信、拉哈苏苏、街津口等地设立学校,但赫哲族子弟因生活贫困,无力念书,生源有限。1924 年,街津口小学校归并到同江小学校。与其他各族相比,赫哲族新式教育发展程度不高,相对较为落后。

由此而论,新式教育尽管以前所未有的规模不断发展,但就整体状况而言,仍然呈现出极大的不平衡性。究其根本,恐怕还是与达斡尔、鄂温克、鄂伦春和赫哲族各自独特的自然、人文环境有关。新学兴起之后,当时人们就认识到虽"均经一律设学,渐臻进步,并拟随时扩充,其于教育普及"，但"语言不通，文化各异，兴学之难，视新疆尤为棘手"①。这一认识当符实况。

（三）新式教育以小学教育为主

当时达斡尔、鄂温克、鄂伦春和赫哲族的新式教育仍处于层次低、规模小、数量少的草创阶段，与社会对新式教育的需求尚不相称。

达斡尔、鄂温克、鄂伦春和赫哲族新式教育在起步之时就把创办完全小学定为发展方向，这显然是为了适应各少数民族文化相对落后的实际，因为在基础教育尚未普及的情况下，很难苛求提高。在清末兴办新学过程中，黑龙江各级官员就碰到"国书、清语省识无多，西学、汉文肄习尤寡"，"既无昔时尚武之风，更昧今日兴学之义"状况，他们不禁慨叹："江省兴学既难于成功，尤难于创始。"②就黑龙江各少数民族新式教育而言，教育的当务之急必然是推广基础教育。因此，兴学之初，黑龙江将军程德全就向清政府奏请："江省筹办学堂，拟先办小学，俟教育稍有可观，再将高等中学堂推广增设。"③毫无疑问，这也是受制于当时的实际情况不得已而为之的策略。

新学初创之日，正逢清王朝气数将尽之时，当权者自顾尚且不暇，对边疆民族地区的新式教育自然也就不会着力为之，故而这一时期各少数民族新式教育的建构与管理基本上处于因陋就简的状态。就学校设置而言，创办者没有做更系统、更合理的筹划，仅着眼于学生就近上学计，将学校网点统统设置于水陆交通线附近。因资金短缺，校舍多是通过借用、租赁等办法加以解决的，是否适合教学已难在考虑之列。时至民国，情况渐有好转。1912 年以后，随着新式教育的进一步深化，民国政府政府制定一系列法规章程，涉及新式教育各个方面，如入学资

①　张伯英总纂、崔重庆等整理：《黑龙江志稿》卷二十四《学校·学制》，第1101 页。
②　谢岚等主编：《黑龙江省教育史资料选编》上编，第 163 页。
③　谢岚等主编：《黑龙江省教育史资料选编》上编，第 164 页。

格、考试、学科、录用、约束、鼓励、奖惩、管理机构等,黑龙江少数民族新式教育的创办与管理始有章可循、有法可依。但与内地的新式教育发展情况相比,当局对黑龙江少数民族新式教育的投入力度仍然十分有限。

三、新式教育影响下的黑龙江世居人口较少民族文化变迁

文化学者格尔茨认为,文化不是封闭于人们头脑之内的某种东西,而是存在于公共符号之中,通过这些符号,社会成员彼此交流世界观、价值取向、文化精神以及其他概念,并传承给下一代。文化以象征符号的方式表达着一个民族的民族精神和民族意识。一个社会内部和外部的变动都会促使其文化系统发生适应性变化,从而引发新的需要。创新、传播、涵化是文化变迁的过程和途径。文化变迁的模式的各个环节之间并非是单向的因果关系,而是相互作用的。

清末民初,黑龙江世居人口较少民族新式教育的发展,虽步履维艰,但是到伪满洲国建立前夕,新式学校已成为各民族地区最主要的教育形式,并最终取代了落后的旗学教育。作为传统教育与近代教育接轨的过渡阶段,渗透着忧患兴邦思想的少数民族新式教育政策,蕴含着国族认同观念。这些文化影响对各民族的文化结构都产生了不同程度的影响。

(一)清朝编旗后民族文化的分化

鄂伦春、达斡尔、鄂温克和赫哲族的传统文化形成,首先受到自然环境的挑战。每个民族在历史生成的初期对自然都有着强烈的依赖性。文化学者斯宾格勒认为:"一个种族有它的根源。种族和景色同期归属。植物生根的地方就是它死亡的地方。我们可以毫不背理地从一个种族追溯到它的'家',这当然是有意义的,但更为重要的是,要认识种族及其某些实体的和心灵的最主要的特征是永远附着在其家上的。"[1]在民族文明初起,地理环境对文化的形成发挥决定性作用,所谓

---

① [德]奥斯瓦尔德·斯宾格勒著、吴琼译:《西方的没落》,上海三联书店2004年版。

一方水土养一方人,就强调了地理环境对人的重要性。顺应自然,向自然妥协,是人类早期自然属性存在的原因。随着人类对自然了解、认识的逐步加深,利用自然并逐步摆脱自然的束缚成为人类心智走向成熟的标志。各民族或农耕、或渔猎、或采集,无一不成为文化形成的物质基础,在贝加尔湖、黑龙江、三江地区其传统文化开始整合。各民族经过长期的发展之后,成员彼此间在一种适应性的基础上对于本民族的生产方式、生活方式以及信仰习俗具有一致性和认同感,这种文化的整合性不仅仅表现在生产方式、风俗习惯的叠加,而且是有机融合一体的结构。

　　17 世纪,达斡尔、鄂温克、鄂伦春和赫哲族被编入八旗,传统的生产方式,伴随与农耕文化、畜牧文化的接触发生了显著的变化。

　　清代,达斡尔、鄂温克、鄂伦春等族在不断与周边民族的交换过程中,开始使用火枪狩猎。《清高宗实录》记其事云:"我满洲本业,原以马步骑射为主,凡围猎不需鸟枪,惟用弓箭。即索伦等围猎,从前并不用鸟枪。今闻伊等不以弓箭为事,惟图利便,多习鸟枪。……况索伦等皆猎兽之人,自应精于弓箭,故向来于精锐兵丁内,尤称手快。伊等如但求易于得兽,久则弓箭旧业,必致废弛。……仍晓谕索伦等,今收回鸟枪者,特因尔等围猎不用弓箭,习学鸟枪过多,皇上欲尔等不弃旧规,仍复本业,尔等应体皇上怜悯训导至意。凡遇围猎,毋用鸟枪,仍前专用弓箭,务复旧习,不但超列优等,而善马步射者,可被恩升用侍卫等官,将此明白晓谕之。"①后光绪年间,西制的火枪开始传入达斡尔、鄂温克、鄂伦春、赫哲族社会中。

　　受他文化价值观的影响,各民族捕猎的目的不再仅仅为了满足自己的衣食之用,而是看中貂皮等猎产品本身具有的商品价值,在出售貂皮、灰鼠皮、水獭皮、狐狸皮、鹿茸、鹿鞭等猎物的同时,则购买或交换所需生产、生活物品,如布匹、粮食、烟酒、糖茶、锅盆等。

------

①　《清高宗实录》卷三七五,乾隆十五年十月丁丑。

清初,达斡尔、鄂温克族被编入驻防八旗,他们在"披甲种地"的生产生活方式之中,逐渐习于农耕,"近日渐知树艺,辟地日多"①。康熙二十三年(1684),清政府为抗击沙俄侵略,推行屯田制度,以解决粮食问题,令进驻黑龙江城的八旗官兵,包括 500 名达斡尔、鄂温克兵丁,"永戍筑城屯田"②。这里地土膏腴,无干旱水溢之虞,每垧年终获粮,比江右田地收获多。他们通过与满族、汉族和俄国人交流,在原有的自给自足的渔猎、采集等较为原始的生产方式外,逐渐出现了商品贸易与农耕方式。

马克思主义认为,文化作为上层建筑,最终由生产方式决定。"生产关系的总和构成社会的经济结构,即有法律的和政治的上层建筑竖立其上并有一定的社会意识形态与之相适应的现实基础。物质生活的生产方式制约着整个社会生活、政治生活和精神生活的过程。"而达斡尔、鄂温克、鄂伦春、赫哲族生产方式会随着生产力的发展不断更迭,"手推磨产生的是封建主的社会,蒸汽磨产生的是工业资本家的社会",生产方式的变革最终会引起各民族文化的变迁,以此为基础,各民族形成具有自身风格和特点的文化。

(二)新式教育推进中的文化变迁

在清末民初新式教育推进过程中,黑龙江省各少数民族经受近代文化的洗礼,初等教育中的修身、读经、国文、算数、历史、地理等课程,无不渗透着提高边疆民族文化素质,使其拥有国家观念的教育宗旨。

黑龙江省的新式教育,无论是私塾改良还是民族学校的建立与发展,除却考核学校教育行政状况以外,教材的使用即是否能够确保教学内容与国民义务教育目标一致也是重要衡量标准。之所以如此强调,是因为教学内容是教学思想实施的载体,学生知识的累计与素质的养成,全赖于此。建立在学校教育基础上的近代科学、国家、民族群体、道

---

① 西清:《黑龙江外记》,第 67 页。
② 张伯英总纂、崔重庆等整理:《黑龙江志稿》卷八《经政志》,第 362 页。

德伦理、文明生活等知识观念的传播，开启着黑龙江各民族青少年的智识，同时又以巨大的社会辐射力，塑造着他们的国家观念与民族共同体观念。

民国建立后，政府注重国家观念教育，"既为共和立宪之国，则教育之方针自当以新国家之本质为主眼，而置重于共和立宪国民之养成"①。为此，全国教育联合会拟定中小学课程标准，效仿西方国家的公民教育，"普通学校中必设公民科，对于公民应有之常识、国家之组织、法律之大要，以及公民之责任义务皆当使之明悉无疑，且非特授以知识，又于相当联系之机会"②。民国初年，教育在建构国家意识和公民身份的过程中，成为重要的手段，启迪并强化着少数民族学生国家观念和公民德性。"九一八"事变爆发，日本出兵强占东北，并扶植溥仪建立伪满洲国，肇始于清末的近代新式教育被迫终止，转而由日本帝国主义主导强制推行的殖民教育所替代。然而，历经 20 余年的新式教育，国家观念与民族共同体观念已深入人心，逐渐凝聚为各民族在民族危亡之际共赴国难，抗击侵略的家国情怀。在此过程中，达斡尔、鄂温克、鄂伦春和赫哲等民族的内心世界和精神情感与全国各民族走向一致。

在 14 年抗战期间，达斡尔、鄂温克、鄂伦春和赫哲族民众活跃在各条战线上，与其他民族一道为国家领土完整与民族独立浴血奋战。具体表现为：

首先，"九一八"事变后，率先表达"不做亡国奴"，誓死抗战。

"九一八"事变后不久，时任内蒙古人民革命党代理委员长的达斡尔族人士郭道甫便宣告："死也不做日本的奴隶，坚决同日本帝国主义抗战到底。"郭早年曾就读于海拉尔满蒙学校，1910 年入黑龙江省立第一中学学习，1915 年赴北京俄文专修馆学习俄语。学业结束后，他一

---

①　朱元善：《今后之教育方针》，《教育杂志》1916 年第 8 卷第 4 期。

②　顾树森：《对于改革现行学制之意见》，《教育杂志》1920 年第 12 卷第 9期。

边在海拉尔等地创办新式学校，一边在鄂温克、达斡尔人中间积极宣传新文化、新生活的思想。马占山与日本关东军在江桥作战时，郭道甫积极动员齐齐哈尔达斡尔族人，组织担架队、慰劳队，救助伤员和慰问将士，全力支持全国第一场抗日之战。与此同时，在马占山号召黑龙江全省抗战后，大兴安岭东麓音河流域旧三站、后旧三站、孟克店、海列铁、维古奇等村屯活跃着一支四十余人的鄂温克、达斡尔族自卫队，他们平时分散居住，以狩猎为生，战时集中起来，打击敌人，保卫家乡。队长何保民，孟克店人，骁勇善战。为抗击日本侵略者，何保民率队投奔驻防在扎兰屯的东北边防军步兵第 1 旅张殿九部，奉命组成九十余人的骑兵队，驻防扎兰屯。何保民被张殿九委任为少校队长，配合义勇军作战。继而，在 1932 年伪满洲国成立后，齐齐哈尔敖宝屯达斡尔族以鄂寿喜为代表的一批青年踊跃参加了抗日义勇军。

其次，积极支持并参加中国共产党领导的东北抗日联军，在白山黑水间艰苦奋战。1934 年，受过新式教育的达斡尔族人士金寿平以伪兴安省警备军军官身份宣布战场起义，加入赵尚志领导的东北抗日游击队哈东支队。1935 年，讷河县达斡尔族农民郭庆海等人毅然动员民众，拿出全部口粮送给东北抗日联军第三军第六师，随即加入抗联。

第三，利用少数民族身份与通晓民族语言的优势，积极搜集情报，提供给东北抗日联军和共产国际；加入共产党，全力投身于抗战之中。

达斡尔族青年奈勒尔图(1904—1956)14 岁时进入海拉尔呼伦贝尔蒙旗小学校读书，高小毕业后入呼伦贝尔蒙旗中学学习。这两所学校均由当时颇有名气的郭道甫担任校长，受其影响，奈勒尔图很快走上了争取民族解放的道路。1924 年，他被招募为苏联远东军情报人员，由此开始他长达二十余年的苏联地下情报人员生涯。后他与另一位达斡尔族人哈斯巴特尔(在海拉尔呼伦贝尔蒙旗小学校读书，1926 年在呼伦贝尔从事地下情报工作)一起组建了一个由三十多人参加的情报网,在茫茫草原广泛搜集日伪军事战略计划,军事设施、道路桥梁、军警分布及日伪军警特宪等方面的情报,为打击日伪作出重要贡献。

达斡尔族女青年海瑞,于 1924 年赴苏联学习,就读于乌兰乌德师范学校,后进入莫斯科东方大学继续深造,1931 年被第三国际安排从事情报工作,1937 年全面抗战爆发后,由内蒙古转入北平开展日军情报搜集工作,1944 年英勇就义。同为情报员的达斡尔族青年苏和巴特尔,也曾就学乌兰乌德师范学校学习俄语,并以优秀成绩选入苏联红军坦克学校,毕业后分配在苏联远东军区坦克部队任职。他多次搜集到极有价值的日伪军事情报。1943 年,中弹牺牲。

1939 年,苏联与日本爆发诺门罕大战前夕,呼伦贝尔达斡尔秘密情报组向苏军总指挥朱可夫提供了日军兵力配置的大量精准情报,使苏军大获全胜,日本也因此改北上侵苏为南下攻美,对二战局势发展产生重大影响。当时情报组负责人便是达斡尔族英雄额尔登毕力格。额尔登毕力格曾在苏联进行 5 年(1928—1932)学习,掌握了维吾尔语、日语、俄语等 8 种语言和文字及很多特殊技能。他在诺门罕战争爆发前夕回国,跟随战争进程,把每个阶段日军的作战计划、军力调动等侦察得清清楚楚,因此,获得了苏联战斗红旗勋章、苏联对日作战胜利奖章、苏联诺门罕战争胜利奖章,并被授予苏联国家英雄称号。

赫哲族董贵喜、董贵福、毕发祥等人在中苏边界线上搜集情报,他们经常到抚远、同江、萝北等国境线一带,搞侦察活动,为苏军解放东北提供了许多有价值的军事情报。1945 年 9 月 20 日,苏联最高苏维埃主席团对董贵喜、董贵福、董贵寿、毕发祥、毕清林 5 位赫哲族抗日侦察兵授予当时象征最高荣誉的斯大林奖章各一枚,以鼓励他们杰出的国际主义精神。

20 世纪 30—40 年代,中华民族在生死存亡的关键时刻,黑龙江流域各民族先进青年和知识分子,积极投身抗日救亡的战场。那一刻,民族属性、财产与生命均已置之度外。昔日那些"操俄语，持俄械，乌知有祖国"①的青年，在经历近代教育浸濡之后，内心情感与精神世界，最终与全国各民族走向一致。

　　"变迁为一切文化的永恒现象"②，而任何民族、任何地区文化变迁的前提又常常为社会的开放和变革。这是因为，推动文化变迁的动力，源于内力与外力，也可以定义为内源性与外源性③。依此而论，内源性文化变迁，一般是指各民族由于文化自我完善的内在需求而引发的变迁；外源性文化变迁，是指在原有主导性文化模式之外，由外来政治力量或新文化冲击而引发的文化变迁。清末民初，黑龙江边疆危机迭起、移民实边政策的持续进行，特别是新式教育的推行，无一不改变着黑龙江各民族的生活与文化，这一外源性文化力量终将达斡尔、鄂温克、鄂伦春、赫哲族带入现代的文化体系下。

---

　　① 谢岚等主编：《黑龙江省教育史资料选编》上编，第 1064 页。
　　② 衣俊卿：《文化哲学——理论性和实践理性交汇处的文化批判》，云南人民出版社 2001 年版。
　　③ ［美］莱德·M. 伍兹著、何瑞福译：《文化变迁》，河北人民出版社 1989 年版，第 1 页。

参考文献

一、馆藏档案

1.《瑷珲县鄂伦春各校筹办管理教学诸情况以及督学视察学务管理报告等件》,黑龙江省档案馆藏档案,编号:70—1—494

2.《黑龙江将军衙门档案》,黑龙江省档案馆藏,康熙朝,第8盒,第12册

3.《黑龙江省瑷珲县十七年秋季教育详情报告书》,黑龙江省档案馆藏档案,编号:70—1—572

4.《黑龙江省教育厅关于林甸、呼玛呈复通俗教育进行为难情形事宜》,黑龙江省档案馆藏档案,编号:70—1—277

5.《黑龙江省教育厅视察各县教育情形报告书1926年》,黑龙江省档案馆藏档案,编号:70—1—504

6.《全省各县学务视察报告》,黑龙江省档案馆藏档案,编号:70—1—503

7.《为各路佐领兼充鄂校劝学员之委任奖励履历等指令》,黑龙江省档案馆藏档案,编号:70—2—891

8.《为添设鄂伦春第四鄂伦春学校移拨经费及绥棱县初选监督挪用义务教育经费道师校苗圃经费收入支出事由》,黑龙江省档案馆藏档案,编号:70—2—136

9.《为造送本年春季视察各学校学务状况报告请鉴核由》,黑龙江省档案馆藏档案,编号:70—1—472

10.《为造送民国十一年上期视察报告书》,黑龙江省档案馆藏档

案，编号：70—1—471

11.《有关鄂伦春教育问题》，黑龙江省档案馆藏档案，编号：70—1—653

二、文献史料

1.《北史》，中华书局 1974 年版

2.《达斡尔资料集》编辑委员会、全国少数民族古籍整理研究室、黑龙江省档案馆编：《达斡尔资料集》第九集档案专辑，民族出版社 2009 年版

3.《达斡尔资料集》编辑委员会、全国少数民族古籍整理研究室编：《达斡尔资料集》第三、五集，民族出版社 2002、2004 年版

4.《大戴礼记》，《景印文渊阁四库全书》第 128 册，台湾商务印书馆 1986 年影印本

5.《光绪朝大清会典事例》，中华书局 1991 年版

6.《后汉书》，中华书局 1965 年版

7.《晋书》，中华书局 1974 年版

8.《旧唐书》，中华书局 1975 年版

9.《明太宗文皇帝实录》，台北"中研院"历史语言研究所 1962 年校印本

10.《钦定八旗通志》，上海古籍出版社 1987 年版

11.《清会典》，中华书局 1991 年版

12.《清实录》，中华书局 1985 年版

13.《清史稿》，中华书局 1977 年版

14.《清世宗宪皇帝圣训》，光绪四年石印本版

15.《三国志》，中华书局 1959 年版

16.《史记》，中华书局 1959 年版

17.《魏书》，中华书局，1974 年版

18.《新唐书》，中华书局 1975 年版

19.《中国地方志集成·黑龙江府县志辑》(全 10 册),凤凰出版社 2006 年版

20.《中国地方志集成·吉林府县志辑》(全 10 册),凤凰出版社 2006 年版

21.《竹书纪年》,《景印文渊阁四库全书》第 303 册,台湾商务印书馆 1986 年影印本

22. 阿桂等修:《满洲源流考》,辽宁民族出版社 1988 年版

23. 曹廷杰:《西伯利东偏纪要》,光绪十一年刻本

24. 长顺等修:《吉林通志》,《中国地方志集成·省志辑·吉林》,凤凰出版社 2009 年版

25. 程德全:《程将军(雪楼)守江奏稿》,黑龙江教育出版社 2014 年版

26. 抚远县地方志编纂委员会编:《抚远县志》,中华书局 1998 年版

27. 高恩林:《黑龙江政区沿革纪略》,黑龙江人民出版社 1990 年版

28. 何秋涛撰、黄宗汉辑补:《朔方备乘》,《续修四库全书》第 741 册,上海古籍出版社 2002 年影印本

29. 黑龙江省富锦市志办公室编:《富锦县志》,中国·三环出版社 1991 年版

30. 黑龙江省档案馆、黑龙江省民族研究所编:《黑龙江少数民族(1903—1931)》,1985 年版

31. 黑龙江省档案馆、黑龙江省社会科学院历史研究所编:《清代黑龙江历史档案选编》(光绪朝二十一年—二十六年),黑龙江人民出版社 1987 年版

32. 黑龙江省档案馆、黑龙江省社会科学院历史研究所编:《清代黑龙江历史档案选编》(光绪十六年—二十一年),黑龙江人民出版社 1987 年版

33. 黑龙江省地方志编纂委员会编：《黑龙江省志·财政志》，黑龙江人民出版社 1991 年版

34. 黑龙江省地方志编纂委员会编：《黑龙江省志·大事记》，黑龙江人民出版社 1992 年版

35. 黑龙江省地方志编纂委员会编：《黑龙江省志·教育志》，黑龙江人民出版社 1996 年版

36. 黑龙江省依兰县志办公室编：《依兰县志》，黑龙江人民出版社 1990 年版

37. 洪皓：《松漠纪闻》，吉林文史出版社 1986 年版

38. 桦川县志编纂委员会办公室编：《桦川县志》，黑龙江人民出版社 1991 年版

39. 吉林师范学院古籍研究所编、李澍田等编注：《徐鼐霖集》，吉林文史出版社 1989 年版

40. 嘉庆《大清一统志》，《续修四库全书》第 614 册，上海古籍出版社 2002 年影印本

41. 姜维公、刘立强主编：《中国边疆文库》初编《东北边疆卷》卷八《龙沙纪略》，黑龙江教育出版社 2014 年版

42. 蒋良骐：《东华录》，《续修四库全书》第 368 册，上海古籍出版社 2002 年影印本

43. 况正兵、解旬灵整理：《林传甲日记》，中华书局 2014 年版

44. 李澍田主编：《珲春副都统衙门档案选编》，吉林文史出版社 1991 年版

45. 李兴盛、马秀娟主编：《程德全守江奏稿(外十九种)》，黑龙江人民出版社 1999 年版

46. 李洵、赵德贵、周毓芳等主校点：《八旗通志》，东北师范大学出版社 1985 年版

47. 刘锦藻：《清朝续文献通考》，商务印书馆《万有文库》本

48. 柳成栋整理：《清代黑龙江孤本方志四种·墨尔根志 黑龙江

通省舆图总册》,黑龙江人民出版社 1989 年版

49. 吕耀曾等修、魏枢等纂、王河等增修:《盛京通志》,乾隆元年刻、咸丰二年重修本,辽宁省图书馆藏

50. 讷河县志编纂委员会编:《讷河县志》,黑龙江人民出版社 1989 年版

51. 内蒙东北少数民族社会历史调查组:《库玛尔路鄂伦春族档案材料》第 1、2 册,1957、1958 年版

52. 内蒙古少数民族社会历史调查组、中国科学院内蒙古分院历史研究所编:《达斡尔 鄂温克 鄂伦春 赫哲史料摘抄》,内蒙古人民出版社 1962 年版

53. 全国人民代表大会民族委员会办公室内蒙古少数民族社会历史调查组编:《鄂伦春自治旗托扎敏努图克情况——鄂伦春族调查材料之二》,1957 年版

54. 全国人民代表大会民族委员会办公室内蒙古少数民族社会历史调查组编:《黑龙江省呼玛县十八站鄂伦春民族乡情况——鄂伦春族调查材料之四》,1959 年版

55. 饶河县地方志编纂办公室编:《饶河县志》,黑龙江人民出版社 1992 年版

56. 同江县志编纂委员会编:《同江县志》,上海科学出版社 1993 年版

57. 万历《明会典》,《续修四库全书》第 791 册,上海古籍出版社 2002 年影印本

58. 王树楠、吴廷燮、金毓黻等纂:《奉天通志》,辽宁民族出版社 2010 年版

59. 魏焕:《皇明九边考》,《四库全书存目丛书》史部第 226 册,齐鲁书社 1996 年影印本

60. 魏生和:《吉林乡土志》,吉林文史出版社 1986 年版

61. 吴桭臣:《宁古塔纪略》,《中国地方志集成·黑龙江府县志辑》

(六),凤凰出版社 2006 年版

62. 西清:《黑龙江外记》,黑龙江人民出版社 1984 年版

63. 谢岚等主编:《黑龙江省教育史资料选编》,黑龙江人民出版社 1988 年版

64. 徐世昌等编纂:《东三省政略》,吉林文史出版社 1989 年版

65. 徐宗亮等撰,李兴盛、张杰点校:《黑龙江述略》,黑龙江人民出版社 1985 年版

66. 杨宾:《柳边纪略》,《龙江三记》,黑龙江人民出版社 1985 年版

67. 昭梿:《啸亭杂录》,中华书局 1980 年版

68. 中国第一历史档案馆满文部、黑龙江省社会科学院历史研究所合编:《清代黑龙江历史档案选编》(光绪八—十五年),黑龙江人民出版社 1986 年版

69. 中国第一历史档案馆满文部、黑龙江省社会科学院历史研究所合编:《清代黑龙江历史档案选编》(光绪元年—七年),黑龙江人民出版社 1986 年版

70. 中国第一历史档案馆译:《清初内国史院满文档案译编》,光明日报出版社 1989 年版

71. 朱寿朋编、张静庐等校点:《光绪朝东华录》,中华书局 1958 年版

72. 朱右曾:《逸周书集训校释》,商务印书馆 1940 年版

三、专著

(一)中文专著

1.《达斡尔族简史》编写组编:《达斡尔族简史》,内蒙古人民出版社 1986 年版

2.《鄂伦春族简史》编写组编:《鄂伦春族简史》,民族出版社 2008 年版

3.《鄂温克族简史》修订本编写组编:《鄂温克族简史》修订本,民族

出版社 2009 年版

4.《鄂温克族简史》编写组编:《鄂温克族简史》,内蒙古人民出版社 1983 年版

5.《赫哲族简史》编写组编:《赫哲族简史》,黑龙江人民出版社 1984 年版

6. 孛·吉尔格勒、罗淳、谭昕主编:《鄂温克族:内蒙古鄂温克族旗乌兰宝力格嘎查调查》,云南大学出版社 2004 年版

7. 陈学恂:《中国近代教育文选》,人民教育出版社 2001 年版

8. 定宜庄:《清代八旗驻防制度研究》,天津古籍出版社 1992 年版

9. 都永浩、姜洪波:《黑龙江赫哲族文化》,黑龙江教育出版社 2008 年版

10. 郭淑云:《中国北方民族萨满出神现象研究》,民族出版社 2007 年版

11. 国家民族事务委员会经济发展司:《中国人口较少民族发展报告(2015)》,民族出版社 2018 年版

12. 韩狄:《清代八旗索伦部研究》,中国社会科学出版社 2011 年版

13. 韩有峰等:《鄂伦春族历史、文化与发展》,哈尔滨出版社 2003 年版

14. 姜树卿、单雪丽主编:《黑龙江教育史》,黑龙江人民出版社 2002 年版

15. 焦建华:《中华民国财政史》,湖南人民出版社 2015 年版

16. 李德滨、石方:《黑龙江移民概要》,黑龙江人民出版社 1987 年版

17. 李瑛:《鄂伦春族教育史稿》,吉林教育出版社 1988 年版

18. 廖国强等:《中国少数民族生态文化研究》,云南人民出版社 2006 年版

19. 刘金明:《黑龙江达斡尔族》,哈尔滨出版社 2003 年版

20. 刘子扬:《清代地方官制考》,故宫出版社 2014 年版

21. 吕光天、古清尧编著:《贝加尔湖地区和黑龙江流域各族与中原的关系史》,黑龙江教育出版社 1991 年版

22. 孟志东编著:《校勘注释中国达斡尔族古籍汇要》,内蒙古文化出版社 2007 年版

23. 秋浦:《鄂伦春社会的发展》,上海人民出版社 1978 版

24. 任国英:《满—通古斯语族诸民族物质文化研究》,辽宁民族人民出版社 2001 年版

25. 孙进己:《东北民族源流》,黑龙江人民出版社 1989 年版

26. 孙丽荣编著:《中国近代教育史》,黑龙江人民出版社 2009 年版

27. 王鸿宾、向南、孙孝恩:《东北教育通史》,辽宁教育出版社 1992 年版

28. 王钟翰主编:《中国民族史》,中国社会科学出版社 1994 年版

29. 乌云达赉:《鄂温克族的起源》,内蒙古大学出版社 1998 年版

30. 杨保隆:《肃慎挹娄合考》,中国社会科学出版社 1989 年版

31. 衣俊卿:《文化哲学——理论理性和实践理性交汇处的文化批判》,云南人民出版社 2001 年版

32. 于志耿、孙秀仁:《黑龙江古代民族史纲》,黑龙江人民出版社 1987 年版

33. 张璇如等:《北方民族渔猎经济文化研究》,吉林人民出版社 1999 年版

34. 赵复兴:《鄂伦春族游猎文化》,内蒙古人民出版社 1991 年版

35. 中国少数民族教育史编纂委员会编:《中国少数民族教育史》,广东教育出版社、云南教育出版社、广西教育出版社联合出版 1998 年版

36. 庄孔韶主编:《人类学概论》,中国人民大学出版社 2006 年版

(二)中文译著

1.［德］奥斯瓦尔德·斯宾格勒著、吴琼译:《西方的没落》,上海三联书店 2004 年版

2.［俄］奥克拉德尼科夫著,莫润先、田大畏译:《滨海遥远的过去》,商务印书馆 1992 年版

3.［俄］波列伏依著,郭燕顺、孙运来编译:《久切尔人问题》,《民族译文集》第一辑,吉林省社会科学院苏联研究室 1983 年版

4.［俄］潘克拉托娃:《苏联通史》第一卷,莫斯科外文出版局 1955 年版

5.［俄］普列汉诺夫:《普列汉诺夫哲学著作选集》第 2 卷,生活·读书·新知三联书店 1961 年版

6.［俄］史禄国著,吴有刚等译:《北方通古斯的社会组织》,内蒙古人民出版社 1984 年版

7.［美］莱德·M. 伍兹著、何瑞福译:《文化变迁》,河北人民出版社 1989 年版

8.［美］孔飞力:《叫魂——1768 年中国妖术大恐慌》,生活·读书·新知三联出版社 2012 年版

9.［英］拉文斯坦著、陈霞飞译:《俄国人在黑龙江》,商务印书馆 1974 年版

10.［英］泰勒著、连树声译:《人类学:人及其文化研究》,广西师范大学出版社 2004

后　　记

　　对近代黑龙江少数民族新式教育的关注与研究,已近 30 年。1995年,经大学学长和同事谢景芳教授的建议,我开始关注这一问题。在他的指导下,我从清末民初鄂伦春族新式教育研究着手,逐渐深入,断断续续有一些成果发表,累计至今,遂有本书的出版。

　　黑龙江流域自古以来就是多民族繁衍生活的重要地区。世居于我国黑龙江与大、小兴安岭之间的达斡尔、鄂温克、鄂伦春和赫哲族是国家民委所认定"人口较少民族"中的 4 个民族。由于长期处于放任松散的历史环境,他们一直保有渔猎为主的索取型自然经济,生产和生活经验没有书纸传承。19 世纪末,俄、日等国加紧侵略渗透,黑龙江边疆危机日趋严峻急迫。挽救边疆危机与加强边疆少数民文化自觉、强化民族认同成为当时黑龙江有识之士发自肺腑的强烈呼声。为开民智以固边疆,黑龙江借清末新政"废科举,兴学校"之潮流,开始在少数民族中推行新式教育。至 1931 年"九一八"事变爆发,持续二十余年的新式教育,将散居的达斡尔、鄂温克、鄂伦春和赫哲族,由传统生存教育带入近代教育体系,不仅为闭塞、原始的上述民族地区带来近代教育形式,更对其后的民族发展与文化变迁造成深远影响。其意义不仅使各少数民族中有人可以读书识字,接受最基础的文化知识,更在于为黑龙江地区各少数民族走出原始、封闭的落后社会状态提供了文化准备。基于此,全面呈现 1905—1931 年间达斡尔、鄂温克、鄂伦春和赫哲族新式教育发展的全貌,一直是我的心愿。

　　本书的部分内容已在学术刊物上发表过,书中涉及的达斡尔族新式教育研究由我的研究生何丽文完成。她是出生在呼伦贝尔大草原上的达斡尔族学生,草原民族的善良与淳朴,时时体现在她的学习与生活之中。出于对本民族文化研究的使命感,她将近代达斡尔族文化变迁问题作为学位论文选题。何丽文对本民族历史文化的眷眷深情给了我坚持完成这一学术研究的力量。

整理完书稿,恰值农历的谷雨。这是春季的最后一个节气,春雨绵绵是它最主要的特点。然而,在黑龙江广袤的草原上,春天总是来的迟些。此时,虽然不见"雨生百谷"的景象,但应是簇簇嫩芽在枯枝上努力地破茧,片片新绿在皑皑白雪中绽放。又走过一个漫长的冬天,一种亲切和温暖慢慢沁入心田。不知不觉,我已离开黑龙江八年了。

2024 年 4 月 19 日